TUDO SOBRE CONTROLE
TEXTOS CONTEMPORÂNEOS

MARCUS VINICIUS DE AZEVEDO BRAGA

Prefácio
Ana Carla Bliacheriene

TUDO SOBRE CONTROLE
TEXTOS CONTEMPORÂNEOS

Belo Horizonte

2021

© 2021 Editora Fórum Ltda.

É proibida a reprodução total ou parcial desta obra, por qualquer meio eletrônico, inclusive por processos xerográficos, sem autorização expressa do Editor.

Conselho Editorial

Adilson Abreu Dallari
Alécia Paolucci Nogueira Bicalho
Alexandre Coutinho Pagliarini
André Ramos Tavares
Carlos Ayres Britto
Carlos Mário da Silva Velloso
Cármen Lúcia Antunes Rocha
Cesar Augusto Guimarães Pereira
Clovis Beznos
Cristiana Fortini
Dinorá Adelaide Musetti Grotti
Diogo de Figueiredo Moreira Neto (*in memoriam*)
Egon Bockmann Moreira
Emerson Gabardo
Fabrício Motta
Fernando Rossi
Flávio Henrique Unes Pereira

Floriano de Azevedo Marques Neto
Gustavo Justino de Oliveira
Inês Virgínia Prado Soares
Jorge Ulisses Jacoby Fernandes
Juarez Freitas
Luciano Ferraz
Lúcio Delfino
Marcia Carla Pereira Ribeiro
Márcio Cammarosano
Marcos Ehrhardt Jr.
Maria Sylvia Zanella Di Pietro
Ney José de Freitas
Oswaldo Othon de Pontes Saraiva Filho
Paulo Modesto
Romeu Felipe Bacellar Filho
Sérgio Guerra
Walber de Moura Agra

Luís Cláudio Rodrigues Ferreira
Presidente e Editor

Coordenação editorial: Leonardo Eustáquio Siqueira Araújo
Aline Sobreira de Oliveira

Av. Afonso Pena, 2770 – 15º andar – Savassi – CEP 30130-012
Belo Horizonte – Minas Gerais – Tel.: (31) 2121.4900 / 2121.4949
www.editoraforum.com.br – editoraforum@editoraforum.com.br

Técnica. Empenho. Zelo. Esses foram alguns dos cuidados aplicados na edição desta obra. No entanto, podem ocorrer erros de impressão, digitação ou mesmo restar alguma dúvida conceitual. Caso se constate algo assim, solicitamos a gentileza de nos comunicar através do *e-mail* editorial@editoraforum.com.br para que possamos esclarecer, no que couber. A sua contribuição é muito importante para mantermos a excelência editorial. A Editora Fórum agradece a sua contribuição.

Dados Internacionais de Catalogação na Publicação (CIP) de acordo com a AACR2

B813t	Braga, Marcus Vinicius de Azevedo Tudo sobre controle: textos contemporâneos / Marcus Vinicius de Azevedo Braga.– Belo Horizonte : Fórum, 2021. 370 p. ISBN: 978-65-5518-144-9 1. Direito Administrativo. 2. Políticas Públicas. 3. Controle Governamental. I. Título. CDD: 341.3 CDU: 342.9

Elaborado por Daniela Lopes Duarte - CRB-6/3500

Informação bibliográfica deste livro, conforme a NBR 6023:2018 da Associação Brasileira de Normas Técnicas (ABNT):

BRAGA, Marcus Vinicius de Azevedo. *Tudo sobre controle:* textos contemporâneos. Belo Horizonte: Fórum, 2021. 370 p. ISBN 978-65-5518-144-9.

Dedico este livro aos profissionais da área do controle, interno e externo, que amargam as dificuldades de trazer essa agenda, que se fez atrasada, para o nosso país, ainda tão carente de efetividade e de integridade na gestão das políticas públicas.

SUMÁRIO

PREFÁCIO
ANA CARLA BLIACHERIENE..11

INTRODUÇÃO
COLÓQUIOS DO CONTROLE CONTEMPORÂNEO.........................13

1   CONTROLE INSTITUCIONAL E AUDITORIA
GOVERNAMENTAL...15

1.1   Consultoria, avaliação e o nobel de economia...........................17

1.2   Pelo que seremos criticados nas auditorias?............................19

1.3   E viva a auditoria governamental...23

1.4   Quanto mais auditoria, menos coisas estranhas.......................27

1.5   ABR – um pouco mais complicado do que se pode imaginar.............29

1.6   Dirigente, lembre-se do seu auditor interno!............................33

1.7   Pecadinhos da auditoria interna...37

1.8   Atributos do auditor interno no setor público..........................41

1.9   Por que necessitamos do controle interno?...............................45

1.10 Tomada de contas especial – o longo caminho da volta...........49

1.11 As sete faces da função controle..53

1.12 Corrupção e o efeito "Tostines"..57

1.13 A sedução policialesca..61

1.14 O controle da gestão pública: reflexões ao volante..................65

1.15 Revisitando o *tone at the top*..69

1.16 Poincaré, o padeiro e o controle...73

1.17 Auditoria interna e os custos de transação – um debate necessário.....77

1.18 Os tempos do controle e a racionalidade limitada...................81

1.19 A força da auditoria..85

1.20 Alinhamento ou insulamento: dilemas do órgão de controle interno...87

1.21 Os benefícios enganosos da cogestão..91

2	CONTROLE SOCIAL E TRANSPARÊNCIA	95
2.1	Transparência: a régua e o compasso do controle social	97
2.2	Além do acesso à informação	103
2.3	Reverberações da Lei de Acesso à Informação (LAI) na dinâmica do controle interno	107
2.4	Transparência: uma discussão gerencial?	113
2.5	As dimensões da participação e a transparência funcional	117
2.6	As vítimas da transparência	125
2.7	A multa moral	129
2.8	A fé no controle social	133
2.9	Lutas e alianças: brutas pajelanças	137
2.10	A sociedade que desejamos é possível sem *accountability*?	141
2.11	Se não presta, não presta	145
2.12	Digressões sobre a denúncia: útil, mas um tanto arriscado	151

3	CONTROLES INTERNOS E GESTÃO DE RISCOS	155
3.1	Santa Maria: a velha questão (esquecida) dos riscos	157
3.2	A consciência de que o risco é dinâmico	161
3.3	Prevenir, remediar ou deixar morrer	165
3.4	Foco no problema ou na solução?	169
3.5	A incerteza não pede licença	173
3.6	A inexistência de políticas preventivas no Brasil	177
3.7	Gestão de riscos e o pensamento científico	181
3.8	Liquidação da despesa pública: uma visão deslizante	185
3.9	A função receita e as peculiaridades de sua governança	189
3.10	Aspectos preventivos na gestão de contratos administrativos	193
3.11	Para cada fraude, um controle; para cada controle, uma fraude	199
3.12	Governança: palavrinha famosa, conceito complexo	203
3.13	Propina na ponta	207
3.14	Os cinco "C" do controle	211
3.15	O ébrio, os óculos e as salvaguardas anticorrupção nas licitações	215
3.16	O lucro político, controle prévio e Hollywood	221
3.17	Por um mundo com mais *compliance*	225
3.18	O equilíbrio entre a lebre e a tartaruga	229
3.19	Indicadores para um mundo melhor	233

3.20   A curva CBA 239

3.21   COVID-19: o apetite e a percepção 243

3.22   A lógica do programa 247

3.23   Por um risco *bottom up* 249

3.24   Linha de segunda, sobrecarga para primeiros e terceiros..................253

4   TÓPICOS ESPECIAIS EM CONTROLE 259

4.1   Diante das corrupções, um *mix* de soluções.............261

4.2   Bebeto e a loteria da corrupção 265

4.3   Cavalos, conflitos e o controle 269

4.4   O patrimonialismo nosso de cada dia......................271

4.5   Os antibenefícios do controle 275

4.6   A receita da conformidade das despesas.................279

4.7   Os danos da qualidade presumida 283

4.8   A gravidade da governança do fruto futuro 287

4.9   Entre a direta e a indireta 291

4.10   Pobre Lei de Licitações 297

4.11   A pistola e o peixe 303

4.12   O fosso imaginário 309

4.13   O fantasminha camarada 313

4.14   O mito de Procusto e a neura da padronização........319

4.15   Três ou quatro reflexões sobre compras governamentais 321

4.16   Debruçando-se sobre a questão da qualidade do gasto público........327

4.17   O fascínio do poder, o controle e a sustentabilidade 331

4.18   Estresse pós-traumático de corrupção.....................335

4.19   Corrupção é o novo cramulhão................................339

4.20   A estranha oposição do "rouba, mas faz" 343

4.21   Corrupção sistêmica e o possível de se fazer 347

4.22   Como falar de finanças sem controle e vice-versa? 351

4.23   Uma fábula sobre a função controle 355

4.24   A santíssima trindade do controle...........................359

4.25   A grande síntese 365

CONSIDERAÇÕES FINAIS
NEM SOBRE TUDO, NEM TÃO SOB CONTROLE ASSIM..............369

PREFÁCIO

É com grande alegria e honra que prefacio esta obra de Marcus Vinícius de Azevedo Braga, conhecido por muitos de nós como Marcus Braga, dedicada a explorar os meandros do controle. O tema é oportuno, essencial e é tratado pelo autor com a profundidade e o bom humor que lhe são peculiares.

Ao iniciar este prefácio, lembrei-me de uma daquelas frases que se tornaram famosas quando ditas por Rui Barbosa: "Os abusos são todos compadres uns dos outros, e vivem da proteção, que mutuamente se prestam".

Falar de controle nos remente a duas vertentes possíveis: a punitiva, muito comum nos ambientes jurídicos; e a de avaliação, mais afeita aos ambientes da gestão. Numa ou noutra a de contenção dos "abusos e seus compadres" parece estar no centro da discussão. A obra que se apresenta trata sobre vários aspectos da quebra desses mecanismos de proteção de que se servem as modalidades de abusos variados à administração pública.

Marcus Braga tem um histórico pessoal digno de sua obra ou até uma obra digna de sua história. Em breves linhas, resumiria sua estrada como doutor em Políticas Públicas, Estratégias e Desenvolvimento pela UFRJ (GPP/PPED/IE/UFRJ), mestre em Educação pela Universidade de Brasília (UNB) e graduado em Pedagogia pela Universidade Federal Fluminense (UFF). Além dessa formação tradicional, também teve passagem pela Escola Naval, sendo titulado como Bacharel em Ciências Navais com Habilitação em Administração e também na Marinha do Brasil, obteve o título de Especialista em Curso de Aperfeiçoamento para Oficiais Intendentes. Atualmente, é Auditor Federal de Finanças e Controle da Controladoria-Geral da União (CGU).

Embora o que já destaquei já seja mais que suficiente para demonstrar seu preparo prévio para gabaritá-lo a colaborar na doutrina do controle, várias foram as capacitações, junto à sua prática diária na

CGU, que ampliaram e aprofundaram seus conhecimentos na área de controle, gestão de risco, ética e *compliance* do setor público.

Marcus Braga não é um neófito na escrita sobre o tema. É autor, coautor e coordenador de vários livros e artigos sobre o tema. A título meramente exemplificativo, destaco aquele que coordenou comigo e o professor Renato Jorge Brown Ribeiro, *Controladoria no setor público*, que já conta com duas edições esgotadas.

O autor é reconhecido pelos pares, pelo bom trabalho que realiza no setor público. É pai e esposo cioso, que tem na família seu grande suporte. Ademais disso, já desenvolveu, em silêncio, um trabalho social que demostra sua conexão com o público e a sociedade, para além da sua ação junto às organizações públicas.

Agora, Marcus Braga apresenta sua mais nova obra, que fala do espírito do tempo. O autor, que já nos brindou com outras ideias sobre a administração pública, está de volta nesta obra em que compila vários dos seus textos, produzidos em dez anos de ponderações, em que comentou ou aprofundou os fatos do dia sob a ótica do necessário controle da administração pública.

O leitor encontrará textos em leitura leve, mas não superficial, sobre controle institucional e auditoria governamental, controle social e transparência, controles internos e gestão de risco, prevenção à corrupção e promoção da integridade no setor público.

É texto de cabeceira para aqueles que desejam uma leitura com viés rápido e prático, mas que considere as principais teorias do controle aplicáveis ao setor público. Gestores e acadêmicos tirarão proveito dos conceitos aqui aportados e certamente poderão fazer uso em sua atividade diária ou acadêmica.

Como já dito, é motivo de grande honra para mim apresentar este texto, que chega em tempos de transformação das instituições da nação brasileira, bem como da relação dos cidadãos com administração pública, uma vez que se insurgem quanto à posição hierárquica de administrado para ocupar sua condição horizontal de cidadania plena. É a partir desta breve apresentação que desejo a todos uma excelente e proveitosa leitura!

Ana Carla Bliacheriene
Professora da USP. Livre-docente em Direito
Financeiro pela USP. Doutora e Mestre em
Direito pela PUC-SP.

INTRODUÇÃO
COLÓQUIOS DO CONTROLE CONTEMPORÂNEO

"Eu sou a chuva que lança a areia do Saara, sobre os automóveis de Roma".

Reconvexo (1989) – Caetano Veloso

A proposta do presente livro, uma coletânea de 80 artigos escritos entre 2010 e 2020, um pouco mais de uma década, em um período no qual a função controle na gestão pública foi objeto de destaque e popularização, é trazer contrapontos, reflexões nessa selva louca e desvairada que se tornou o debate sobre corrupção e temas correlatos.

De forma livre, meio puxada a uma crônica cotidiana, com um pouco de licença poética, têm-se nesses textos contemporâneos discussões provocativas sobre temas relacionados à questão do controle governamental, tais como auditoria, gestão de riscos, transparência, controle social e outros verbetes, que pularam dos livros acadêmicos para as folhas dos periódicos e para as conversas entre amigos.

Quando um tema entra em profusão na sociedade, como é o caso da questão do controle, imerso em polarizações e capturas por grupos de interesse, é importante que se faça uma discussão aprofundada, mas que seja ao mesmo tempo acessível ao público em geral, para que se faça a devida reflexão, questionando o senso comum, e que surjam sínteses na bonança após a tempestade.

O que será da função controle na próxima década, depois de tantas transformações? Como se organizarão seus órgãos, suas práticas, frente ao legado desse período de expansão e de popularização? Depois da Operação Lava Jato, o mundo do controle nunca mais será o mesmo, mas é preciso discutir essa época anterior, essas transformações, para se ter substrato para o que virá, ainda que seja de uma forma mais leve e aprazível, como se propõe esse livro, com sua forma de apresentar as ideias.

É preciso jogar um pouco da areia do Saara nos automóveis de Roma para que surjam questionamentos contraintuitivos e a reafirmação dos avanços, utilizando a areia da ampulheta temporal que recorde toda a trajetória da função controle no Brasil, de suas influências externas, de sua ausência na reforma gerencial na década de 1990, e nas suas raízes na contabilidade, acrescida de outras áreas do conhecimento, da ciência política e jurídica.

Convido, então, o leitor a uma viagem nos conceitos que compõem a ideia de controle no final da segunda década do século XXI, em uma discussão trazida por um pesquisador que sempre manteve o seu outro pé na prática, em retalhos que se organizaram em quatro colchas, que são as seções do livro, com a esperança de contrabalançar as discussões e pautas que tratam do tema.

Agradeço aos amigos queridos, que, ao longo dessa década de produção, contribuíram com a sua opinião em discussões acaloradas, às vezes presencialmente, mas, na maioria, pelas redes sociais, e que fomentaram muitas dessas discussões, destacando, sob pena de esquecer alguém, os estudiosos colegas a seguir: Temístocles Murilo de Oliveira Junior, Rossana Guerra de Sousa, Ana Carla Bliacheriene, Bruno Dantas Faria Affonso, Franklin Brasil Santos, Carlos Maurício Ruivo Machado, Débora Ceciliotti Barcelos, Pedro Henrique Portugal de Sousa, Frederico Lustosa da Costa, Charles Pessanha, Ronaldo Fiani, Rudinei Marques e Roberto Kodama.

Gostaria de registrar também a paciência de minha família, Ethel, Clara e Helena, com essa minha compulsão à escrita. Ao amigo Marcelo Teixeira, agradeço o apoio no processo de revisão.

1
CONTROLE INSTITUCIONAL E AUDITORIA GOVERNAMENTAL

1.1 Consultoria, avaliação e o nobel de economia

Causou certo furor no setor público o lançamento da *novel* Instrução Normativa nº 3/2017 da Controladoria-Geral da União (CGU) por trazer positivada a possibilidade de a auditoria interna realizar a atividade de "consultoria", o que já existia no IPPF[1] e em algumas experiências subnacionais.

Pelo que se pode perceber na norma da CGU, a ideia de consultoria se prende a uma análise estrutural de um processo ou de uma política de caráter estratégico, em decorrência de solicitação específica do gestor, com o propósito de adicionar valor por meio do aperfeiçoamento dos processos de governança, de gerenciamento de riscos e de implementação de controles internos na organização.

A atividade de consultoria é *ex ante*, de modo geral, ocorrida na elaboração ou na reformulação de uma política, de forma a verificar de que forma aquela estrutura (regra do jogo) se faz aderente às práticas recomendáveis de controles internos – a boa governança – enquanto a avaliação tem um caráter mais *ex post*, ou seja, por meio de procedimentos, forma opinião sobre aquele processo em movimento (jogo em ação), diante de um ambiente complexo e repleto de incertezas.

Richard Thaler, Nobel de Economia em 2017, derruba a racionalidade do homem econômico da teoria clássica, precedido por gigantes também laureados com esse prêmio, Oliver Williamson (2009) e Herbert Simon (1978), todos com a visão de que os agentes atuam de forma racional, mas com uma racionalidade limitada. Afinal, o processo de decisões impõe opções baseadas em premissas que não conhecemos claramente e que não podem ser determinadas com segurança à luz do tempo e das informações disponíveis.

---

[1] Normativo do *The Institute of Internal Auditors* chamado *International Professional Practices Framework* (Estrutura Internacional de Práticas Profissionais).

Assim, as relações se fazem por meio de contratos inevitavelmente incompletos, nos quais é impossível incorporar cláusulas que antecipem todos os eventos futuros, de forma que a construção de salvaguardas, apenas de forma *ex ante*, é insuficiente, e a incerteza e a complexidade dos ambientes nos forçam a adotarmos salvaguardas *ex post*, que deem conta das ameaças, isso tudo a grosso modo.

Por essa visão, pode-se dizer que a atuação da auditoria interna como agente promotor de valor para a gestão tem uma dimensão *ex ante*, de consultoria, na qual ela pode contribuir com sua *expertise* para construir as salvaguardas necessárias para aquele processo, dando segurança ao gestor solicitante. Não pode, no entanto, abrir mão de ações *ex post*, de avaliação, que indiquem de que forma aquelas salvaguardas (ou controles) estão operando em um ambiente de incerteza e complexidade.

Essa abordagem fundamenta a complementariedade da ação da auditoria interna que, em processos estratégicos, pode atuar na sua construção (planejamento) e no seu desenvolvimento (implementação), realimentando os processos, fortalecendo a aprendizagem organizacional, atuando na estática das estruturas, mas também na dinâmica da materialização das ações, dado que a auditoria interna é uma função que se preocupa com o mundo real, mas que não pode se esquecer da importância das essenciais pranchetas que sonham o que deve ser.

Artigo original redigido em 2017.

Box síntese:

A atividade de auditoria interna tem uma dimensão ex ante, de avaliação de desenho, e uma ex post, de avaliação da implementação, e essas dimensões se complementam.

1.2 Pelo que seremos criticados nas auditorias?

Dizer que um gestor gosta de ser auditado, que ama de paixão a auditoria – interna ou independente, privada ou governamental –, não é o que demonstra a experiência no Brasil. Um país que traz na sua herança o homem cordial de Sérgio Buarque de Holanda, no seu *Raízes do Brasil*. Um homem avesso a formalidades, bem como provido de um endeusamento pelo improviso e uma aversão latente a regras e a leis, que por vezes não pegam, no contexto de um país que foi escravocrata por muito tempo e que tem casuísticas de pequenos poderes e conluios que acobertam erros tratados de forma natural e cotidiana.

Essa resistência intrínseca à auditoria não se reflete apenas na ainda incipiente estruturação da função auditorial no país, em termos profissionais, de raras cadeiras nas universidades e na rala produção acadêmica e bibliográfica. Apresenta-se também em críticas costumeiras aos trabalhos dos profissionais dessa área, por vezes durante, mas principalmente na conclusão, quando emergem as verdades auditoriais que expõem fragilidades de controles, que atiçam temores da responsabilização oriundos desse mesmo país de matriz mais policialesca, na qual se valoriza o culpado em detrimento das soluções.

Para melhor discuti-las de forma didática, as críticas serão estruturadas em três categorias, que nos permitirão uma análise sistemática, buscando origens e remédios para que, na construção de nossos trabalhos como auditores, saibamos nos prevenir de tais críticas. Tudo com muita humildade e profissionalismo.

A primeira vertente de críticas deriva da alegada falta de competência técnica. Ela surge como argumentação, principalmente, quando o auditor se debruça sobre a gestão de instituições de processos específicos e herméticos, com profissionais de sólida e profunda formação acadêmica. Citam-se universidades, institutos de pesquisa e demais setores cujo conhecimento especializado seja a marca registrada.

A origem dessa crítica se prende à própria natureza dessas organizações, que, por dominarem conhecimento tão próprio, não encontram espaços para apontamentos externos. Seja por vaidade, corporativismo ou até pelo próprio desconhecimento do que objetiva uma atividade de auditoria, faz-se necessário mostrar a esses críticos que o conhecimento necessário ao auditor é o de auditoria, da arte de avaliar, com ampla visão de conhecimentos gerais e da política avaliada, e que isso deve vir acompanhado de uma dose de humildade, apontando a estes a importância de um olhar externo, que proporciona eficiência e confiabilidade.

A segunda linha de críticas se dá na questão da relevância dos achados de auditoria, taxados por esses detratores de comezinhos, burocráticos, com excesso de formalismo, não agregando valor à gestão. É a crítica da auditoria da bagatela.

Esse tipo de argumentação tenta reduzir as questões encontradas e objeto de recomendações a situações de menor monta, por vezes utilizando-se de dados estatísticos. Origina-se de problemas de planejamento e interação pré-auditoria, mas também da própria ação do auditado no sentido de supervalorizar outros aspectos da gestão para diminuir aquele que foi escolhido como escopo na auditoria atacada.

O remedinho é simples. Depende muito de quem faz a auditoria construir uma avaliação que realmente tenha relevância quantitativa e qualitativa, e que a construção da avaliação seja permeada de interação com o auditado para que ele perceba e faça parte desta. Com esse pertencimento, esvaziam-se argumentos pelo envolvimento dele no processo, preservada a autonomia típica do auditor.

Por fim, a terceira crítica, mordaz, é a de que o auditor está agindo com interesses diferentes do desejo de avaliar. Uma crítica que atribui desvio ao foco do auditor, apresentando a ideia de que ele está motivado por interesses de promoção pessoal, evidência, preconceitos ou interesses pessoais. Essa crítica atinge diretamente a pessoa do auditor e pode ser alimentada pela sua conduta e pelas suas palavras no decorrer do trabalho, bem como pela própria resistência à avaliação por parte do auditado, como recurso derradeiro.

O método consistente na elaboração das amostras e na construção das conclusões, aliado a uma postura ética e formal, com clareza e diálogo, demonstrando os efeitos daquela avaliação sobre a missão da organização, possibilita avanços e a mitigação dos efeitos dessas críticas, reforçados pelo cuidado no que se escreve e fala no decorrer dos trabalhos.

Poderíamos falar também das críticas comuns pela falta de celeridade, questões de cordialidade e, ainda, da falta de clareza nos relatórios. Percebemos, contudo, que as categorias relacionadas à competência técnica do auditor, relevância dos achados e suspeita de foco desviado concentram as principais críticas que, se não forem bem trabalhadas, podem diminuir ou até anular um trabalho e os seus benéficos efeitos para a gestão.

Certamente que, em qualquer auditoria, críticas são muito bem-vindas, e o auditor não é o dono da verdade. Pelo contrário. O auditor é uma categoria que padece de falta de empatia. Motivadas ou não, as críticas devem levar o profissional à reflexão. Não é uma questão de humildade, mas de profissionalismo e de entendimento do que é uma auditoria e de como esta deve intervir na gestão.

No contexto de contraposição de visões que acompanha os trabalhos de avaliação, em uma herança brasileira de resistência a atividades de cunho fiscalizatório, é salutar pensar, antes e durante o trabalho de auditoria, que objeções poderemos receber no momento do "após" para que não se percam valiosas percepções da gestão e as decorrentes soluções aventadas em meio a críticas que, apesar do barulho, por vezes pouco agregarão valor à organização.

Artigo original redigido em 2016.

Box síntese:

A crítica é um valoroso instrumento de aperfeiçoamento da ação do auditor, lhe fornecendo o feedback, mas, por vezes, ela se apresenta vazia, com objetivos de motivar o conflito, e o auditor precisa aprender essa diferença e saber se posicionar tecnicamente, contornando esses embates.

1.3 E viva a auditoria governamental

Esquecida na discussão da reforma do Estado, a última década trouxe um incremento da relevância da auditoria governamental no campo da gestão pública, apresentando esta como ferramenta essencial de um Estado Democrático, que busca a qualidade dos serviços públicos prestados a seus administrados, na promoção de direitos, contribuindo para o progresso do país.

Desconheço país reconhecidamente importante que não disponha de uma burocracia organizada e eficiente, com uma governança amadurecida que propicie aos decisores e aos eleitores mecanismos de materialização no mundo concreto dos serviços públicos necessários à saúde, educação, assistência, energia e um sem número de políticas no contexto dos objetivos nacionais. E essa governança não se faz sem auditoria governamental!

Em um país do tamanho do Brasil, com uma complexidade de ações governamentais, espalhadas no espaço e no tempo, atendendo da energia nuclear à merenda escolar, tem-se a auditoria, adjetivada de governamental, como ferramenta da gestão pública, com amplas possibilidades, atuando no binômio diagnóstico-recomendação, propiciando a melhoria da gestão.

Uma auditoria governamental robusta, capacitada e valorizada permite aos governos uma atuação na linha da supervisão mais efetiva, atuando sobre questões relevantes detectadas de forma preventiva, retroalimentando o sistema pelos achados de auditoria, apurando situações anômalas em espalhafatosas denúncias e, ainda, contribuindo para o fortalecimento dos controles internos, o que, em última instância, faz da gestão mais eficaz, característica que, no setor público, se reveste de especial importância.

Antecipando essa nova visão, o jornalista e economista Stephen Kanitz escreveu, em 1999, nas páginas da revista *Veja*, "*somos, sim, um país onde a corrupção, pública e privada, é detectada somente quando chega a milhões de dólares e porque um irmão, um genro, um jornalista ou alguém botou a boca no trombone, não por um processo sistemático de auditoria"*, reafirmando a necessidade patente de valorização da função auditoria, mormente no âmbito governamental, como ação preventiva por excelência, evitando escândalos e fortalecendo os mecanismos de atuação governamental.

O administrador público de posse dessa ferramenta pisa em terreno mais firme, gerencia melhor seus riscos e atua de forma proativa diante das intempéries naturais da gestão, conquistando a confiança da população e de outros *stakeholders* naturais. Por mais que pareça paradoxal, a auditoria é uma ferramenta de apoio ao dirigente na condução de sua gestão.

O legalismo descontextualizado, o viés policialesco para situações gerenciais, a baixa *expertise* na formulação de recomendações, entre outras tipologias, dificultam a interação propositiva da atividade de auditoria com o gestor e com a população, produzindo, por vezes, cenários pouco resolutivos.

Mas como promover essa função? Uma auditoria governamental de excelência não se caracteriza apenas pelos achados, e sim pela sua capacidade de interlocução, pelo pioneirismo na detecção de problemas e, em especial, pela capacidade de construir indicações que atuem nos problemas, na visão individual do achado, e também nos aspectos sistêmicos da gestão que permitiram a ocorrência de tais achados.

Ainda que o gestor, por costume ou desconhecimento, às vezes reclame da atividade de auditoria, aos poucos ela está demonstrando que pode contribuir em muito com seu trabalho, como uma ação técnica sobre a gestão e seus controles, enxergando a "floresta do alto", possibilitando a interação de conhecimentos entre organizações, contribuindo com o aprendizado organizacional.

Viva a auditoria governamental? Viva! Que seja bem viva no controle interno e externo, na auditoria interna. Que seja ela acrescentada de outras discussões, como a transparência, a gestão de riscos, o controle social e a avaliação de políticas. Novos elementos que possibilitam a essa ação interventiva outras interações, buscando atuar sobre o mundo cotidiano, oferecendo suas devolutivas, que permitem tornar esse dia a dia melhor para o cidadão, razão final dos processos da gestão pública.

Artigo original redigido em 2014.

Box síntese:

A atividade de auditoria é fundamental em governos democráticos e que busquem o desenvolvimento, por fortalecer a dimensão avaliativa, agregando valor à implementação das políticas públicas.

1.4 Quanto mais auditoria, menos coisas estranhas

A comemoração do dia 4 de julho de 2019 (independência estadunidense) foi marcada pela estreia bombástica da terceira temporada da série *Stranger Things* (Coisas Estranhas), nostálgica película que desperta efusivo interesse em jovens e nem tão jovens assim, com tramas juvenis que misturam conspirações, mistérios e ficção cientifica, em um saboroso ambiente dos filmes da década de 1980.

A fictícia cidade de Hawkins é o palco de aventuras de jovens diante de ameaças sobrenaturais, aventuras essas nas quais não me deterei em detalhes, em respeito ao leitor que não assistiu à serie ainda. Elas podem, no entanto, servir de reflexão para os momentos difíceis que vivemos na história recente do estado do Rio de Janeiro em relação à corrupção, em suas diversas formas, e que nos fez tomar conhecimento de coisas estranhas na gestão e que não desejamos naturalizar.

Desvios, direcionamentos, superfaturamentos, uma gama de irregularidades possíveis em qualquer gestão, seja governamental ou não, mas que não são desejáveis e que necessitam ser reduzidas a níveis toleráveis, com medidas sistemáticas que deem conta dessa ameaça que sempre nos assombra, como os monstros da pequena Hawkins, que espreitam o momento de avançar novamente a cada temporada.

A série – fenômeno no *streaming* – conta com uma heroína chamada Eleven. Com poderes especiais, ela luta para enfrentar o mal oriundo do chamado "Mundo invertido", com respeito ao trocadilho. Mas contar sempre com esse heroísmo é uma fragilidade, e o fortalecimento de algumas práticas se apresenta como medida essencial para que não se abram novamente os canais de práticas delituosas.

Dentre as diversas propostas, o presente texto se deterá na auditoria, como função que avalia de forma sistemática a gestão dos processos mais relevantes e aponta medidas corretivas, sendo prática reconhecida internacionalmente no mundo público e privado, apresentando-se como um campo a ser fortalecido nas terras fluminenses diante dos monstros da corrupção que dormem embaixo de nossas camas, trazendo luz aos mistérios de forma objetiva e independente.

Para além da discussão ética, é preciso enxergar que uma estrutura mais robusta de auditoria, efetiva, profissionalizada e de qualidade, tem o condão de acompanhar a gestão de forma sistemática e preventiva, alimentando os atores de informações e de propostas de solução que não permitam que o monstro da corrupção rompa as barreiras que o mantêm confinado e que a história de seu combate não seja uma história sem fim.

A auditoria governamental é a nossa Eleven. É uma das principais armas para se prevenir a corrupção. Seguindo a linha de *Stranger Things*, repleta de referências do passado, inclusive de um conhecido Stephen King,[2] concluímos com uma citação de outro Stephen, de sobrenome Kanitz, colunista da *Veja*. Em 1999, asseverou no texto intitulado *A origem da corrupção brasileira* que: "(...) o Brasil não é um país corrupto. É apenas um país pouco auditado". Passados 20 anos, essa sentença ainda não se enquadra como ficção.

Artigo original redigido em 2019.

Box síntese:

Um corpo de auditores qualificados e organizados é uma medida de prevenção ao crescimento de escândalos, blindando a gestão pública de problemas, e serve de bom remédio também após um período de corrupção sistêmica.

---

[2] Escritor norte-americano de ficção científica, suspense, sobrenatural e congêneres. Dentre seus títulos, encontram-se *A Zona Morta*, *O Iluminado* e *À Espera de um Milagre*.

1.5 ABR – um pouco mais complicado do que se pode imaginar

O tribunal de contas do fictício estado de Arniqueiras multou o gestor municipal da alimentação escolar pelo fato da sua prestação de contas não apresentar textualmente a política e o programa de implementação da gestão de riscos da secretaria e, na sua defesa, nessa fantasiosa narrativa, o gestor comprova que tem ofertado uma boa merenda, a custo razoável. Uma surreal tensão entre riscos e entregas.

A atividade de auditoria, fundamental para a governança pública e privada, tem sido adjetivada de "Auditoria Baseada em Riscos – ABR" pela literatura especializada, entendida esta de forma consensual como uma atividade avaliativa, típica da terceira linha de defesa, e que se alinha aos processos de gestão de riscos da organização avaliada como uma forma de trazer a lógica de riscos para a atividade de auditoria.

Parece óbvio, mas é possível que a avaliação se dissocie do processo de gestão de riscos, em especial nas ditas auditorias de conformidade, o que pode onerar a gestão sem efetuar a função principal contida no ainda incompreendido chavão de que a auditoria existe para agregar valor à gestão.

E por ser uma atividade de caráter avaliativo, que se debruça sobre o atingimento ou não dos objetivos e as questões a isso subjacentes, é que a auditoria é uma ação preventiva, indicando as fragilidades dos controles internos e propondo medidas de fortalecimento destes, e que podem ser aproveitadas para o futuro ou em organizações similares, reduzindo a ocorrência de problemas estruturais. Auditar é prevenir.

Mas como fazer a Auditoria Baseada em Riscos? Será que basta apenas aferir a aderência da organização as formalizações gerais de gestão de riscos? Um *checklist* resolve o problema? Infelizmente, essa questão é um pouco mais complexa do que se pode imaginar, e as presentes linhas defendem que uma visão formalista pode gerar a burocratização da gestão de riscos, fortalecida pela atividade de auditoria, e propõe outra visão da questão, mais coerente.

Risco é a negação do objetivo, é o que pode afetar esse objetivo, sendo mensurado pela probabilidade de ocorrência e pelo impacto, sendo o objetivo o conceito mestre na discussão de riscos. Se não afeta os objetivos, não nos importa. É uma lógica de um mundo real, concreto, e que deve nortear uma auditoria que se diz baseada em riscos.

Nesse sentido, a avaliação deve focar nos resultados dos processos e programas, no que realmente está ocorrendo e sendo entregue, para daí derivar esses problemas detectados para as fragilidades dos controles internos e da gestão de riscos, realimentando os processos com vistas ao aprimoramento da gestão.

Auditoria Baseada em Riscos é mais que uma vistosa etiqueta. É um processo de indução da qualidade da gestão de riscos da organização para que esta seja mais eficiente, e focar em artefatos formais afasta a essência dos objetivos, dos resultados, no trinômio indissociável com os riscos e os controles.

Se não for assim, a Auditoria Baseada em Riscos pode ser um fator a reforçar a autonomização da gestão de riscos, como algo alheio aos problemas da organização, tornando essa ferramenta estratégica mais um custo de transação a onerar os processos sem reverter para o aprimoramento da gestão, em suas múltiplas dimensões.

A Auditoria Baseada em Riscos não segrega os controles e objetivos do processo de gestão de riscos, se servindo, como avaliador externo, de testes e de procedimento de avaliação da suficiência desses mecanismos de governança para produzir relatórios com diagnósticos de caráter orientativo, corretivos e preventivos, e que tem na sua força o aspecto estratégico de enxergar a gestão no passado, no presente e no futuro.

O Brasil tem uma matriz cartorial, formalista, de pouca valorização da entrega das organizações e com uma resistência à avaliação vista como instrumento de poder e de padronização. A auditoria que se detém a ritos e cânones favorece essas deturpações, desalinhada dos objetivos, e servindo a propósitos ensimesmados, que enfraquecem a própria auditoria como instrumento de governança.

A verificação de artefatos é uma armadilha para a atividade de auditoria e, ao se batizar da ideia de riscos, assume uma lógica que se dissocia dessa abordagem, esquecendo que gestão de riscos, auditoria e tudo mais é instrumento de eficiência que deve ser bem usado em um mundo cada vez mais competitivo e restrito em recursos.

Artigo original redigido em 2019.

> *Box síntese:*
>
> *Uma ABR-Auditoria Baseada em Riscos não é uma auditoria que verifique a adesão formal aos cânones da Gestão de Riscos, e sim um processo de avaliação voltado as entregas, e que deriva as deficiências encontradas nos resultados para as fragilidades dos controles internos e da gestão de riscos, realimentando os processos, com vistas ao aprimoramento da gestão.*

1.6 Dirigente, lembre-se do seu auditor interno!

A auditoria interna, estrutura oriunda do ambiente empresarial, é uma atividade de supervisão e de avaliação inserida na estrutura das entidades públicas e visa à agregação de valor no atingimento de objetivos. Presente em autarquias, empresas públicas e sociedades de economia mista, constitui uma importante camada de controle, por vezes ignorada pelos dirigentes, que não percebem o seu potencial estratégico.

Em um diagnóstico inicial, tem-se que as definições de auditoria interna no setor público contidas na legislação pátria são raras e pouco integradas. Soma-se essa situação a uma carência crônica de literatura sobre o tema, o que, por si só, já denota a falta de estrutura doutrinária sobre auditoria interna, contribuindo para uma falta de identidade e de percepção dessas estruturas na administração pública.

Temos, por exemplo, o Decreto do Poder Executivo nº 3.591/2000, que indica, no seu art. 14, que as entidades da administração pública federal indireta deverão organizar a respectiva unidade de auditoria interna, com o suporte necessário de recursos humanos e materiais, com o objetivo de fortalecer a gestão e racionalizar as ações de controle, positivando a necessidade de uma estrutura que fortaleça a gestão e o controle, existindo, se for o caso, apenas um profissional para cuidar dessa pasta.

Por seu turno, o Manual de Controle Interno do Poder Executivo Federal (IN nº 01/2001-SFC/MF) aponta que os trabalhos são "executados por unidade de auditoria interna, ou por auditor interno, especialmente designado para a função" e que se caracterizam pela assessoria à alta administração, detalhando mais a natureza das atividades da auditoria interna, bebendo da fonte dos paradigmas privados, restando lacunas de definição de sentido de atuação, dadas as peculiaridades do setor público. Essa lacuna vem a ser suprida apenas pela Instrução Normativa nº 3/2017, da Controladoria-Geral da União (CGU).

Como visto nos exemplos anteriores, até 2017 as normas existentes sobre auditoria interna no setor público são em número reduzido ainda, episódicas em manifestações de tribunais de contas e fundamentadas na construção histórica do que é a auditoria interna no setor privado, de parâmetros nacionais e internacionais, *The Institute of Internal Auditors* (IIA) e o Conselho Federal de Contabilidade (CFC), denotando a carência de uma identidade dessa função no setor público e suas peculiaridades, bem como de visibilidade destas no ambiente político-administrativo nacional.

Persiste ainda um caráter duplo, indefinido, de assessoria e avaliação, acrescido na prática de um viés de mediação, ainda não equacionado nas normas e na prática das auditorias internas. Ele é visto como posto avançado dos órgãos de controle em alguns casos ou como aliado da gestão. Não conseguimos romper a dicotomia de supervisão e execução e da necessidade de instrumentos avaliativos no nível do dirigente, em especial em organizações públicas complexas e espalhadas no território nacional.

Em termos práticos, a auditoria interna no setor público brasileiro é uma estrutura presente nas entidades (administração indireta) que, pela autonomia e especialização, demandam uma estrutura própria, que se detenha na função administrativa chamada controle com um caráter de avaliação da gestão e de assessoria na construção e manutenção dos mecanismos de governança da entidade. Ela é acrescentada de um aspecto mediador em relação aos diversos atores envolvidos no controle – tribunais de contas, Ministério Público etc. É uma necessidade oriunda da autonomia própria das entidades para que melhor atinjam seus objetivos.

A casuística da auditoria interna no contexto nacional varia de estruturas robustas e especializadas em algumas sociedades de economia mista a estruturas humildes em autarquias de menor porte. São também as auditorias internas objeto de uma produção acadêmica pífia se comparada ao seu correspondente privado, contextualizado este na profusão de sociedades anônimas e nos desafios da delegação em empresas de grande porte, verdadeiros conglomerados, espalhados no território nacional.

A dificuldade de construção desse papel das auditorias internas, adaptado do setor privado, tende a fazer dessas estruturas subutilizadas, como simples interlocutores burocráticos com os órgãos de controle e com uma prática mais voltada para a ação reativa do que a preventiva, o que é uma contradição, dado que, quanto mais perto o controle da gestão, maior o seu potencial preventivo.

As estruturas classificadas como entidades trazem em si um grau de hibridismo, em uma didática linha imaginária entre modelos públicos mais puros, como a administração direta, e a sociedade empresarial, como mais privado, oscilando essa linha na liberdade e na supremacia do interesse público. Essa mescla dificulta a construção de um conceito de auditoria interna no setor público pela raiz privada dessa instituição, associado à própria dificuldade de se instalarem mecanismos de controle na história da república.

A existência de uma estrutura formal, de dimensões avaliativas, mediadoras e de assessoria no que tange à governança pode representar um espaço de agregação da função controle à dinâmica dos objetivos da organização, mas pode também se transformar em uma instância redundante em relação a outros órgãos de controle, em ações não coordenadas e sobrepostas em alguns aspectos e ausentes em outros.

A auditoria interna não fica ligada ao dirigente ou conselho apenas por uma questão de independência, mas pelo seu aspecto estratégico, vinculada aos objetivos da organização, dispondo de uma visão macro desta, com grande potencial de acrescentar valor e a melhorar as operações de uma entidade pública por meio de uma ação sistemática na avaliação e melhoria da eficácia dos processos de gestão de risco, de controle e de governança.

Os dirigentes têm, nas auditorias internas, um excelente instrumento de avanços na gestão. Carece que elas sejam enxergadas, em todas as esferas, como uma ferramenta de construção da excelência diante dos riscos. Assessoria, sim. Acessório, não! Avaliação, sim. Desvalorização, não! Mediação, sim. Mediocridade, não!

Identidade, valorização, visão do seu papel estratégico. Esse é um caminho para auditorias internas robustas e efetivas. É assim em outros países, os quais perceberam que a função controle e seus instrumentos têm um papel vital nas organizações públicas e envolvem seus objetivos, o que remete à credibilidade, ao lucro político e a serviços públicos de qualidade, que colaboram com o desenvolvimento do país.

Artigo original redigido em 2016.

> **Box síntese:**
>
> *A auditoria interna é um instrumento estratégico de adição de valor à gestão, preventivo e mediador com os órgãos de controle externos à organização, mas esse potencial é, por vezes, desprezado pelos dirigentes, que não utilizam todo o potencial dessa estrutura.*

1.7 Pecadinhos da auditoria interna[3]

Auditoria interna não é uma função simples. Como toda estrutura intermediária entre outras estruturas, sofre as agruras da mediação, as pressões por demandas que precisam ser equacionadas diante dos múltiplos riscos e, ainda, agregar valor à gestão, gerar uma resultante.

Para ter algum sucesso nessa função, por óbvio, é necessário competências técnicas e outras de caráter comportamental, como a capacidade de se expressar, dialogar, ouvir (*audire* vem de ouvir) e, ainda, de enxergar o que é mais relevante em um contexto.

O presente texto, despretensiosamente, traz dez pontos. Pequenos pecadinhos que, se incorporados à prática de auditoria interna, podem trazer óbices, atrapalhando o sucesso de tão relevante função.

Vamos aos pecadinhos:

1 – *Apresentar opinião que não esteja baseada em metodologia* – o ofício de auditor interno não prevê tarefas como ser um guru, ou mesmo cartomante ou comentarista de telejornal. Opinião de auditor é um resumo qualificado do que revelaram os seus trabalhos de auditoria. Fugiu disso, é chute.

2 – *Recomendar uma solução estapafúrdia, inviável e que não mitigue os problemas detectados* – por óbvio, recomendar soluções é muito difícil. Para isso, há o diálogo, a pactuação e as metodologias próprias. O que não deve ser feito é livrar-se do problema com a proposição de uma solução inviável, descontextualizada da realidade. O bom auditor é medido pela articulação na construção de soluções, e não puramente por apontar problemas.

3 – *Ser alarmista, vendo "chifre na cabeça de cavalo"* – por ter acesso a muitas informações e ser cobrado pelos aspectos preventivos

---

[3] Texto oriundo da fala do autor no 46º Fórum dos Integrantes das Auditorias Internas do Ministério da Educação (Fonaitec), realizado no período de 22 a 25 de maio de 2017, na cidade de São Bernardo do Campo (SP), no auditório da Universidade Federal do ABC.

(às vezes futurólogo), o auditor interno pode se converter no profeta do apocalipse. Também não pode ser um gerador de ambiguidades. Para evitar essa postura, existem critérios de avaliação do que é prioridade, como a materialidade (valor financeiro), a criticidade (risco), a relevância (envolvimento com os objetivos) e a vulnerabilidade (maturidade dos controles).

4 – *Ser cabeça dura e aferrado a posições* – a autoridade com humildade é uma característica rara, mas essencial para auditores internos. Pelo diálogo, o profissional deve ser capaz de reavaliar as suas posições diante de fatos novos, garantindo assim o respeito de seus interlocutores, mudando o que deve ser mudado e defendendo o que é relevante.

5 – *Focar no erro, e não na solução* – como um caçador de recompensas, um Django moderno, é patológico quando o auditor interno persegue o erro como finalidade, e não como meio de melhoria. Oculto nesse desiderato, por vezes, um desejo de atacar pessoas, em vinganças pessoais ou na supervalorização do seu trabalho. Esquece o profissional que o seu ofício é avaliativo e propositivo, no qual o erro tem seu valor sempre contextualizado em relação aos objetivos.

6 – *Concentrar-se em fatos, e não em sistemas administrativos* – atuando nos sistemas de gestão, baseando-se em uma visão de riscos, agregando valor aos objetivos, o auditor interno se vacina das tentações da fofoca, do casuísmo, do abastecimento da rádio corredor, fugindo, ou tentando fugir, do jogo natural de forças endógenas à sua organização, garantindo, pela sua luta por isenção e independência, a credibilidade e a capacidade de interlocução.

7 – *Isolar-se da gestão, misturar-se a ela* – os extremos são ruins, em especial em uma função mediadora, que demanda um distanciamento efetivo, que permita a opinião independente que aprimora a gestão de forma efetiva, mas sem se comprometer com os processos decisórios. Gestor é gestor, auditor é auditor. Papéis diferentes e que se relacionam na construção da eficiência. Esse *locus* precisa ser encontrado em cada unidade, em cada organização, com alto grau de customização.

8 – *Buscar um planejamento que não dê conta dos riscos* – naturalmente, em uma auditoria interna, os recursos humanos

são sempre escassos frente às demandas, estas por vezes imprevisíveis. Se não racionalizar o seu planejamento à luz dos riscos de atingimento de objetivos, o auditor e a sua equipe tomarão seguidas goleadas, com "muita tosa e pouca lã". Dispor de poucos recursos é uma realidade; utilizá-los bem é um dever.

9 – *Não ser claro em suas manifestações* – em mais esse pecadinho, tem-se que a opinião qualificada, com fins corretivos, é o produto principal do auditor interno. Se ela não for clara, conclusiva, específica, não será possível a recomendação que muda a realidade e fortalece os controles. Opiniões evasivas são desperdícios operacionais.

10 – *Agir apenas quando demandado* – auditor interno da autópsia, do "leite derramado", da descrição pós e jornalística, agrega pouco à causa, gerando apenas custos de transação para um problema já materializado. A força da auditoria interna é o seu caráter preventivo, em especial por estar próxima à gestão.

Como se vê, esse breve receituário, essa bula papal de condutas pouco recomendadas, não é uma lista exaustiva ou absoluta. Procura, no entanto, trazer reflexão sobre a prática dessa função, que tem como desafio angariar a adesão do gestor e a confiança dos reguladores externos, harmonizando essas interações para aprimorar a gestão, melhorando seus controles que permitam o atingimento dos objetivos e que deem conta dos riscos. Um desafio que demanda uma visão estratégica da atividade de auditoria interna, que habita nosso país há mais de meio século.

Artigo original redigido em 2017.

Box síntese:

A atividade de auditoria interna demanda certo perfil, atitudes que devem ser evitadas, para que os vícios comuns não se materializem, tornando esta burocrática, policialesca, ensimesmada ou pouco preventiva.

1.8 Atributos do auditor interno no setor público

Foi editada, em 9 de junho de 2017, a Instrução Normativa nº 3, do então Ministério da Transparência e Controladoria-Geral da União (CGU), que estabelece o referencial técnico da atividade de auditoria interna governamental do Poder Executivo Federal. Foi inspirada no cânone internacional para essa atividade. Com ela, as normas internacionais para a prática profissional de auditoria interna do IIA – *The Institute of Internal Auditors* ressurgem revisitadas, em especial na ideia dos requisitos éticos do auditor interno, assunto tratado anteriormente na Instrução Normativa nº 01/SFC/2001, como normas relativas aos servidores do sistema de controle interno.

A norma de 2017 traz requisitos importantes no campo comportamental: integridade, autonomia técnica, objetividade, sigilo profissional, proficiência e zelo profissional. Um norte que limita, qualifica e protege o auditor interno e o seu trabalho, sendo características consagradas e que se aplicam a organizações públicas e privadas em qualquer lugar do globo terrestre, com as devidas adaptações culturais. Mas seria possível enumerar outros atributos mais adaptados à realidade brasileira do setor público e que são essenciais?

Esse é o desafio destas breves linhas. Pode-se, em um exercício, listar alguns atributos pessoais que são essenciais à atividade de auditoria interna no setor público, com as devidas justificativas e contextualizações, como se verá a seguir.

Agregador – o auditor interno, para agregar valor à gestão pública, necessita também convergir pessoas e setores em função da identificação e resolução de problemas no decorrer de seus trabalhos avaliativos. Muitas vezes, o relatório de auditoria funciona como uma ponte que comunica setores e os estimula a ações coordenadas. Para tanto, o auditor interno necessita ser reconhecido e fortalecido como um agente que não se limita a um diagnóstico, e sim que sabe levar aquela informação aos setores envolvidos para, por meio do monitoramento, estabelecer espaços e tempos para a resolução dos conflitos, mediando forças e demandas.

Dialogador – a auditoria interna é uma função limítrofe. Situa-se verticalmente entre os órgãos de *accountability*, como o controle interno e externo, e o gestor, a primeira linha de defesa. Horizontalmente, apesar de estar na terceira linha, pode-se dizer que ele se coloca entre outros agentes no interior da organização, como o ouvidor, o corregedor, o gestor de riscos e o responsável pelo *compliance*.

Nessa rede de atores e forças, ele precisa ser um dialogador que capte demandas e possibilidades de interação para subsidiar seu planejamento e que, por meio da comunicação dos resultados de seus trabalhos, estimule a melhoria dos controles internos e a realimentação para os setores da casa. Para isso, o auditor interno não pode ficar insulado na organização. Cabe a ele interagir com aqueles que se relacionam com a sua atuação, seja como objeto de avaliação, seja como fonte de informações e demandas, para que seu trabalho seja algo vivo e presente nas discussões da organização.

Visão integral – um auditor interno necessita conhecer a sua organização, seu negócio, seu histórico e seus principais problemas. Ele, como avaliador/assessor, deve ter em mente as questões presentes da organização e que estratégias ele tem adotado para, por meio de suas atividades, enfrentá-las, atento às mudanças da dinâmica do ambiente. Um auditor interno restrito, com uma visão pontual, minimalista, não consegue inserir seus apontamentos no universo das discussões em voga. Resultado: termina esvaziado, sem lograr êxito no seu compromisso com a melhoria da gestão por meio dos controles internos. O seu posicionamento, inclusive, próximo ao corpo dirigente, e seu acesso livre como auditor lhe dão essa possibilidade de conhecer integralmente a organização. Por vezes, entretanto, observa-se que esse lócus é pouco explorado.

Capacidade de priorizar – espera-se do auditor interno que ele saiba diferenciar o que é relevante no contexto da organização para que não aplique seus reduzidos recursos em ações que pouco contribuem com as questões em voga. Nesse intuito, deve se despir da paixão e de visões pessoais para raciocinar com a lógica da instituição, pensando na materialidade, nos riscos e nos objetivos estabelecidos para que seus trabalhos dialoguem com o que tem potencial de agregar valor à gestão, não somente no sentido do que já aconteceu, mas do que está por vir, na análise de tendências e fraquezas percebidas.

Priorizar é mais que um algoritmo matemático. Exige um conhecimento dos aspectos formais e informais da instituição, o que preocupa as pessoas, as expectativas dos atores internos e externos para que seus trabalhos sejam alinhados com o que está na superestrutura da organização e para que o auditor interno tenha sempre à mão trabalhos relevantes, que o legitimarão para dentro e para fora.

Viabilizador – não se deseja um auditor interno "empacador", ou seja, que atravanca os projetos, por vezes pela crença de que seu trabalho é derrubar coisas, e não construir e reconstruir. Espera-se dele que contribua com o desenrolar das ações. Assim, ele será procurado e ouvido. Mas isso implica em abrir mão de verificar a legalidade, de fazer o certo? Não. Pelo contrário, no trabalho *ex ante* de consultoria, ele aponta, com a experiência de seus trabalhos, os caminhos no que se refere aos controles internos para se promover a garantia razoável do atingimento dos objetivos. No *ex post*, ele avalia a suficiência desses mecanismos, propondo correções, em um circuito de ações que converge e viabiliza os objetivos daquele projeto. Preso a detalhes, a formalismos ou ainda a guerras internas, o trabalho do auditor interno dialoga pouco com o que se deseja das políticas e seus respectivos programas e enfraquece, assim, seu caráter estratégico. Para tanto, ele precisa identificar aliados para, então, depositar ações de melhoria que permitam seu trabalho ajudar a quem quer ser ajudado.

Como se vê, alguns outros atributos podem ser enumerados, dentro do contexto de organizações públicas imersas entre atores externos e internos que se relacionam com a figura do auditor interno e que esperam dele mais do que uma função de xerife, no alto de um salto de autoridade apontadora. Esperam dele o papel de um cão de guarda atento, que capta verdades mais profundas, emite alertas e propõe soluções, enlaçando setores, fortalecendo a cultura preventiva, na construção da governança cotidiana e na reconstrução diante dos problemas que eclodem, como uma ferramenta do corpo dirigente, é fato, mas que só tem sentido inserida nessa rede que rodeia a organização.

Artigo original redigido em 2018.

Box síntese:

Além dos seus atributos estatuídos nas normas, espera-se do auditor interno que ele seja um agregador das áreas da organização, pelo diálogo constante, viabilizando soluções, com uma visão integral e estratégica da organização, priorizando o que é relevante.

1.9 Por que necessitamos do controle interno?

No remoto (e não menos sombrio) ano de 1964, a Lei nº 4.320, ainda vigente, que "Estatui Normas Gerais de Direito Financeiro para elaboração e controle dos orçamentos e balanços da União, dos Estados, dos Municípios e do Distrito Federal", trouxe ao mundo jurídico brasileiro a função estatal chamada de controle interno, que, entre mutações estruturais e funcionais, ganhou robusteza nestes cinquenta e poucos anos, chegando, em 2020, com respaldo constitucional e habitando o palco de discussões de âmbito nacional, entremeada pelas questões afetas à corrupção, saltando nas mentes mais inquietas a pergunta título: por que necessitamos do controle interno?

Necessitamos? Legítima dúvida. De forma cética, tem-se que as respostas a essa questão que transitam no "porque a Constituição Federal manda" ou "para atender aos ditames do Controle Externo" são louváveis, mas débeis diante das dinâmicas da concreta vida política, dado que a mente de dirigentes estatais, entre a gestão de recursos e demandas da sociedade, traz também a silenciosa interrogação: "por que patrocinar algo que, em última instância, irá me restringir?".

Resposta complexa para uma pergunta sincera e que passa pela construção da vivência democrática plena, entendendo que patrocinar mais uma instância de supervisão, em que pese seu inegável caráter restritivo, no que tange ao chamado controle interno, é uma medida que possibilita explorar o seu aspecto estratégico e de alavancagem de uma gestão mais tranquila, diante dos riscos das delegações necessárias e das demandas por coalizões.

Podemos iniciar as justificativas de se estruturar o controle interno pela possibilidade de incremento da credibilidade, pois essa estrutura permite a promoção da transparência, da ética, do *compliance*, da prevenção à corrupção, granjeando não somente a confiança dos eleitores, garantindo a aderência aos projetos e iniciativas, mas também um ambiente de sustentabilidade nas relações dentro da estrutura estatal. O sistema é abastecido pela credibilidade.

O controle interno contribui também com a autonomia do poder que o estrutura. Autonomia que é a chave do desenvolvimento, da qualidade dos serviços públicos e que ainda permite aos dirigentes avaliar suas políticas, apurar situações anômalas e promover a correção, sem depender cotidianamente de intervenções de outros poderes, no desenho dos pesos e contrapesos, de forma geralmente mais onerosa. Autonomia sem *accountability* vira pouca vergonha!

Em relação ao compromisso com os resultados da gestão, tem-se que o governante sobrevive pelo lucro político, pelo reconhecimento do sucesso de suas plataformas, que permitam a continuidade do seu mandato ou de correligionários. Como o controle interno, pelo seu caráter preventivo, atua na garantia razoável do atingimento dos objetivos frente aos riscos da gestão, apresenta-se este como um instrumento de governança da complexa máquina pública, na busca de agregar valor aos programas de governo, o que, em democracias amadurecidas, reverte de alguma forma em ganho na esfera política.

Por fim, diante de outros atores, como o controle externo, o Ministério Público, os órgãos policiais e o chamado controle social, o controle interno se apresenta como mediador qualificado no que tange aos assuntos de governança e da prestação de contas, contribuindo para a melhoria da interlocução dos governos com essa rede de *accountability*, fortalecendo a implementação de soluções e equilibrando situações naturais da relação entre órgãos, como articulador em um cenário com tantos atores diversos.

A credibilidade se fortalece em ações da chamada *advocacy* das questões da gestão de riscos, da prevenção da corrupção e da melhoria da transparência, transcendendo a promoção para a avocação, inclusive, de tarefas nesse sentido pelos órgãos de controle interno, como a manutenção de portais de transparência. A autonomia, pela capacidade de avaliar e corrigir, punindo na esfera própria quando necessário, também se encorpa pelas práticas usuais do controle interno.

Tem-se ainda que a busca de agregar valor aos resultados encontra guarida nas auditorias, mormente as operacionais, construídas algumas em parceria com o gestor e que permitem, com outros olhares, diagnósticos e soluções. A mediação qualificada se faz nas interações com outros atores, no campo prático e teórico, em especial na produção de normativos específicos, como exemplificado pela recente Lei de Acesso à Informação (Lei nº 12.527/2011) e a chamada Lei Anticorrupção (Lei nº 12.846/2013). Muito trabalho para uma função tão nova no cenário nacional!

Para além de um mandamento estampado no art. 74 da Constituição Federal de 1988, a cinquentenária função controle interno é uma necessidade intrínseca ao amadurecimento da democracia. Nessa breve reflexão do seu papel, revisitamos as tensões e dilemas que assolam a sua prática e que não demandam equacionamento perfeito, e sim espaço de discussão: aprimoramento da gestão ou combate à corrupção; foco na responsabilização de agentes ou na melhoria de controles sistêmicos; apoio ao gestor ou ao controle externo; atuação financeira-legal ou nos resultados.

Em tempos em que a chamada corrupção sistêmica chega às nossas mesas nos debates no jantar em família e no bar com os amigos, arriscando palpites entre causas e soluções, no contexto democrático, e pela presença inédita de discussões nos períodos eleitorais que tratam de controladorias e auditorias, percebemos que a função "cinquentona" ainda é jovem e tem muito a contribuir com o país em construção que desejamos e necessitamos, seja pelo seu aspecto preventivo, pelo seu papel mediador, e mais ainda pela possibilidade de tornar o Estado mais efetivo.

Artigo original redigido em 2017.

Box síntese:

A função controle interno necessita ser patrocinada pelo dirigente, por ser um articulador da autonomia e da credibilidade da sua gestão, permitindo uma interlocução qualificada com os demais órgãos de controle, sendo um elemento essencial em um ambiente democrático, de mecanismos de pesos e contrapesos.

1.10 Tomada de contas especial – o longo caminho da volta

🔹 Estoura mais um escândalo na gestão pública. Policiais, fotos, declarações, servidores presos, gravações de negociatas. Os jornalistas, ávidos, perguntam pelo valor desviado, como em uma matematização do impacto daquela situação, valorizando o delito pelos seus valores, e não pelos indícios de descontrole, em um hábito comum na comunicação social pátria.

Nas atividades de gestão, em diversas situações, o erário, a chamada "viúva", se vê lesado com danos ocasionados por desvios, superfaturamentos, usos indevidos e um sem número de atividades de uma criatividade ímpar e que floreiam nos anais da gestão pública em diversas esferas. Para esse mal, pensou-se um remédio (...).

Na busca de recuperar os recursos do erário nessas situações, surgiu um instituto denominado Tomada de Contas Especial (TCE). No plano federal, a TCE tem amparo no art. 71 da Constituição Federal de 1988, quando diz que cabe ao controle externo "julgar as contas (...) daqueles que derem causa à perda, extravio ou outra irregularidade de que resulte prejuízo ao erário público"; e também no contido na Lei nº 8.443/1992, a Lei Orgânica do Tribunal de Contas da União (TCU), no art. 8º, que especifica: "Diante da omissão no dever de prestar contas, da não comprovação da aplicação dos recursos repassados pela União, na forma prevista no inciso VII do art. 5º desta Lei, da ocorrência de desfalque ou desvio de dinheiros, bens ou valores públicos, ou, ainda, da prática de qualquer ato ilegal, ilegítimo ou antieconômico de que resulte dano ao Erário, a autoridade administrativa competente, sob pena de responsabilidade solidária, deverá imediatamente adotar providências com vistas à instauração da tomada de contas especial para apuração dos fatos, identificação dos responsáveis e quantificação do dano".

Constituindo a TCE medida de exceção, aplicada quando esgotadas as ações na via administrativa, trata-se de uma ação instaurada pelo gestor por moto próprio ou por determinação dos órgãos de controle, diante do indício de dano ao erário, visando identificar o quanto foi desviado e por quem, de modo a instruir o julgamento pelos tribunais de contas, a quem compete, no nosso ordenamento jurídico, definir o mérito, determinando de forma cogente o ressarcimento do dano.

Cabe ao gestor administrativo a instauração da TCE, e as normas vigentes, sabiamente, ainda que não estabeleçam competências concorrentes dos órgãos de controle na linha da avocação da instauração de TCE, indicaram mecanismos cogentes que permitam a correção e a provocação do gestor envolvido, quando esse é leniente na instauração da TCE, para que estas não dormitem em gavetas da administração.

Assim, a TCE não se confunde com a apuração disciplinar ou com os inquéritos policiais, dado que a sua função precípua não se atém à punição dos envolvidos, e sim ao ressarcimento do erário, mesmo que colateralmente os tribunais de contas, nas suas funções judicantes, apliquem punições no julgamento dos processos. Esses instrumentos têm finalidades distintas, podem ser abertos no mesmo fato gerador e podem colaborar entre si, subsidiando-se mutuamente pelos seus achados e conclusões, ainda que independentes.

Cabe ressaltar também que uma boa TCE sustenta um bom processo judicante e de recuperação de ativos, e tem-se na observância do contraditório e da ampla defesa não só um respeito aos direitos fundamentais, mas também um instrumento operacional de apuração e na audição das vozes dos atores, na busca de uma verdade material que permita um ressarcimento mais efetivo.

O ressarcimento pela via da TCE percorre um longo caminho, desde a percepção do desvio e as medidas administrativas preliminares na busca do ressarcimento amigável até a instauração propriamente dita, com certificação do controle interno e julgamento pelo Tribunal de Contas, com a decorrente propositura de ação de cobrança no âmbito da advocacia pública e a consequente execução de bens.

Um ciclo longo, de atores diversos e necessários, dado que a TCE figura como uma miniatura de um processo de contas ordinário, que enfrenta, no seu decorrer, não só os gargalos naturais da burocracia estatal, mas também a natural interveniência de representantes dos acusados, em trâmites recursais que fazem, no plano concreto, que essas ações de cobranças, etapas derradeiras, muitas vezes alcancem apenas os herdeiros até o limite dos patrimônios transferidos, em um cenário de baixo retorno de recursos desviados, demandando nesse fim um largo período de tempo, favorecendo a sensação de impunidade dos que desviam, ainda que exista um visível esforço dos atores envolvidos na otimização dos processos em seu âmbito de atuação.

Assim, o retorno de recursos padece de questões temporais, da demora do processamento e de valoração, no sentido de retornos a menor do que o potencial detectado de dano e, ainda, de um provisionamento futuro do recurso ressarcido em um contexto totalmente diverso do momento do dano. Por exemplo, se um estudante vai cursar doutorado em outro país e não retorna, quando da volta dos recursos à União, que financiou a sua bolsa, já nos encontramos em outro contexto tecnológico. As demandas iniciais jazem alteradas, retribuindo esse retorno para outra conjuntura. O fato é que precisávamos, no país, de profissional com aquela qualificação naquele momento e não logramos êxito.

Temos que ter em mente que a TCE se inscreve no contexto de um mecanismo eminentemente de exceção, previsto nas delegações naturais do setor público, na qual gestores ou designados na execução direta ou por meio de parceiros em convênios recebem recursos para determinado fim público. Pela ausência de prestação de contas ou pela deficiência na execução de objetos pretendidos e suas correspondentes finalidades, esses agentes delegados se veem instados a restituir os valores recebidos para a fonte original, inutilizando todo um ciclo de delegação e execução.

Por isso, uma visão saneadora permeia o processo de TCE, possibilitando, pelo retorno do recurso ou a apresentação de prestação de contas, a sua extinção pela perda de objeto. A TCE não é um fim em si mesmo, pois se destina, em um contexto, diríamos assim, mais litigioso, ao resgate dos recursos mal empregados, visando remediar os efeitos danosos daquela gestão. A TCE, contudo, não pode ser nosso prato principal, pois a gestão necessita se antecipar aos riscos, de modo a prevenir ocorrências danosas.

Com esse fim, os governos dos diversos entes vêm utilizando outros expedientes de caráter preventivo, no âmbito de cadastros públicos, que apontam pessoas físicas e jurídicas que deram causa ao dano. Atuando pela via da transparência e do impedimento de recebimento de novos recursos, visam aumentar a credibilidade do sistema pelo impedimento da continuidade de uma relação com aqueles que apresentaram problemas. Esses cadastros são alvo de grande judicialização. Mormente as alegações jurídicas clássicas de seus detratores, apresentam-se como instrumentos de excelência na prevenção de recorrências na atuação de agentes que já demonstraram a sua baixa capacidade de gerir recursos públicos.

Entretanto, o aspecto preventivo necessita de mais (...). Faz-se mister um avanço nos controles internos, em face dos riscos percebidos, em especial na firmação de parcerias e no acompanhamento da execução destas, rompendo o velho modelo de volumosos processos de prestação de contas para iniciativas que tenham um viés mais estratégico e que com auxílio da tecnologia da informação (TI), permita uma análise de prestações de contas mais expedita, com ações de fiscalização mais céleres e pontuais e que retroalimentem os sistemas no sentido de impedir novos acordos e novos aprovisionamentos de recursos, buscando também, pelas ações de georreferenciamento e com o apoio do controle social, identificar também o adimplemento dos objetivos pactuados.

Diante do desvio, do escândalo, da ação criminosa, a dimensão de reposição do erário é valorosa, mas é necessário avançar sobre esse paradigma e pensar nos mecanismos que permitirão surgir aquele desvio e que podem alimentar outros, passíveis de serem impedidos, evitando a sangria antes que ocorra, dadas as dificuldades de recolher o leite derramado.

Queremos, como cidadãos, que o dinheiro volte, mas queremos mais ainda que ele não saia. Essa questão nos lembra de que esse assunto necessita vir à baila. Afinal, temos a responsabilidade geracional de pensar sobre esses processos de ressarcimento de recursos mal empregados. É preciso, com criatividade e bom senso, otimizá-los para que respeitem os direitos fundamentais dos arrolados, mas que tenham em mente também que aquele recurso privou outro grupo de seus direitos sociais e que o tempo, inexorável, vai destruindo a credibilidade pela impunidade, em prejuízos imateriais à gestão pública, instância de oferta de direitos sociais aos cidadãos, inclusive aqueles de maior vulnerabilidade.

Artigo original redigido em 2015.

Box síntese:

A Tomada de Contas Especial é um instrumento clássico de ressarcimento de recursos desviados do erário, mas, pela sua morosidade, é necessário que se fortaleçam mecanismos preventivos, que impeçam o desvio, para se garantir assim a efetividade das políticas públicas, dado que o objetivo da gestão pública são os serviços de qualidade ao cidadão, e não se devolverem recursos do orçamento.

1.11 As sete faces da função controle

Nas minhas infantis tardes semanais, assistindo à clássica *Sessão da Tarde*, vi por várias vezes a película *As Sete Faces de Dr. Lao*, um filme estadunidense de 1964. Dirigido por George Pal, o filme era, de fato, uma adaptação do romance *O Circo do Dr. Lao*, do autor de mesma nacionalidade – Charles G. Finney.

Nesse clássico, um circo conduzido pelo Dr. Lao chega à cidade fictícia de Abalone, e os personagens do circo, que, na verdade, são facetas de seu proprietário, interagem com a população local, provocando suas questões íntimas e coletivas. Essas interações são uma articulação daquele enigmático personagem para a reação da comunidade a um grande problema político local. O filme é interessantíssimo, em especial por relacionar o individual e o coletivo.

Aproveitando-se dessa antiga imagem, podemos dizer também que a função controle, em suas diversas roupagens institucionais – administrativo, social, interno, externo, contábil – pode se materializar em diferentes funções, em faces que se apresentam e que se articulam na promoção do aprimoramento da gestão pública, oriundas dessas diversas roupagens, integrando-se e influenciando questões individuais e coletivas.

O controle, como dizia um dos pais da administração, Henri Fayol, "consiste em verificar se tudo corre de acordo com o programa adotado, as ordens dadas e os princípios admitidos. Tem por objetivo assinalar as faltas e os erros, a fim de que se possa repará-los e evitar a sua repetição". Uma função administrativa que atua sobre os problemas do mundo concreto, da dinâmica, e, a apesar de ser uma atuação una, é percebida de diversas formas, na interação com a partes interessadas, como o Dr. Lao do filme e suas *personas*.

Assim, para fins didáticos, vamos abrir a nossa mente e analisar sete ramos dessa grande árvore que é a função controle, presente na vida administrativa e pessoal, percebendo como ela se materializa, não pela forma de instituições e órgãos, e sim pela interação com os sistemas políticos e administrativos. Citaremos alguns exemplos para melhorar a percepção:

1) *Diagnosticadora-avaliativa* – o controle pelas suas ações de auditoria, de verificação, produz de forma privilegiada informações sobre a gestão, diagnósticos e cenários que permitem a construção de opinião sobre programas de governo e sobre a gestão de unidades. Ex.: auditorias operacionais, relatório de gestão.

2) *Interativa-preventiva* – nessa função, transcendendo apenas o interesse do diagnóstico, o controle interage, recomenda, orienta, alerta, de forma preventiva, na resposta aos riscos detectados, visando à correção de rumo e às alterações pontuais e sistêmicas que promovam a melhoria. Ex.: recomendações efetuadas via relatório.

3) *Judicante-punitiva* – seja na punição dos agentes pelo desvio de conduta, seja pela certificação de órgãos e gestões, nessa função o controle atua de forma coercitiva, impondo àqueles que deliberaram e causaram problemas punições formais e simbólicas, de forma que as situações não mais ocorram. Ex.: penalidades aplicadas pela Lei Anticorrupção, pelos tribunais de contas.

4) *Supervisora-integralizante* – aqui o controle funciona como um meta –controle, uma supervisão de nível estratégico, olhando a floresta do alto e promovendo a melhoria em uma amplitude maior. Enxerga fluxos e sistemas, permitindo mapear fragilidades e interagir em uma dimensão macrogovernamental. Ex.: análise das contas de governo ou contas do presidente.

5) *Mediadora-articuladora* – o controle tem o potencial de mediar demandas populares, articular normativos e interagir com diversos atores na busca de conciliar soluções, rompendo um paradigma positivista de apenas se prender à lei. Nesse sentido, a capacidade de produzir informações e de aplicar sanções permite essa resolutividade mais expedita pela via administrativa. Ex.: interação com o controle social, no processamento de denúncias, na proposição de normas.

6) *Orientadora-difusora* – no que tange à gestão de riscos, a *accountability*, na promoção da realimentação da gestão, o controle dispõe de um grande ferramental, pela sua visão global e pelas suas ferramentas de análise e detecção, para orientar o gestor não a fazer o que deve ser feito, mas, sim, a se prevenir para que o que deve ser feito ocorra e com resultados.

Ex.: atividade de capacitação do gestor, concursos de boas práticas, orientações de como prestar contas.

7) *Estruturadora-referencial* – como difusor, o controle também parametriza e referencia a gestão, criando isomorfismos, pelo seu poder de ditar boas práticas e pelo caráter indutor das avaliações. Assim, pelos seus achados e recomendações, ele estimula a criação de normas e procedimentos e molda a atuação dos gestores. Ex.: efeitos de recomendações sobre normas, procedimentos e nas organizações.

O controle é uma função nova quando se fala de um contexto democrático e, ao mesmo tempo, fundamental nesse desenho. Ainda há muito a falar sobre essa função administrativa, e isso traz crises de identidade, em dilemas e contradições que fazem parte de sua história.

Precisamos de equilíbrio, harmonia e coordenação nessas facetas. Como desconsiderar os aspectos mais pragmáticos, focados no agente que, se não for alcançado, vai cometer das suas de novo, contaminando o sistema? Como não focar o sistema, o aspecto preventivo, a melhoria dos controles que fortalece aquela gestão contra os obstáculos? Como desconsiderar a contabilidade como ferramenta no apoio à gestão e que necessita da auditoria e que fornece credibilidade às contas? Como esquecer a força da população, como beneficiária e aliada na governança das políticas públicas, necessitando estar engajada nessa ação? Não podemos alimentar a ingênua ilusão que apenas órgãos burocráticos darão de tudo sozinhos!

Uma discussão complexa é do que é o controle, dado que se trata de uma ação transdisciplinar. Difícil definir conceito em tão grande mutação e vinculado a tantas áreas do saber. Somos jurídicos? Somos contábeis? Somos gerenciais? Somos sociais? Somos informáticos? Temos perdas e ganhos em todas essas facetas. Penso que necessitamos aliar essas coisas, tirando o melhor de cada um desses papéis, de forma integrada.

Essas funções se entrelaçam e, às vezes, até se conflitam, mas devem convergir e se coordenar para a promoção do aprimoramento da gestão pública. Não se trata de uma lista exaustiva. São faces que, como no filme citado, por vezes não são compreendidas de forma isolada, mas que, pela interação, pelo equilíbrio, promovem no cotidiano mundo dos riscos a eficácia e a eficiência necessárias para o Estado nas democracias do século XXI.

Artigo original redigido em 2015.

> *Box síntese:*
>
> *A função controle se relaciona com a gestão e com a população por meio de diversas facetas que precisam ser integradas, dado que essa é uma função transdisciplinar e que necessita desse aspecto múltiplo para melhor executar a sua função.*

1.12 Corrupção e o efeito "Tostines"

De forma recorrente, observamos na imprensa ilações sobre o quanto é desviado em determinado período do país na política de saúde ou de educação, como se fosse possível, em termos de corrupção, estimar-se o quantitativo roubado. Ledo engano na nossa, por vezes, pouco producente mania de quantificar tudo. Por quê? Por uma razão simples! Porque esses chamados delitos ocultos, tais como o uso de drogas, o aborto, a corrupção e a sonegação, por exemplo, não são declarados voluntariamente pelos seus executores. Ainda por cima, não deixam vestígios claros, de fácil detecção, pois sua ação não altera um sistema fechado.

Por exemplo, como vou saber o quanto foi desviado, quantas pessoas são usuárias de drogas ou, ainda, quantas mulheres abortam se esses delitos são ocultados ostensivamente? Teremos que buscar índices em outras fontes, por vezes de inferências pouco confiáveis. Para drogas, alguns avaliam a sua presença na água que deriva dos sanitários ou nas cédulas. No caso do aborto, investigam-se os atendimentos no sistema de saúde. Quanto à corrupção, a detecção é difícil, pois, muitas vezes, as aquisições públicas são de grande monta, sem paralelo de preços e condições, e os desvios e superfaturamentos necessitam ser verificados no mundo real, frente aos recursos alocados. Tarefa árdua e que traz poucos resultados em termos práticos na lide de combate à corrupção.

No caso da corrupção, pela sua relação estreita com os processos políticos, quando surge um escândalo oriundo de uma denúncia, operação policial ou auditoria, ele surge como uma ponta de *iceberg*, sugerindo ser aquele caso referência a uma fração predominante oculta, o que pode não ser verdade, pois a detecção pode ser fruto de uma política de *compliance*, de oposição às práticas corruptas, que se encorajam pelos ganhos fáceis.

Assim, parafraseando a famosa campanha publicitária dos biscoitos Tostines – "está sempre fresquinho porque vende mais ou vende mais porque está sempre fresquinho?" –, temos um dilema. Quanto mais fazemos ações de controle no combate à corrupção, mais aparecem casuísticas e mais o público pensa estar em um lodaçal de corrupção. Ficamos quietos, e a corrupção tem seus efeitos percebidos de forma difusa ou não percebidos e deixamos a coisa rolar. Triste dilema de gestores e governantes (...).

Nesse contexto, hoje, no mundo, consagra-se o uso do indicador de percepção de corrupção utilizado pela transparência internacional. Utilizado desde 1995, indica "o grau em que a corrupção é percebida a existir entre os funcionários públicos e políticos". Os mapeamentos apontam que os países saxões e desenvolvidos ostentam as melhores marcas. Já os países ditos de terceiro mundo e com governos menos democratizados apresentam menores pontuações, com as ressalvadas exceções.

A grande questão é que comparamos alhos com bugalhos e países com histórias e organizações diferentes, de culturas de patrimonialismo desigual. Ainda que o bom senso ratifique as indicações em relação aos países, de forma estática, quando falamos da variação desse índice, a situação é bem diversa, pois a corrupção, como fenômeno estrutural, não varia de forma tão acentuada em pouco tempo e ainda tem suas medidas prejudicadas pelas questões da percepção já apresentadas.

Assim, o país cair ou subir cinco posições em um ano pode ser apenas uma questão de escândalos em alta ou de aumento de credibilidade nas instituições, o que se trata de outra discussão. Indicar o fenômeno cultural da corrupção como uma quantificação variante é uma falácia, o que pode indicar, em um ambiente de grande efeito da comunicação de massa, apenas a reverberação de esquemas malbaratados.

O índice é valido, dado seu reconhecimento internacional, mas precisamos avançar sobre essa discussão para além da percepção, como se a corrupção fosse uma doença, e não um fenômeno cultural--administrativo-político. A corrupção é um tabu para muitos, que continuam levando as suas vidas como se ela não existisse. É uma chaga social que é um reflexo do comportamento humano, que nos envergonha profundamente. Como ela não pode ser totalmente erradicada, é melhor encobri-la, ignorá-la, como uma doença fatal sem sintomas que preferimos esconder do vizinho a tomar remédios para minorar seus efeitos, como nos ensina o economista norte-americano Robert Klitgaard na clássica obra *Corrupção sob controle* (Editora Zahar).

Necessitamos de um índice de prevenção à corrupção! A prevenção, quando tem sucesso, também não é detectada, não se materializa, não ganha destaque, mas é a medida eficaz para reduzir, de forma sistemática, as ações corruptas. Eis outro lado perverso do efeito

Tostines, pois a prevenção não é percebida, e o combate é percebido de forma difusa!

Confundimos causas com efeitos, generalizamos sem bases factuais e não conseguimos enxergar o que é corrupção estrutural ou o resultado de uma ação dissuasória de combate.

Qual a importância disso tudo? Essa visão desanima gestores em níveis estratégicos a patrocinar ações sistemáticas de prevenção e combate à corrupção com medo de serem arrolados como arautos do mar de lama. O dirigente prefere a saída do "melhor dormir que a dor vai passar", esperando os problemas sumirem, do que tomar a frente e mostrar protagonismo no enfrentamento desse grande e negado problema. Assim, em uma lógica inversa, corremos o risco de punir quem investe no controle, de forma hipócrita.

Essas atitudes pusilânimes e comodistas de não enfrentar a questão da corrupção na gestão, vivendo um positivista mundo perfeito, é fruto da falta de compreensão do fenômeno da corrupção como atividade inerente à gestão e ao ser humano e que deve ser minorado, como risco aos objetivos organizacionais. Precisamos dar um passo na visão da corrupção, do seu combate e da sua relação com a gestão e o sistema político.

Índices de percepção, ao contrário de avaliações de maturidade de gestão de riscos ou de *compliance*, estimulam a omissão dos gestores. Necessitamos de índices estruturais, de mecanismos de controle, da robustez dos órgãos de controle institucional em relação à população e orçamento e, ainda, avaliações da atuação do controle social, por meio de denúncias e da atuação dos conselhos e meios similares. Esse painel de indicadores nos dá informações mais dinâmicas, para além da fotografia social de um índice de percepção.

Fugir disso é cairmos no interminável ciclo Tostines, achando que se combate corrupção com opinião, e não com mecanismos gerenciais e políticos. Ignoramos, nesse contexto, os avanços na sociedade recente na Constituição Federal de 1988, na Lei de Responsabilidade Fiscal e em tantos outros normativos que robusteceram o Ministério Público, os órgãos de controle, a transparência e a participação, elementos indispensáveis para uma melhor integridade na gestão pública e presentes de forma amadurecida nos países saxões, que apresentam os índices de percepção da corrupção mais favoráveis. Contentamo-nos repetindo mantra que continua se roubando muito no país.

Escândalos têm o efeito abacate, em que uma pequena colher mancha de verde todo o jarro de leite. Melindramo-nos, assustamo-nos e ficamos ruborizados. Precisamos, todavia, avançar sobre essa "verdade sabida" para entender as forças e estruturas que nos levaram àquela casuística, cobrando medidas preventivas, de fortalecimento dos controles, da gestão de risco, do controle social e da transparência, na profissionalização do serviço público, na busca pela qualidade dos serviços públicos orientados para o cidadão.

Somente assim, com esse amadurecimento, a corrupção deixará de ser uma ferramenta no jogo político para ser entendida como um reflexo de nosso patrimonialismo imanente e que precisa, cotidianamente, ser combatido com mecanismos próprios e que, de forma realista, entendem que, apesar de ser de impossível erradicação, a corrupção pode ser levada a níveis bem aceitáveis.

Artigo original redigido em 2014.

Box síntese:

A corrupção é um crime oculto, de difícil mensuração, e medidas para o seu combate podem aumentar a sua percepção, inibindo, em um ciclo vicioso, as iniciativas de governantes para a redução da corrupção, pelo medo de serem contaminados pela opinião pública em função de escândalos que venham a emergir. O ideal seriam também indicadores de mecanismos de combate e prevenção a corrupção, além de indicadores de percepção.

1.13 A sedução policialesca

Certa feita, em sala de aula, apresentei uma situação fictícia de um hospital com uma série de problemas de gestão e pedi aos alunos que apontassem os pontos mais relevantes e que mereciam uma atuação prioritária de um órgão de controle.

Apesar de o cenário indicar tipologias de cobranças de médicos por cirurgias na rede pública, a evasão de profissionais para atender no seu consultório privado no horário do expediente e, ainda, o desvio de medicamentos, a atenção de meus alunos se deteve na relação de parentesco do diretor-presidente com a diretora financeira do hospital, conforme disposto no descritivo comando do exercício fictício.

Aí, nesse fatídico momento, o exercício em sala de aula se converteu em palco de grande polêmica. Os alunos disseram que o nepotismo era intolerável e que aquela situação deveria ser combatida de forma veemente. Insistentemente, tentei mostrar aos discentes que certamente o nepotismo era uma situação deplorável, mas que no contexto daquela unidade hospitalar, existiam situações graves, que afetavam o serviço prestado à população e a missão do hospital e que, diante do quadro calamitoso, era necessário fazer escolhas na limitação operacional, que se impõe naturalmente.

A polêmica salutar em sala de aula serviu para ilustrar que trazemos em nós, profissionais do controle ou não, um espírito policialesco, no qual focamos o agente e a sua punição, a despeito de atuar na estrutura, em situações que afetam a oferta dos serviços aos beneficiários e que trazem reais prejuízos à população. Uma constatação importante para a nossa reflexão diante dos problemas naturais da gestão pública e que demanda a nossa atuação, como gestores, controladores ou mesmo cidadãos.

O nosso asco em relação à impunidade, a nossa indignação de cidadão frente à injustiça e as coisas erradas que assistimos de forma cotidiana nos jornais – que valorizam os delitos – nos direcionam para focar no agente. O maniqueísmo herdado dos filmes desde a tenra infância, na busca de um herói (com o qual nos identificamos) para combater o mal (encarnado), nos leva a ver o flagelo do vilão como caminho único da resolução dos problemas, esquecidos das questões sistêmicas que levaram aquela situação a se configurar.

Além disso, a punição exemplar de pessoas ficou estabelecida no mundo político-administrativo como uma satisfação à comunidade. É uma consagração do famoso bordão "cortem as cabeças", da Rainha de Copas, na obra *Alice no País das Maravilhas*, publicada em 1865, de autoria de Lewis Carroll. Surge essa punição espetáculo como um mecanismo de liberação da indignação reprimida com as injustiças do mundo, mas que, em termos gerenciais, tem suas limitações.

Não se trata aqui, certamente, de uma apologia à impunidade, mas, sim, de uma forma mais ampla de se enxergarem as irregularidades na gestão, vendo além da "ponta do *iceberg*", transcendendo falhas pontuais para causas sistêmicas, resgatando a necessidade de se encontrarem soluções para o sistema posto.

A corrupção se alimenta da impunidade, é fato, mas ela é filha das fragilidades na gestão. Uma cultura de impunidade dos agentes perpetua as práticas nocivas, mas a atuação sobre o sistema tem um caráter preventivo, que inibe as práticas que surgem nas brechas.

A sedução policialesca nos conduz a focar apenas na punição do agente, às vezes com ares de vingança – ou de catarse –, como solução para os problemas detectados na gestão. Esquecemo-nos de fazer a pergunta áurea diante das irregularidades: "o que devemos fazer para que isto não ocorra de novo?". Digo esquecemos, expandindo essa pergunta a todos os cidadãos que têm interesse na melhoria da gestão e na oferta de serviços públicos de qualidade.

Há de existir um compromisso com a solução. Ainda que frente aos holofotes sejam valorizados a falha e o seu titular, a visão sobre o sistema nos convida a enxergar para além da aparência, penetrando na essência. Em vez de o herói apenas prender o bandido, há de se perguntar que falhas nos mecanismos cotidianos permitiram a proliferação da ação do meliante.

Os diversos fatores que envolvem nossos processos penais e administrativos indicam, pela casuística, o quanto demora a punição de um agente, que, se cercado de bons – e onerosos – advogados, obtém, por meio dos artifícios usuais que exploram as brechas processuais, protelações que arrastam condenações por décadas, prescrevendo algumas pelo óbito do acusado.

Da mesma forma, o processo de ressarcimento do erário enfrenta também ritos processuais longos, o que redunda em índices baixos de retorno dos recursos desviados, obtidos após razoável período de tempo, mediante grande esforço da advocacia pública, em processos de execução que mais das vezes atingem os herdeiros, demandando leilões e outros mecanismos que trazem em si uma perda financeira em termos reais.

Esse cenário, natural de uma sociedade democrática e seus pressupostos, nos motiva a valorizar as ações preventivas, pela melhoria dos controles, pelo aprimoramento da transparência e pelo estímulo ao controle social. Essas ações, silenciosas, trazem benefícios para a geração presente. Racionalmente falando, são muito mais efetivas.

A indignação é um sentimento positivo, principalmente em uma sociedade que se propõe a valorizar a democracia e o interesse público. Devemos, sim, nos espantar com determinadas situações, fugindo da naturalização que nos entorpece. A conduta de determinados agentes, no desvio desavergonhado de recursos públicos que deveriam se converter em benefícios para crianças doentes, pessoas com deficiência e trabalhadores paupérrimos, representa situações inaceitáveis e dignas de reprovação pública. É preciso ir mais além. Faz-se necessário superar o paradigma do alarmismo na busca de soluções reparadoras e preventivas efetivas.

Enxerguemos a gravidade dos delitos pelo seu prejuízo, e não pela sua tipicidade moral. Claro que condutas desonestas têm efeito sobre a operacionalização, mas é importante fugir do espanto pela situação emblemática aliada à indiferença a situações mais graves pela ótica do beneficiário. Ainda que o ditado diga que "ninguém tropeça em pedra pequena", na gestão pública, nos importam mais os grandes problemas, pois causam grande prejuízo, do que discutir condutas de agentes que, por vezes, significam apenas lutas de grupos, no velho jogo de afetar a imagem de pessoas públicas.

As manchetes dos periódicos continuarão a nos brindar com cifras e culpados, na visão imediatista das questões corriqueiras da vida política. A corrupção é certamente um caso de polícia e tem seus efeitos na esfera penal, mas a gestão pública reclama uma visão mais amadurecida dessa questão, na atuação gerencial que blinde o sistema administrativo das fragilidades que deram causa àquela ocorrência.

Esperei, talvez de forma utópica, passar isso aos meus alunos. Plantei a semente e espero que, ao longo dos anos, diante dos problemas da gestão, eles amadureçam a sua visão, enriquecendo a razão que clareia com a emoção que nos motiva.

Artigo original redigido em 2013.

> *Box síntese:*
>
> *Somos objeto de uma sedução policialesca, de um justiçamento irracional como solução dos problemas da corrupção, focados muito em clamar pela punição dos culpados e pouco em aprimorar os mecanismos preventivos e buscar a solução dos problemas apresentados.*

1.14 O controle da gestão pública: reflexões ao volante

Sábado de sol na Capital Federal. Atravesso o "avião" na missão honrosa de conduzir a minha filha adolescente a um churrasco com os amigos, na minha atribuição colateral de motorista particular da família. Entre as retas e curvas, enquanto a passageira se isola no fone de ouvidos, o pensamento vagueia sobre as questões da gestão pública e a importância dos mecanismos de controle.

Um adolescente, não muito mais velho que a minha tripulante, atravessa a rua fora da faixa de pedestres, olhando para o lado contrário, pensando na vida despreocupadamente. Descumpre uma regra básica do pedestre, aposta que estou atento a tudo e transfere para mim, motorista, o polo da responsabilidade pela sua integridade na via.

Assim, por vezes, também os gestores de recursos públicos agem em relação às recomendações dos órgãos de controle. Descumprem regras que asseguram o cumprimento dos seus objetivos e o atendimento de princípios eticamente razoáveis e, ao serem questionados, desejam transferir ao controle a responsabilidade pela gestão, afirmando que os meios justificam os fins e que aquelas recomendações podem atrapalhar a gestão.

Os meios são fundamentais em relações aos fins e acarretam consequências que alteram as finalidades. A responsabilidade da gestão é do gestor. O órgão de controle avalia, aponta riscos e problemas de conformidade, recomendando soluções pontuais e estruturantes. Atravessar a rua displicentemente não pode nos fazer culpar o motorista.

Continuo meu caminho e vejo uma placa, reluzente, informando acerca de determinado trecho da rodovia: obra terminada. Penso no *accountability* tupiniquim, no qual nos interessa a obra concluída, não importando o custo, o prazo, a forma de contratação, a verificação da qualidade. Queremos a obra – pelo amor de Deus! – imersos no clientelismo no qual direitos se transformam em favores.

Falar de eficiência do Estado e do controle social é difícil quando estamos no paradigma restrito da satisfação pela conclusão. Achamos bom, pois pelo menos fez alguma coisa. Essa visão minimalista da atuação do Estado, a descrença de que algo melhor pode ser feito, dificulta a atuação dos mecanismos de avaliação e melhoria da gestão pública.

Afigura-se uma grande reta na avenida, naquela monótona manhã ensolarada, o que me anima a pisar no acelerador para atingir o limite da via, mas penso nas revisões periódicas que não fiz no automóvel, nas falhas do asfalto, na imprudência dos outros motoristas. A que riscos eu estou exposto?

O administrador público também navega no mundo da incerteza e necessita conhecer os riscos do seu negócio para alocar esforços e elaborar estratégias de mitigação de alguns riscos e de assunção de outros. Para isso, necessita de informação. Só se podem assumir os riscos que são conhecidos.

Somente dessa forma, na avaliação dos riscos, o gestor pode passar de um paradigma de dolo eventual (tomado de empréstimo do direito penal), em que o ilícito é uma consequência provável da conduta, para uma visão de culpa consciente, em que o agente reconhece a possibilidade de produção de ilícitos pela sua conduta, mas não acredita no seu acontecimento pela sua avaliação.

Nesse ponto, a atuação do órgão de controle interno é fundamental, produzindo informações na avaliação da gestão e no processamento das denúncias, de modo a subsidiar a alta direção sobre os riscos e problemas, permitindo que esta, na complexidade da gestão, possa adotar decisões mais seguras e confiáveis.

Falta pouco para chegar. Aproxima-se o detector de velocidade, também conhecido como pardal. Vejo que, por distração, a minha velocidade estava um pouco além do limite da via. Desacelero, por precaução (ou por medo), pois isso pode custar pontos na minha habitação e o prejuízo financeiro da multa.

Não adianta! O que inibe as condutas irregulares são os mecanismos de fiscalização aliados a uma política de conscientização. É da natureza humana relaxar fora da área de alcance da fiscalização. Relembrando Michael Foucault, pensador francês do século XX, a vigilância é mais efetiva que a punição, pois se interioriza de forma constante nos indivíduos, onde todos vigiam todos.

A atuação dos órgãos de controle, de forma cotidiana, inibe de forma pedagógica os malfeitos, criando o senso de responsabilização nos gestores de recursos públicos. Dessa preocupação, surgem também melhorias nos controles internos do próprio gestor, inseridos nas suas práticas, em um salutar processo de indução.

Paro o carro no semáforo, e a rua é invadida por vendedores ambulantes, defendendo o pão de cada dia. Vendedores de jornal apresentam as manchetes aos motoristas com a mesma avidez que os vendedores de caqui apresentam o seu rubro cintilante, no convencimento dos seus consumidores.

Isso me faz refletir sobre a maneira pela qual a informação é disposta pela imprensa e de como ela segue uma lógica diversa da adotada pelo gestor. A visão da imprensa valoriza o atípico, o chamativo, o curioso. A gestão pensa nos custos, nos resultados, na conformidade, e nem sempre a interseção entre esses conjuntos é expressiva. São visões diversas nas quais o gestor cioso deve considerar os seus riscos de atingimento de objetivos, mas também os riscos de imagem, que trazem efeitos à gestão no contexto público, em especial.

Da mesma forma, as informações produzidas pelos órgãos de controle sobre a gestão, que servem à melhoria desta, são por vezes utilizadas de forma fragmentada, na busca do mesmo atípico que chame a atenção, o que nos remete a importância de considerar-se a multiplicidade de visões dos atores na complexa tarefa da gestão.

Chego, enfim, ao local do churrasco. Como um pai zeloso, desço do carro, vou até a porta, dou uma olhada no ambiente, converso com o dono da casa e termino por fazer orientações à minha jovem.

Zelar exige *expertise*. Isso se aplica à função controle na gestão, que exige *know-how* para avaliar e mitigar os riscos, formular recomendações e avaliar a gestão, emitindo opiniões corretivas e preventivas. É um olhar próprio de uma posição específica, que permite enxergar com certo distanciamento várias gestões na produção de um conhecimento ímpar que contribui com a eficiência.

Volto ao meu automóvel para a viagem de volta. Vejo que o combustível está na reserva. Penso que dá para chegar em casa, mas depois dessas reflexões sobre o papel da função controle e da gestão de riscos na minha vida e dos órgãos públicos, vou acreditar nesse ponteiro e abastecerei no próximo posto, que já identifiquei no caminho de ida.

Artigo original redigido em 2012.

Box síntese:

Um simples translado de carro pela Capital Federal pode trazer interessantes percepções sobre as regras de trânsito e as interações da função controle nos órgãos públicos.

1.15 Revisitando o *tone at the top*

A ideia de *tone at the top*,[4] ou seja, de um exemplo vindo de cima, da necessidade do comprometimento da alta gestão como fator indispensável ao sucesso de uma iniciativa, tem ocupado as falas corporativas quase como um mantra, inundando as discussões sobre assuntos populares, como riscos, competências, *compliance*, ética, sustentabilidade e tantas outras que surgem vez em quando.

A sedutora ideia apontada é que qualquer dessas propostas de mudança tem seu êxito atrelado à alta gestão vestir a camisa, abraçar a causa, quase que responsabilizando essa totalmente pelo avanço e também pelo fracasso de qualquer dessas iniciativas ou similares. Uma visão que talvez não dê conta das modernas organizações.

O presente artigo, com certo grau de polêmica, busca desconstruir essa popular ideia de jogarmos a chave de tudo no comprometimento da cúpula, mostrando que essa linha de ação traz pouca efetividade por se centrar não na estrutura real da organização, mas em uma visão a partir da novidade que tenta ser implantada, que deve ser comprada de uma vez só e ao todo para ser efetiva.

A cúpula – daí se entenda diretoria ou qualquer outra estrutura que detenha o poder decisório de uma organização – é um agente daquela organização, limitado pelas suas visões e motivado racionalmente por ações que deem conta do que os remunere de alguma forma (seja pela permanência no poder, lucro, projeção), envolvidos aí os objetivos organizacionais, que tentam se harmonizar aos objetivos individuais desse jogo de metas e retornos.

Desse modo, essa central decisória vai valorizar o que pode ser percebido como instrumento viável e pouco oneroso de atingimento de seus objetivos, diante de um universo ciclópico de ações e informações. Qualquer dessas abordagens, apresentadas sempre como bandeiras,

---

[4] Exemplo vindo de cima, no jargão da área de auditoria.

em uma linha de *advocacy*, de sensibilização para a sua importância, só encontra eco nos dirigentes e termina por se incorporar aos valores e atividades da organização, na medida em que sintonizam de forma direta com os objetivos destes, convergentes ou não com os da organização.

Se a cúpula entende que a sobrevivência da organização é vinculada à opinião pública, ações que melhorem a imagem ou mitiguem o risco reputacional e que fortaleçam a imagem da organização são prontamente absorvidas, com implementação efetiva, ainda que de forma fugaz, nesse mundo em constante transformação. Percebe-se a dissonância entre problemas herméticos e soluções de mesma natureza.

Isso se dá pelo fato de os dirigentes estarem normalmente envoltos em um emaranhado decisório de forças e pressões, matando o leão do dia, construindo as políticas reais (não formais) da organização pelo acúmulo de ganhos, na famosa dependência da trajetória institucionalista, necessitando de soluções que apontem para essas demandas pelas quais eles são pressionados, ainda que a solução desses problemas casuísticos tenha a sua raiz em questões estruturais.

Apenas a ideia ventilada e vendida não cria limo, não cria estrutura, reforçando o caráter transitório dessas iniciativas na linha *tone at the top*, que fazem grande barulho, com pouca herança. É esse legado que mudaria a cultura da organização, trazendo transformações que se refletiriam no melhor enfrentamento dos desafios que assoberbam a cúpula dirigente. O *top down* pode ser uma grande onda, que se desfaz na praia, sem ter tido antes custos diversos.

O artigo propõe que essas inovações, sempre bem-vindas, sigam uma linha mais *bottom up*, de fortalecimento de arranjos locais que vão validando e amadurecendo essas iniciativas, as quais irão sendo replicadas para toda a organização, de forma mais efetiva, vinculadas a mudanças estruturais, com um alto grau de customização e que envolvem mais do que uma sensibilização de corações e mentes, mas, sim, uma introjeção de práticas e valores no cotidiano, o que demanda muita experiência, erro e reflexão.

Ainda que as medidas mais *big bang*, os "choques", tenham seu valor, o que antecede essas rupturas e o que as precede têm um caráter gradual, podendo se dizer que a virada de mesa é fruto de forças que se organizam no tempo e que, por fim, forçam um ápice, que se constrói em um novo normal, a se moldar aos poucos no cotidiano. É preciso saber fazer a revolução para se ter evolução!

Resumindo e sendo direto: só convencer os decisores da organização pode não ser eficiente em relação a essas boas e necessárias ideias que andam por aí. É fundamental demonstrar os ganhos dessas abordagens nos diversos níveis da organização. Para tanto, nada melhor do que uma ação localizada e que se espraia, obtendo adesão pelos seus resultados. Se não contagiar é porque não está sintonizada com os anseios reais da organização (não os anseios percebidos por uma ou duas pessoas). Para crescer, essas iniciativas necessitam ocupar espaços para não serem apenas uma nuvem passageira.

Com todo respeito aos estudiosos, pesquisadores e gurus que chegaram a alguma verdade que vem a se converter em uma iniciativa dessas ou similares, que se apresentam como solução para relevantes problemas percebidos, a implementação destas precisa ser revisitada, inspirando-se em uma semente que germina em terra fértil, e não em uma grande chuvarada, trocando certo *glamour* por um resultado com amadurecimento, de pessoas e estruturas. Afinal, as palavras convencem, mas os exemplos arrastam.

Artigo original redigido em 2017.

Box síntese:

Imputar ao comprometimento da alta gestão o sucesso ou o fracasso das iniciativas é uma estratégia interessante pela visão de consultores, que vendem uma bandeira para ser empunhada a quem o remunera, mas, em termos de efetividade da implementação de práticas na empresa, uma visão que atinja as bases da organização tende a ser mais bem adaptada e possui o potencial de uma implementação mais efetiva.

1.16 Poincaré, o padeiro e o controle

Leonard Mlodinow, na sagaz obra intitulada *O andar do bêbado – como o acaso determina as nossas vidas* (Zahar Editora, 2008), narra a história pitoresca do matemático francês Jules-Henri Poincaré (Nancy, 29 de abril de 1854 – Paris, 17 de julho de 1912), que, na busca de apanhar um padeiro que estava a enganar seus clientes, utilizou-se de um peculiar estratagema.

Poincaré, que comprava pães diariamente, notou, ao pesar os pães, que eles tinham, em média, 950 g, e não o peso de 1 kg convencionado, o que o levou a se queixar à polícia da suposta fraude. Após a reclamação, como esperado, ele passou a receber pães maiores, mas, mesmo assim, percebeu que algo estava errado.

Com espírito investigativo, passou a pesar os pães que comprava diariamente durante um ano, lavrando os registros e comparando esses valores com a referência de 1 kg. Percebeu, então, que poucos pães estavam abaixo da referência, e muitos, acima. Tal fato o levou a concluir que, no caso de uma aquisição aleatória, essa variação seguiria à chamada curva normal, a curva de Gauss (em forma de sino), ficando claro que o padeiro, após a sua denúncia, não havia ajustado a sua conduta, e sim apenas dava os pães maiores quando Poincaré chegava à padaria.

Essa pequena narrativa se encontra com a discussão do controle da gestão e seus instrumentos como a auditoria, no sentido de que, em tempos de valorização da centralidade legal, de um positivismo em pensamentos e palavras na gestão, julgamos uma boa e regular gestão aquela na qual não se encontra nenhum problema aderente aos mínimos detalhes e especificidades.

A realidade, como na curva de Gauss, tem variações, e o gestor, na busca de atingir seus objetivos, de forma sustentável, busca também adaptar a realidade aos regulamentos. Com isso, comete deslizes e deixa passar certas coisas. Isso é natural, faz parte e constitui fonte de aprendizagem organizacional, na ideia de aprimoramento contínuo.

Nesse sentido, reinventa-se o adágio popular de que "o diabo está nos detalhes".

Buscar encontrar e valorizar uma gestão sem máculas, perfeitinha, é uma ilusão dos que trabalham com os controles, inebriados com a formalização, posto que é natural das atividades que situações ocorram fora do previsto ou do pactuado e que a sua percepção traga reflexões para o gestor que executa, mas também para o comando que regulamenta em um escalão superior. Uma virtude dos controladores é dimensionar o que realmente é relevante para a gestão.

Da mesma forma, encontrar, como controle, uma gestão toda bonitinha, cheirosa, sugere que algo ali não corresponde ao real e, como o padeiro do matemático Poincaré, pode se estar recebendo uma amostra viciada, arrumada, que não corresponde à realidade, algo que, em última análise, é o objeto de atuação do controle, o qual se preocupa em como as coisas estão acontecendo, e não apenas em como elas deveriam acontecer.

Antigo e sábio professor das aulas de contabilidade dizia que se, na auditoria, tudo bater ou nada bater, esses, sim, são motivos para se preocupar. O mundo real é cheio de falhas, de fissuras, de poros (...). Ele não se ajusta de forma matemática e exata, pois ele é permeado de incertezas, e seus agentes, de racionalidade limitada, que vão se adequando aos desafios da gestão para manter o barco navegando.

Uma função controle idealista pode receber de presente uma gestão idealizada, em um desenho de falseamentos, de ações presas à forma e distantes dos objetivos, que conduzem ao autoengano, no qual todos saem satisfeitos no momento para os problemas surgirem *a posteriori*, enfraquecendo os aspectos preventivos e essenciais ao controle. Enxerga-se a aparência e esquece-se da essência da gestão.

Muito dessa busca da perfeição reside, por vezes, em uma visão predominantemente de responsabilização dos agentes, que termina por gerar medo nas relações, em uma cultura de ocultar os problemas, até o ponto no qual eles eclodem, pelo contato com outras realidades. Aí já pode ser tarde demais. Não adianta, na hora da inspeção, como no padeiro de Poincaré, tudo estar arrumadinho quando o sistema não se modificou e os clientes continuam sendo lesados.

Para isso, uma visão contextualizada do auditor na avaliação da gestão permite ressignificar o que seria uma gestão regular, combinando-a com aspectos de eficácia e efetividade, entendendo que a análise da gestão tem um caráter predominantemente *ex post* e que surgem questões que não foram previstas e que o controle pode ser uma fonte de ajustamento em face da incompletude natural dos planejamentos, contribuindo, inclusive, para a realimentação da gestão e de seus controles internos.

Um controle dinâmico, que conviva com a realidade e suas facetas, fruto da complexidade, da incerteza, tem mais chance de agregar valor à gestão, revestido do espírito de Poincaré, que percebeu que a abordagem na verificação influencia a gestão e que não pode se contentar com o que recebe em um momento, mas enfrentar o desafio de atuar no sistema de forma estrutural.

Artigo original redigido em 2018.

> *Box síntese:*
>
> *A curva de Gauss nos mostra que nem tudo é perfeito, o que invoca certa tolerância dos controladores com pequenos erros, mas também a desconfiança quando tudo se apresenta de forma harmoniosa, distante da realidade.*

1.17 Auditoria interna e os custos de transação – um debate necessário

Por conta de doutorado defendido no Programa de Políticas Públicas, Estratégia e Desenvolvimento (PPED/IE/UFRJ) em 2019, debrucei-me sobre o tema dos custos de transação, um conceito ainda pouco explorado, mas que pode ser de excelente valia para reflexões sobre a nossa atuação como auditores internos.

Esse conceito, desenvolvido mais amiúde pelo economista Oliver Williamson (1932-), ganhador do Nobel de 2009, indica que, além dos custos de produção, já conhecidos, existe um conjunto de custos oriundo das atividades relacionadas a negociar, formalizar e garantir compromissos, ou seja, custos de coordenação de um conjunto de processos, na busca de redução de conflitos. Esses são os chamados custos de transação, que se tornam mais relevantes por conta da interdependência e da necessidade de coordenação entre os atores.

O que vincula os custos de transação são, então, os conflitos inerentes à organização e a necessidade de cooperação que reduza esses conflitos, por meio de arranjos institucionais, que, por sua vez, também geram custos que devem ser acompanhados, como indicadores das alternativas possíveis de se controlar, trazendo a discussão do bom controle. O controle garante o atingimento dos objetivos, mas também limita a organização.

Pelas limitações do artigo, não é possível se aprofundar mais nessa discussão conceitual dos custos de transação, pois se faz necessário revisitar conceitos que serão interessantes para as sínteses aqui propostas, em especial o de governança, entendida esta como o conjunto de processos e estruturas desenvolvidos para ajudar a organização a alcançar seus objetivos, ou seja, a gestão da gestão, a forma como essa organização se articula e se organiza para dar conta de suas finalidades.

Partindo-se da premissa de que os custos de transação são, na verdade, os custos da governança, os custos advindos de um macroprocesso de coordenação que envolve monitoramentos, negociações, controles e incentivos, a discussão da relação da auditoria interna com a governança importa pelos custos que ela impõe, em especial pelas suas recomendações oriundas de suas atividades de avaliação e consultoria, que, para além de questões corretivas e pontuais, atuam em uma dimensão sistêmica, que propõe modificações na forma de governança, de forma que importa saber se a nossa atividade de auditoria interna está se convertendo em uma usina de custos de transação para a nossa organização.

Nesse sentido, o item 2110 das Normas Internacionais para a Prática Profissional de Auditoria Interna do IIA, o nosso conhecido IPPF, indica que a atividade de auditoria interna deve avaliar e propor recomendações apropriadas para melhorar os processos de governança da organização no sentido das decisões estratégicas e operacionais, do gerenciamento de riscos e controles, da promoção da ética e do desempenho, tópicos que têm o potencial de se tornarem onerosos pelas suas características.

Vê-se pela literatura que a discussão das externalidades imputadas pela auditoria interna não comparece de forma relevante na pauta da auditoria interna. No mesmo IPPF, nos itens 1220.A1 e 1220.C1, importa o custo do trabalho em relação aos potenciais benefícios, ou seja, a visão de retorno em relação aos custos no desenvolvimento do trabalho, mas se abre uma fronteira de discussão por essa nova abordagem, sobre os custos que o trabalho de auditoria impõe à organização, de que forma esses controles, salvaguardas, rotinas e normativos que propomos do nosso lugar de falar afetam o arranjo de governança adotado pela organização e se isso poderia ser feito de forma menos onerosa para esse arranjo.

Por que isso é importante? Para que a auditoria, como construtora de soluções, não se converta em uma máquina de propostas burocratizantes, tornando-se assim um instrumento de promoção da descoordenação e de controles excessivos, situação que pode se agravar por conta de uma postura insulada, autoritária e soberba dos auditores internos, inebriados pelo mito da independência total, esquecidos do seu papel de agregar valor à organização e às suas partes interessadas.

A própria questão dos riscos, hoje o principal foco das auditorias internas, não pode ser descontextualizada de sua probabilidade de ocorrência e de seu impacto nos objetivos, um limitador do processo de gerenciamento de riscos, para que, junto ao apetite ao risco, seja definida a melhor forma de gerenciamento, e aí entenda-se também menos onerosa, considerando-se ainda que um novo controle pode trazer novos riscos.

E para que essa discussão dos custos de transação entre na pauta, é necessária a adoção de duas posturas pelas auditorias internas: a primeira, um exercício permanente de discussão, monitoramento e realimentação para o aprimoramento das soluções propostas, fortalecendo não só a capacidade detectiva, de identificar problemas, mas a capacidade de propor soluções, controles, mecanismos que mudem aquela estrutura de controles internos da forma menos onerosa possível e, nesse sentido, a tecnologia da informação pode ser uma valorosa aliada.

Outra postura é utilizar-se mais de incentivos, de mecanismos de autorregulação na proposição de soluções, para além da tradicional proposição de um controle. Nesse sentido, a comunicação, a transparência, *ranking* e outros mecanismos que possibilitem o alinhamento sem a necessidade de formas mais diretivas de coordenação se mostram menos onerosos, em especial pela necessidade menor de monitoramento.

Uma boa auditoria interna passa não só pela sua capacidade de apoiar a melhor governança da organização, mas também pelo aspecto de fazer isso sem imputar custos demasiados, tornando onerosa a máquina administrativa. Longe de esgotar a discussão, este breve artigo se apresenta como uma provocação para que as nossas discussões da atividade de auditoria interna e seus benefícios se estendam para dentro da organização, e as externalidades geradas, às vezes diluídas ao longo do tempo, imperceptíveis, invisíveis, mas presentes.

Artigo original redigido em 2019.

Box síntese:

Os custos de transação são uma boa régua para a avaliação da atuação da auditoria interna e, para se reduzirem esses custos impostos pelas auditorias, é importante a adoção de um exercício permanente de discussão, monitoramento e a realimentação para o aprimoramento das soluções propostas, bem como a utilização mais aguda de incentivos, de mecanismos de autorregulação na proposição de soluções, para além da tradicional proposição de um controle.

1.18 Os tempos do controle e a racionalidade limitada

A ainda vigente Lei nº 4.320, de 17 de março de 1964, é um marco no controle governamental por estabelecer um parâmetro sobre a atuação dos órgãos de controle externo, limitando ações prévias, contrabalançadas agora por um nascente controle interno, em um modelo de um mundo no qual se apontava a necessidade de ser menos burocrático.

Esse diploma legal, textualmente, traz o art. 77, que indica *"a verificação da legalidade dos atos de execução orçamentária será prévia, concomitante e subseqüente"*, estabelecendo três momentos de atuação dos órgãos de controle, que são objetos de mitos e controvérsias que serão tratados nestas breves linhas.

Sim, pois todas as três formas de atuação padecem de fãs e de inimigos. O controle prévio é ungido da crença de ser possível antecipar todos os movimentos, impedindo que se pratiquem os delitos, mas também carrega o fardo de onerar a gestão com salvaguardas e controles que limitam e impedem, no famoso engessamento.

Aqui vivem os controladores que ficam ao final do processo de contratação conferindo a conformidade do termo de contrato ou, ainda, a emissão de alertas baseados em trilhas ou *checks* antes de o processo ser colocado em linha, com a promessa de que essa atuação será suficiente para dar conta de todos os problemas da gestão.

O controle concomitante, na linha de monitoramentos e acompanhamentos, tem a facilidade de promover a pronta correção, mas, além de aproximar demais o controle da gestão, acaba monopolizando o órgão de controle na onerosa tarefa de acompanhamento *pari passu*.

Nesse caso, têm-se auditores com a sua prancheta no canteiro de obra, de forma diuturna, perdendo o seu olhar de afastamento e, ainda, olvidando a visão global do processo, emaranhando-se em uma conferência pontual, distante de fatores externos, terminando por, de alguma forma, tutelar o gestor.

E o controle *a posteriori*, chamado jocosamente de controle "autópsia", atua após as coisas terem acontecido, tendo como vantagem reduzir ao máximo os efeitos burocratizantes sobre a autonomia do gestor, mas que tem como desvantagem se perder em ações corretivas ou no oneroso desiderato de mandar devolver recursos no complexo sistema jurídico brasileiro.

Essa é a atuação clássica dos órgãos de controle no Brasil, analisando processos, julgando condutas, buscando ressarcir o erário e promovendo, em atuações mais amadurecidas, a realimentação dos sistemas de gestão pelos diagnósticos e desconformidades encontrados.

Como se vê, não existe um tempo rei para a atuação do controle, e todas essas abordagens têm seus limites e possibilidades. Mas, para trazer um embasamento teórico para essa discussão, faz-se necessário servir-se do conceito institucionalista de racionalidade limitada, que pode nos ajudar a entender melhor essa mecânica.

A racionalidade limitada é um conceito central nas ideias do economista estadunidense Oliver Williamson (1932-), adaptada das ideias de outro pesquisador, Herbert Simon (1916-2001), em uma ideia na qual as escolhas humanas não são oniscientes, dado que, ao se decidir, não se conhecem todas as opções e suas consequências, decidindo-se da melhor forma possível. E ainda que se soubessem todas essas alternativas, teríamos limitações orgânicas de processamento de todas essas opções.

Dessa forma, os acordos são sempre incompletos, por ser impossível se anteciparem todas as situações e as salvaguardas necessárias. A racionalidade teria a ver com o conhecimento das consequências de cada alternativa, alternativas essas que vêm da imaginação, que supre a experiência, ou seja, escolhe-se sem se dispor de um panorama completo das decisões e suas consequências, trabalhando-se com o que se apresenta. A racionalidade limitada não é irracionalidade, e sim uma peculiaridade da atuação dos agentes de forma racional.

E como isso interessa aos tempos do controle? Simples. Esses contratos incompletos impõem a visão de que, por maiores que sejam a tecnologia e a base conceitual, a atuação *ex ante*, por meio de salvaguardas, ou seja, pelo controle prévio, será sempre insuficiente, demandando ações *ex post*, como auditorias e outras formas de verificação que permitam ajustes, correções e, principalmente, subsídios para que a estrutura de governança se aprimore pela realimentação.

Essa visão teórica equilibra o conflito entre essas dimensões temporais de atuação do controle, mostrando que elas têm seus ganhos e limitações e que um sistema de controle deve considerar esses aspectos, trazendo a tecnologia e a transparência para um aspecto mais realista e mostrando que a auditoria, a verificação do que está ou foi feito, tem o seu lugar ainda em um mundo moderno, pois a incerteza se manifesta de diversas formas que não conseguimos processar plenamente, por mais que tenhamos mecanismos de levantamento de riscos ou sistemas de informações.

A visão da racionalidade limitada, que, de alguma forma, complementa a teoria da agência, um grande balizador das discussões na área de controle, tira do trono a assimetria informacional como causa do problema de agência, mostrando que, mesmo com acesso a todas as possibilidades, não seria possível processá-las e que é preciso no controle uma visão menos mecanicista, de ajustes ao longo do processo, do melhor possível, o que diminui de importância a onerosa visão de risco zero.

Na construção de um sistema de controles, a abordagem em cada um dos tempos deve ser sopesada. Transações complexas e vultosas podem exigir controle prévio, o controle concomitante pode dar uma falsa impressão de segurança, e o controle *a posteriori* deve pensar no futuro, olhando para o passado. A racionalidade limitada, distante da ilusão do Demônio de Laplace,[5] pode ser um substrato teórico que torne as ações de controles mais vinculadas à realidade e menos onerosas pela forma que ela enxerga o ser humano, como um agente com uma racionalidade peculiar, mas que tem lhe servido bem até agora.

Artigo original redigido em 2020.

Box síntese:

Os três tempos de controle (prévio, concomitante e posterior) têm seus benefícios e desvantagens. Por conta do conceito da racionalidade limitada, é impossível, apenas pelo controle prévio, dar conta de todos os riscos com salvaguardas, pois os contratos celebrados são sempre incompletos.

---

[5] Demônio de Laplace é um experimento mental concedido pelo físico Pierre Simon Laplace (1749-1827), que sustenta que, de posse de todas as variáveis que determinam o estado do universo em um instante t, ele pode prever o seu estado no instante t' > t.

1.19 A força da auditoria

Em 1977, as mãos de George Lucas trouxeram para as gerações vindouras um universo fantasioso conhecido como "Star Wars", que embala desde então a imaginação de jovens, crianças e adultos. Tema central nesse mundo é a "Força", um poder metafísico e que dá faculdades especiais àqueles que são sensíveis a ele.

Como todo poder, tem sentido, além de intensidade e direção, e na série de filmes, fica muito clara a existência de um lado sombrio, como um tipo de deturpação desse poder, e que seduz até os mais poderosos guerreiros, no uso dessas faculdades em causas não tão nobres.

A auditoria governamental, como toda atividade de fiscalização, de verificação e reporte do que ocorre na prática, pela sua delegação, também tem muita força. É um poder, em especial, derivado da autonomia de escolher, mesmo que diante de parâmetros, o que vai avaliar em que momento e até que determinada extensão.

Escopo de auditoria é poder. Um poder de escolher o que olhar, onde colocar a lupa e, depois, decidir como vai dar a mensagem, apresentando ali um retrato da gestão e dos gestores, propondo ainda soluções. E, sendo um poder, pode ser corrompido, migrar para o lado sombrio, com consequências funestas.

Escolhas em auditoria podem resultar em omissão de pontos relevantes, em perseguição aos inimigos e, ainda, em destaque de aspectos acessórios frente ao essencial. E tudo isso gera diagnósticos, que têm como consequência recomendações e que modificam a gestão e seu entorno, por vezes deixando de apontar riscos emergentes ou satanizando pessoas por interesses pessoais.

Esse risco, de deturpação do escopo, seja por desídia, seja por interesses outros menos nobres ainda, é mitigado com um bom e transparente planejamento baseado em riscos, no qual o processo em questão é mapeado, seus riscos são identificados, e os controles a serem testados são decididos com base nessas avaliações, considerando-se ainda que não exista na organização uma gestão de riscos implementada e madura, o que é a realidade no Brasil.

O auditor que menospreza o planejamento, fazendo-o de qualquer maneira, conduz seus testes de forma autoritária, baseado pelos seus preconceitos, buscando o erro na sua superficialidade e tendo muita dificuldade de, nesse caminho, propor razoáveis e relevantes soluções, viciando todo o processo, que tem consequências jurídicas, administrativas e de imagem.

Um bom planejamento fornece à gestão uma boa "amplitude preventiva", no sentido de olhar os pontos de controle realmente relevantes e de testá-los com a profundidade adequada, fornecendo soluções para o que realmente importa, protegendo melhor a gestão. Risco é cuidar do que é mais relevante à luz dos objetivos e, como os recursos são limitados, inclusive na auditoria, esse tipo de planejamento permite otimizar a avaliação dos controles em relação a esses riscos mais importantes.

Essa visão de dar uma proteção à gestão, avaliando a integridade da gestão em seus pontos relevantes, é um fator, na auditoria governamental, de obtenção de uma maior adesão do gestor, mostrando a este que não se terá um trabalho preso a detalhes e, ainda, que o escopo está alinhado com as políticas públicas, com as demandas para as quais ele é pressionado, inclusive pelo controle social e pelos órgãos externos de controle, como os ministérios públicos e os tribunais de contas.

Assim, é possível uma ação de controle que faça sentido, que agrega valor, distante do burocratismo sombrio que tudo emperra, mas a tentação do auditor, um "Jedi" poderoso com a força, pode levá-lo a desvirtuar seu trabalho, em especial pela sua espinha dorsal, o planejamento, raiz que conduz a auditoria até a fase de monitoramento, atendendo ao apelo da ausência de sistematização, ou de uma visão alheia aos riscos do processo. Uma tentação que o visita, mas que também é estimulada por aplausos de atores externos.

Artigo original redigido em 2020.

Box síntese:

O poder de escolha de escopo da auditoria governamental precisa ser mediado por um planejamento transparente, pautado por metodologias que imponham parâmetros baseados em risco para a seleção dos pontos de avaliação que otimizem o processo e propiciem o máximo de proteção à gestão.

1.20 Alinhamento ou insulamento: dilemas do órgão de controle interno

Dois funcionários conversam na hora do cafezinho na repartição. Um deles, da auditoria interna, reclama que o dirigente máximo da organização fica se metendo muito no trabalho da auditoria e que esta deve saber o que faz, precisa ser independente, enquanto o outro, espantado, pergunta se a colega estava querendo converter a auditoria interna em controle externo, com vida própria. Tema árido, mas que precisa ser tratado.

Esse conflito por mais autonomia, em confronto a se ter mais alinhamento, é o tema do presente artigo. Com a ascensão do tema da corrupção e o empoderamento dos órgãos de controle na segunda década do século XXI, houve uma profusão de ideias sobre como deve se dar a atuação dos órgãos de controle, em especial os de controle interno, com sugestões de tornar seus titulares detentores de mandato fixo, ou ainda a instalação de unidades de controle interno dentro dos órgãos e que respondam diretamente ao órgão central de controle interno.

Essas ideias têm andado nas mesas de debate dentro de um consenso sujeito a questionamentos de que se precisa de mais controle e que este deve ter necessariamente mais autonomia, tendo como pano de fundo uma demonização da política e da gestão. Bem, o artigo pretende mostrar que essa discussão não é tão simples assim.

A autonomia é uma característica necessária para o desempenho das atividades de controle interno (entendam-se aqui as atividades do art. 74 da Constituição Federal de 1988 e que deveria se chamar, por uma questão técnica, de auditoria interna), posto que permite que a atividade avaliativa goze de independência suficiente para emitir a sua opinião sem a interferência de atores interessados, não se contaminando pelo risco de ocultar informações para não ser responsabilizado.

Como um indutor da boa governança, o órgão de controle interno precisa poder definir, mediante critérios objetivos de risco, materialidade e relevância, a sua pauta de trabalho para que possa emitir uma opinião abrangente e que dê segurança aos dirigentes, seus clientes primeiros nesse processo de diagnóstico e proposição. Precisa ter autonomia e empoderamento para ser ouvido em um nível estratégico e, por isso, precisa estar ligado diretamente ao dirigente máximo.

Porém, a autonomia é uma necessidade, mas que não é absoluta. O extremo pernicioso da autonomia é o insulamento, no qual o órgão de controle age em uma pauta própria, desalinhada dos objetivos da gestão, alimentada por incentivos relacionados ao destaque ou ao apelo popular. A autonomia existe para agregar valor à gestão, e não como uma faculdade em si mesmo, que pode burocratizar por induzir a gestão para atuar no acessório, e não no essencial.

Esse protagonismo isolacionista, com traços de voluntarismo, pode fazer o dirigente se afastar do controle interno por ver ali uma ferramenta punitiva ou, pior, utilizar-se dele para o arranjo de questões da política interna da organização, diminuindo assim a credibilidade daquela estrutura organizacional. E credibilidade, junto com a autonomia, é essencial para os órgãos de controle.

Se tem uma pauta que é relevante para a gestão, ela deve ser importante para o controle interno, que tem o papel de assegurar, de forma razoável, aquele sucesso com as ferramentas que lhe são próprias. O sucesso trará lucro político para a organização, que se reverterá em orçamento e prestígio. Isso é um controle interno estratégico!

Nesse tempo em que vivemos uma crise de confiança, em especial nas organizações públicas, fica sempre a questão: e se o governante é corrupto? Bem, diria um amigo que, se o governante não presta, então "fecha tudo". Brincadeiras à parte, se o dirigente máximo é corrupto, é porque o sistema de *accountability* não está funcionando a contento, e esse sistema é composto de diversos atores, como o controle externo, o controle social e alguns específicos, como o Ministério Público e as polícias.

Claro que o fato de o controle interno ser alinhado não quer dizer que não precise de um corpo técnico e profissionalizado, de regras estáveis. Exatamente por ser um avaliador técnico é que precisa de um cabedal de profissionais e procedimentos para garantir o seu papel. Entretanto, mesmo o órgão mais técnico tem seu aspecto político e pode se autonomizar, criando vida própria e se descolando da gestão (e, às vezes, da realidade), inclusive com pretensões eleitorais.

Ser insulado traz riscos de ser capturado por pautas sindicais, pela desídia, pelo voluntarismo heroico, escapando do controle da população ou, ainda, para servir, de forma subalterna, apenas de apoio ao controle externo, em uma duplicação de esforços, considerando-se que o controle interno não é um controle externo dentro da organização, e sim um mecanismo dos dirigentes para dar conta dos seus desafios frente aos riscos da gestão, melhorando a sua credibilidade frente aos órgãos externos e à população.

Nesse sentido, em uma visão de *accountability*, o controle interno é regulado pelo controle externo e pelo controle social. De que maneira isso? Simples, se o controle interno da organização é fraco, ela é pressionada pela população na busca de serviços de qualidade e sancionada pelos órgãos de controle externo. Por isso, o dirigente investe nessa função, em um contexto democrático, para lidar com as pressões externas no atingimento dos seus objetivos.

Para isso, é necessário se ressignificar o papel do controle interno, resgatando essa sua função essencial, presente nas normas internacionais, de ser avaliativo, de induzir a boa governança. Faz-se necessário sair dos extremos de ser um conferidor de atos inserido na gestão, como uma peça no fim de linha da montagem, ou o outro extremo, de colocar uma "estrela de xerife" e de se colocar como um policial investigador na organização, na tentação de se ver como um salvador de todos os males.

Dentre esses extremos, faz-se necessário adotar um papel que, se não for feito pelo controle interno, não será feito por ninguém. Essas subversões de ser um contador fundamental ou um auditor policial não resiste à realidade, por faltar embasamento legal, autonomia, lócus político e organizacional, dado que o controle interno é uma função fronteiriça e que tem vantagens competitivas e dificuldades por esse seu posicionamento.

O insulamento, como uma hipertrofia da autonomia, é uma tentação em tempos de demonização da gestão, de descrença, mas essa postura subverte os desenhos políticos do controle interno, consolidados na ideia de *accountability*, na democracia liberal, sustentáculo do capitalismo, tornando os mecanismos de fiscalização dissociados das finalidades públicas por se associar ao atendimento dos apelos populares por lances folclóricos. Um desenho distante da necessidade de se oferecerem serviços públicos de qualidade, de redução de custos e de facilitação do desenvolvimento, papéis essenciais nos estados modernos.

Artigo original redigido em 2020.

> *Box síntese:*
>
> *A autonomia necessária para a atuação do controle interno não é a sua única característica necessária e precisa ser mediada por um alinhamento com os objetivos das políticas públicas para que não se torne uma função insulada e que seja uma fonte de burocratização da gestão, sem benefícios para a eficiência.*

1.21 Os benefícios enganosos da cogestão

Enquanto o filho mais novo, Enzo Gabriel, brinca no campinho, a mãe, preocupada pela ausência prolongada, chama o filho mais velho, Miguel, e solicita que ele vá às cercanias ver como está o filho. Ao chegar lá, Miguel vê que o irmão está sentado na beira do campo, com a mão no tornozelo, reclamando de uma torção e que faltava alguém para completar o time. Após ser objeto do clamor dos colegas do irmão, Miguel deixa o contundido com as suas dores e segue para compor o time na partida.

Ao fim do jogo, que teve uma segunda rodada a título de revanche, as articulações de Enzo já estão inchadas, e a dor começa a ser insuportável. O irmão, preocupado ao ver esse cenário, o leva para casa. A mãe, diante da situação, corre com o menino para o hospital, mas o pronto socorro ortopédico estava fechado. Ela, então, tem que tomar um transporte de aplicativo para levar o filho a outro bairro, em um hospital geral, para lá colocar uma tala, que rendeu algumas semanas de repouso para Enzo Gabriel.

Ao ser indagado pela mãe, em casa, sobre o que houve, Miguel não consegue narrar os fatos com precisão. Afinal, ele fez parte do problema por retardar o socorro ao irmão e mudar as prioridades em relação ao que tinha sido definido pela mãe. Entre gaguejos e histórias sem coesão, o primogênito, ao fim do inquérito maternal, também amargou algumas semanas de repouso, mas por conta de um castigo.

Essa pequena história serve para ilustrar um fenômeno comum e, por vezes, legitimado no controle governamental: a cogestão. O que seria? Essa situação se dá quando o órgão que tem como papel o controle – como a auditoria interna, por exemplo – abandona sua função de avaliador e assume a função do gestor. Em alguns casos, apenas adentrando na esfera decisória do gestor; em outros, por desconhecer o seu *metier*[6] e para se fazer valorizado, assumindo efetivamente funções que são do gestor.

---

[6] Área de atuação, profissão, função.

Uma tentação se arvorar a realizar a cogestão, mais comum do que se imagina, e que tem como sede a baixa maturidade da função controle, ainda pouco entendida, às vezes existente por uma imposição legal, mas pouco inserida no contexto das organizações públicas e privadas.

A existência de uma estrutura ligada ao poder decisório, seja ao conselho de administração, seja ao governante, e que tem a capacidade de oferecer avaliações independentes e qualificadas sobre os principais processos da gestão pensados à luz do risco é uma forma de contribuir para a melhoria, pela indicação de fragilidades, pela proposição de soluções e, ainda, pela realimentação estratégica que integra informações e problemas relevantes.

Entretanto, quando existe um descompasso de capacidades do controle em relação à gestão ou, ainda, quando não existe um entendimento global do papel dessas estruturas de controle, da importância da avaliação, associado a um desprestígio da função administrativa, uma falta de confiança nos gestores ronda a tendência de o controle se arvorar a assumir funções da gestão, como um salvador que supre as carências na ponta.

Que problemas há em relação a isso? O primeiro é que a auditoria interna se posiciona na terceira linha de defesa, de caráter avaliativo, que enxerga a organização com uma visão estratégica e, digamos assim, supervisora, como os olhos do dono, um *watchdog*[7] que alerta e aponta caminhos que precisam ser retificados.

Se a auditoria interna sai desse local de atuação e se desloca para cobrir o gestor, ela começa a atuar sem supervisão e se submete aos mesmos riscos do gestor. Dessa forma, o dono do timão da embarcação fica com pontos cegos em situações relevantes, as quais ele delegou para o auditor e terminará por ter de confiar nessa atuação, sem a segurança de uma dupla camada de supervisão, o que pode dar azo a problemas de grandes proporções.

É o que ocorre em nossa história inicial quando Miguel, em vez de reportar ao centro decisório, passa a agir sem supervisão.

O segundo problema é a questão da independência. Pode parecer burocracia sem sentido. No mundo real, no entanto, essa questão é de extrema relevância, até porque os atores agem com a chamada racionalidade limitada. Temos limitações nas informações que subsidiam nossas decisões, temos assimetria informacional e somos sujeitos à atuação

---

[7] Cão de guarda.

oportunista dos outros agentes nas lições da teoria dos custos de transação, e a independência é uma forma de reduzir esse oportunismo.

Ao agir na gestão diretamente, tomar parte, o auditor interno passa a ter dificuldades de exercitar o seu olhar externo, que lhe permite enxergar o processo como um todo e a compará-lo com outros processos e com outras organizações. O auditor se verá tolhido de emitir opinião sobre as transações, os resultados, porque ele fez parte disso, o que, de alguma forma, demanda vieses e informações parciais.

É o que ocorre em nossa história inicial, quando Miguel se vê instado a reportar o ocorrido que conduziu seu irmão à contusão e tem dificuldades de romper a assimetria informacional da mãe.

Cabe destacar que o presente texto não defende órgãos de controle insulados, com agendas próprias e distantes da gestão. Pelo contrário, o controle é uma função administrativa que tem responsabilidades bem claras na agregação de valor à gestão. A questão é como fazer isso. O diagnóstico independente, o diálogo na interpretação dos problemas, a parceria na construção das soluções são caminhos para um controle que promova a melhoria da gestão, mas sem que, para isso, precise abandonar seu papel.

A falta de uma cultura de avaliação no país e, ainda, uma deficiente percepção do papel das auditorias internas e dos órgãos de controle conduzem a situações de insulamento indesejável ou, ainda, de desvio de finalidade do controle na execução de tarefas do gestor, extremos que contrariam esse modelo de atuação reconhecido internacionalmente nos âmbitos público e privado e que traz benefícios reais pelo amadurecimento das estruturas de governança, o que resulta em eficácia e eficiência das organizações, o fim maior, mas, às vezes, não de maneira imediata, mas sustentável.

Artigo original redigido em 2018.

Box síntese:

Quando o auditor interno assume uma postura de cogestão, ou seja, assume o papel do gestor, ele sai da terceira linha de defesa, deixando a gestão sem supervisão, e ainda passa a perder a sua independência que permite a ele emitir uma opinião com um olhar externo, essencial para o aprimoramento da gestão.

2
CONTROLE SOCIAL E TRANSPARÊNCIA

2.1 Transparência: a régua e o compasso do controle social

O grande compositor baiano Gilberto Gil, no disco *Cérebro Eletrônico* (1969), homenageou a Cidade Maravilhosa com a música *Aquele Abraço*, com seu refrão sempre atual, "o Rio de Janeiro continua lindo", popular canção famosa também na gravação do saudoso Tim Maia.

Entre Chacrinhas e Realengos, o mestre Gilberto Gil diz na música que a Bahia já lhe deu "régua e compasso", expressão derivada da geometria euclidiana e que teve destaque na discussão da quadratura do círculo, um problema proposto pelos antigos gregos e que consistia em construir um quadrado com a mesma área de dado círculo servindo-se somente de uma régua e um compasso, em um número finito de etapas, problema esse definido em 1882 por um matemático como impossível.

A metáfora nos servirá como mote deste breve artigo, no qual analisaremos a relação da transparência com o controle social e que a primeira, apesar de instrumentalizar o segundo, como ferramenta, induzindo-o, não faz milagres e não constrói sozinha a participação popular.

Para um Rio de Janeiro cada vez mais lindo, são indispensáveis a transparência e o controle social como elementos dinamizadores da gestão, transcendendo a discussão meramente gerencialista das soluções no setor público, incorporando elementos da vivência política como marca diferencial da gestão no campo governamental. Essa relação entre esses conceitos será objeto de nossa discussão.

I Afinal, o que é controle social?

A primeira questão é definir essa expressão mágica que se chama controle social. Não falamos aqui, obviamente, do conceito de Émile Durkheim[8] de controle da sociedade sobre o pensamento e a conduta dos habitantes de uma cidade pequena. Trata-se do acompanhamento

---

[8] Antropólogo, cientista político e filósofo francês.

cotidiano das ações do governante pela população, organizada ou não, no contexto de uma discussão que se fortaleceu recentemente pelos avanços no campo democrático e o amadurecimento da categoria participação, com novas roupagens, entre manifestações populares e o uso da internet.

O controle social é entendido como um conjunto de ações individuais, denúncias, reclamações, sugestões ou, ainda, mobilizações de movimentos sociais, algumas destas formalizadas e inseridas nos conselhos, audiências públicas e outros formatos previstos na busca de acompanhar e participar cotidianamente da gestão pública.

O controle social não pode ser apenas um instrumento fiscalizatório, cartorial e burocrático. Ele tem uma função política que se expressa pela participação de segmentos da sociedade civil em processos decisórios, de promoção da transparência e do acompanhamento da gestão pública e, ainda, uma função jurídica que se faz presente ao funcionar como elemento de defesa dos interesses individuais e coletivos e dos aspectos de legalidade da gestão pública, conforme previsto no ordenamento jurídico e na legislação vigente. Por fim, tem uma função social no sentido de assegurar ou ampliar os direitos sociais aos cidadãos ou àquelas comunidades antes excluídas desses direitos.

O controle social tem forte representatividade e legitimidade. Precisa, contudo, de elementos da gestão para fortalecer as medidas preventivas e de mecanismos que o ajudem na apuração e responsabilização, sob pena de clamar no deserto. Da mesma forma, apenas o órgão técnico de controle, sem uma referência das fragilidades do controle ou da percepção da corrupção, navega às escuras, sem estrutura para dar conta de tudo, de se contrapor aos riscos reais e percebidos. O controle institucional é a profissionalização do controle, mas tem limitações de capacidade operacional que podem ser ajudadas pela capilaridade do controle social e pelo aspecto preventivo do controle primário, ou seja, a aproximação dos órgãos de controle da população traz sinergia, potencializando a atuação destes.

Essa profusão de uma demanda de participação na vida pública, de fortalecimento da democracia participativa, da interação com governos e burocracia, ainda que possa se converter em "matérias primas para experimentação ideológica ou a instrumentação política, ao definir objetivos e representações que pouco tem a ver com a sua realidade",[9]

---

[9] CASTELLS, Manuel. *Redes de indignação e esperança*: movimentos sociais na era da internet. 1. ed. Rio de Janeiro: Zahar, 2013.

tem o condão de relacionar massas e movimentos a um controle social mais qualificado. O arroubo mobiliza e sensibiliza como foi a Bastilha, a queda do Muro de Berlim, os caras-pintadas, a marcha das diretas, os 18 do Forte e tantas outras situações fatídicas que entraram para os anais da história mundial repletas de forças e influências.

Porém, os avanços das lutas se materializam nos cotidianos, nos "heróis dos dias úteis", o que reforça a valorização do papel dos conselhos e outras formas de participação, convertendo a indignação, a mobilização emocional, em ações reais, palpáveis, amadurecendo politicamente. Na sabedoria do mesmo Castells já citado: "(...) a governança democrática eficaz é um pré-requisito para a concretização de todos os projetos e demandas".

II Transparência, o tempero da participação

Todo esse movimento democrático não ocorre dissociado do florescimento da sociedade da informação, na qual um conceito desponta como popular nos textos, leis e debates: a transparência. A transparência é um tema que se popularizou no Brasil por fatores históricos, complementares e concomitantes, que são a demanda pelos cidadãos, em um contexto democrático, de acesso à informação, conhecimento da atuação do Estado e do destino eficiente de seus tributos e, ainda, o fim do regime de exceção do governo militar, o que inaugurou uma nova etapa de aprendizado democrático para a sociedade brasileira. Tudo isso em um ambiente de profusão tecnológica que permitiu disponibilizar informações diversas sobre pessoas e organizações de todo o mundo, inclusive sobre a atuação do Estado na prestação de serviços públicos.

Pode-se definir transparência da gestão como a atuação do órgão público no sentido de tornar sua conduta cotidiana – e os dados dela decorrentes – acessível ao público em geral. Essa definição transcende a ideia de publicidade prevista na Constituição Federal de 1988 como princípio da administração pública, pois a publicidade tem uma vertente passiva, de publicação de determinadas informações como requisito de eficácia, enquanto a transparência vai mais além, pois se detém na disponibilização ativa, na garantia do acesso às informações de forma global, não somente àquelas que se deseja apresentar.

Como marcos legais dessas mudanças, no campo da transparência, tem-se a inclusão de dispositivos na Lei de Responsabilidade Fiscal (LRF), em 2009, pela Lei Capiberibe, que passou a indicar a transparência como um princípio e, ainda, a exigência de publicação na internet dos orçamentos (receitas e despesas) dos entes estatais, nas três esferas de poder. Tem-se ainda, como marco fundamental desses avanços, a Lei de Acesso à Informação (Lei nº 12.527, de 18.11.2011, mas que, pela vacância legal, entrou em vigência apenas em 16.05.2012), que regula, após mais de duas décadas, os arts. 5º, XXXIII; 37, §3º, II; e 216, §2º, da Constituição Federal de 1988, mas, em especial, o art. 5º. Uma legislação similar a outros países, inclusive democracias emblemáticas, como os Estados Unidos da América (EUA), e que apresenta agora o desafio vindouro de implementação dessa cultura de transparência no cotidiano brasileiro.

III Limitações e possibilidades na interação da transparência e do controle social

Definidas nossas categorias principais, temos que, à feição da régua e do compasso de nossa metáfora inicial, que instrumentalizam o desenhista, a transparência abastece de informações relevantes a atuação do controle social, tornando-o mais qualificado e, consequentemente, mais efetivo.

Entretanto, o mito da régua e do compasso, na construção de um círculo equivalente a um quadrado, limitado na transcendência do número Pi, também se aplica à transparência, dado que esta é elemento necessário, mas não suficiente, para um controle social mais efetivo.

Podemos, como sociedade, ter acesso à informação, de forma clara, em linguagem cidadã, em locais acessíveis. Isso pode induzir à mobilização e à participação. No entanto, para que ele se efetive, faz-se mister o desejo dos segmentos da população de acompanhar as políticas públicas, de se mobilizar na defesa de seus direitos, instando os governos diante das situações reais.

Fugir disso é ficarmos lendo, boquiabertos, os noticiários nas bancas de jornal, passivos e melindrosos, sem avaliar a informação disponibilizada e as suas consequências. Um sofrer silencioso.

Para um controle social mais efetivo, é necessário que se rompa apenas a informação para um paradigma de ação, nas esferas possíveis. Não basta barulho, é preciso viabilizar, fazer política, trazer aquela informação disponibilizada para um fim útil, que reverta para a melhoria de serviços públicos e para a materialização de direitos sociais.

Para isso, os avanços já apontam no robustecimento das ouvidorias, na discussão sobre as denúncias, as formas de interação do governo com a população e a forma de disponibilização de dados que fortaleça essa interação e auxilie, inclusive, órgãos de controle em suas auditorias e os governos, no monitoramento e na avaliação de suas políticas públicas.

Transparência e participação são conceitos complementares, que se potencializam, tendo em mente que a transparência não é um fim em si mesmo,[10] servindo para fomentar e qualificar o controle social, na construção da chamada governança democrática, em governos complexos, com diversos atores, suas redes e seus poderes. Limites e possibilidades devem ser sopesados nesse processo!

IV Conclusão

O Rio de Janeiro continua lindo. Lindo em suas curvas impossíveis de serem reproduzidas apenas com uma régua e um compasso, superando a geometria euclidiana. Lindo, pois foi construído nesses mais de 450 anos de existência pela interação de cada João e Maria que fincou o pé nessa terra de São Sebastião do Rio de Janeiro.

Ventos recentes, de democracia e de informação, permitem que a participação desses Joãos e Marias seja elevada a outro patamar. Ainda que a transparência não opere milagres, traz em si o gérmen de fomentar a participação. Esta, aliada à transparência, tem uma atuação mais precisa e direcionada. Dois irmãos que atuam no fortalecimento de uma sociedade mais democrática, mais justa e mais próspera.

Fazer o círculo provou-se impossível. Ter um controle social efetivo é um sonho, um objetivo programático que necessita de apoio invariável de uma política de transparência. Um sonho que percebemos materializado em um grau superior em outros países, ao mesmo tempo em que olhamos para a nossa história e vemos o fardo que arrastamos no amadurecimento democrático. Necessitamos avançar, apertar o passo, para um dia olhar para esse passado de mazelas da gestão pública e dizer um sonoro "aquele abraço".

Artigo original redigido em 2014.

Box síntese:

A relação da transparência com o controle social se funda na primeira instrumentalizar o segundo, como ferramenta, induzindo-o como elemento necessário, mas não o suficiente para a construção de uma efetiva participação popular que cobre dos governantes, na garantia de direitos e serviços. Para isso, é preciso também que se desenvolva uma cultura de vivência democrática.

---

[10] HAGE, Jorge. *O governo Lula e o combate à corrupção.* 1. ed. São Paulo: Editora Fundação Perseu Abramo, 2010.

2.2 Além do acesso à informação

Refastelado no sofá, entre pipocas e controles remotos, assisto ao clássico filme *Dossiê Pelicano* (EUA, 1993), *blockbuster* da minha juventude. Em determinado momento, a personagem Darby Shaw, encarnada pela bela Julia Roberts, busca determinado documento. Ante a resposta .negativa da pessoa que a atende em um guichê, Darby invoca a Lei de Liberdade de Informação (conhecida como FOIA – *Freedom of Information Act*, de 1966), logrando êxito em acessar a informação que a permitiu desvendar o intrincado mistério base do filme.

A partir de 2011, temos no Brasil uma legislação similar, a Lei de Acesso à Informação (Lei nº 12.527, de 18.11.2011), que regula, após mais de duas décadas, os arts. 5º, XXXIII; 37, §3º, II; e 216, §2º, da Constituição Federal de 1988, mas em especial o art. 5º, que indica que "todos são iguais perante a lei, sem distinção de qualquer natureza, garantindo-se aos brasileiros e aos estrangeiros residentes no País a inviolabilidade do direito à vida, à liberdade, à igualdade, à segurança e à propriedade, nos termos seguintes: XXXIII – todos têm direito a receber dos órgãos públicos informações de seu interesse particular, ou de interesse coletivo ou geral, que serão prestadas no prazo da lei, sob pena de responsabilidade, ressalvadas aquelas cujo sigilo seja imprescindível à segurança da sociedade e do Estado".

A legislação instrumentaliza o cidadão, como exemplificado na película estadunidense, no acesso às informações públicas que permitam a defesa dos seus direitos e os da coletividade.

Mas que revolução silenciosa é essa que promove o acesso à informação? O que muda o cotidiano de nós, cidadãos comuns, esse dispositivo? É apenas uma discussão de transparência ou é algo mais, relacionado a uma sociedade democrática e à relação dos cidadãos com os governantes eleitos e com a burocracia estatal? Perguntas diversas, de um processo em franco amadurecimento.

Não basta apenas acessar. Necessitamos, como cidadãos, saber o que fazer com esse acesso à informação. Consubstanciado na citada norma e documentos decorrentes, tem o condão de transformar a nossa relação com o Estado, em especial em uma conjuntura de crescente acesso à internet, na profusão de informações pelos indivíduos, no contexto chamado de *Big Data*.

Para se debruçar sobre essa questão, é preciso entender o contexto do acesso à informação, sintetizado no trecho da lei que diz "observância da publicidade como preceito geral e do sigilo como exceção". A ideia é que as informações públicas devem ser, via de regra, facultadas aos interessados, independentemente de motivação, e que isso deve ser garantido e regulado como direito que é, consideradas as peculiaridades de harmonização com outros direitos fundamentais.

Essa informação deve ser disponibilizada, pois o Estado, no trato do interesse público, dos bens coletivos e dos direitos sociais, produz e armazena informações. Estas possibilitam que o cidadão defenda seus interesses e lute pelos objetivos coletivos, servindo-se desses dados, inclusive, para fiscalizar a gestão desse mesmo Estado, no fenômeno de mitigação da chamada "assimetria informacional", na visão delegatória da ação estatal.

Isso tudo é muito novo. É confuso para o cidadão médio que, por vezes, confunde o acesso à informação com providências estatais, ignorando o potencial de ter esses dados disponíveis. Pedidos sobre questões pessoais de servidores, discos voadores e pelejas de processos pessoais pululam nos pedidos mais comuns. Com todo respeito a essas demandas e sua legitimidade, a nossa imaturidade política, já conhecida, nos impede de aplicações mais estratégicas.

Ao mesmo tempo em que a lei recebe grande adesão de jornalistas, advogados e pesquisadores científicos, na sua busca pela verdade, cada qual à sua maneira, espera-se que, com o amadurecimento desta, possam se apropriar dela com a mesma força os movimentos sociais e as organizações não governamentais, como ferramenta de interação com os governos na busca de construir a melhoria da gestão e a garantia de direitos, em um processo capitaneado com maestria pela esfera federal, e que se espraia, às vezes com alguma lentidão, entre outros entes e poderes.

Países mais amadurecidos no acesso à informação relatam dificuldades crônicas em alguns segmentos, verdadeiras casamatas a resistir a esse processo. Cremos, contudo, que o reconhecimento das populações desse novo direito, líquido, mas nem tão claro assim no contexto cotidiano, fortalecerá o dispositivo, incluindo este na agenda nacional a cada situação emblemática surgida.

Não basta a internet. Para a participação e o controle social, para uma sociedade mais democrática, são necessárias a transparência ativa, que disponibiliza o que pode ser interesse da população, e a transparência passiva, que garante a informação solicitada de forma customizada. Fugir disso é viver em uma pseudotransparência, de pensarmos ser acessível diante de um panorama translúcido.

Como tudo na vida, é um processo no qual as pedras fundamentais foram lançadas. Um processo, aliás, sem volta, que faz todos repensarem as suas dinâmicas. Os riscos existem na maximização de outros direitos em oposição ao acesso à informação e, ainda, à valorização da informalidade, evitando o registro que possibilita a divulgação.

Subterfúgios à parte, o movimento de acesso à informação vai amadurecer, à luz desses detratores fortalecidos pelo rompimento do paradigma da curiosidade em relação aos dados, para uma busca de informações que possibilitem a interação produtiva com a gestão estatal.

As possibilidades são infinitas e imprevisíveis. O administrador público, nesse cenário, está se reeducando para conviver no contexto do acesso à informação. Apesar da resistência natural, necessita entender a lei como uma forma de interagir com a população beneficiária, fortalecendo, assim, seus processos de governança.

Os limites da privacidade, a garantia do acesso, os riscos da fidedignidade, o uso útil e a razoabilidade dos pedidos. Os desafios na implementação da cultura de acesso à informação, um dos diedros da democracia, transcendem a questão da tecnologia e da disponibilidade de computadores. É uma questão cultural, de vivência democrática, em um trem em que demoramos a embarcar e pagamos preços caros por isso.

No jogo de forças de uma sociedade, o acesso a informações se apresenta como mecanismo ímpar do cidadão e dos movimentos organizados, moldando, ao mesmo tempo, a atuação do administrador público, sendo de forma primordial a condição necessária, mas não suficiente, para uma sociedade democrática.

Artigo original redigido em 2014.

Box síntese:

O acesso à informação é muito mais do que uma forma de atender a curiosidade ou interesses em questões pessoais, sendo um mecanismo de instrumentalização do cidadão e dos movimentos organizados para fazer valer seus direitos e para cobrar a atuação do poder público.

2.3 Reverberações da Lei de Acesso à Informação (LAI) na dinâmica do controle interno

I Introdução – LAI, uma mudança de paradigma

A Lei de Acesso à Informação (LAI), Lei nº 12.527, de 18 de novembro de 2011, trouxe uma mudança de paradigma na relação dos cidadãos com o Estado sintetizada pelo trecho dessa norma que diz que a publicidade é um preceito geral e o sigilo é exceção. Um rompimento em um país que viveu episódios inesquecíveis de censura e repressão.

Passados quase 25 anos da promulgação da Constituição Federal de 1988, o acesso a informações previsto no inciso XXXIII do art. 5º vem a ser regulamentado em um Brasil diferente, de um processo democrático mais amadurecido, com uma economia que inclui uma parte considerável da população nos processos educacionais e tecnológicos, com um ambiente de vulgarização de tecnologia de foco comunicacional-integrativo que rompe monopólios de produção e acesso à informação.

De todas as mudanças pelo advento dessa norma, previsíveis ou não, discutiremos, neste breve artigo, de que forma a ampliação do acesso a informações, seja pela disponibilização na transparência ativa, seja pela solicitação do interessado, afeta as atividades de controle.

II As ações típicas da área de controle interno

A Carta Magna vigente apresenta, no art. 74, as finalidades do sistema de controle interno. Consta do rol a avaliação do cumprimento de metas, de execução dos programas de governo, bem como a avaliação de conformidade (legalidade) e de desempenho (resultados) da gestão, entre outras atribuições. Para atingir a essas finalidades, a prática se desdobra em diversas ações, desenvolvidas nas experiências e avanços, somada aos intercâmbios com outros órgãos similares, no âmbito nacional e internacional.

Essas ações envolvem a interação dos órgãos de controle interno com os gestores, com a população e, ainda, com outras instâncias, como o Ministério Público e os tribunais de contas, em uma rede de relações que se modificará pela aplicação dos conceitos da LAI nesse contexto, de forma que buscaremos indicar as principais situações que serão objeto de possíveis mudanças nos procedimentos ou, ainda, de alterações conjunturais.

III Auditorias – acesso aos resultados

A atividade de avaliação por meio de auditorias gera como produto, consolidando o resultado das análises e as correspondentes recomendações, um relatório, uma peça técnica encaminhada normalmente ao gestor e a outros órgãos que devam atuar em outras esferas, como no caso do Ministério Público em relação a atos detectados que tenham reflexo no campo penal, entre outros.

A partir do momento em que os dados de um relatório têm como regra se tornarem públicos e a equipe já sabe dessa situação de antemão, desde o início da atividade de auditoria, introduz-se aí um novo elemento que terá acesso aos dados ali indicados – o público –, descrito como um conjunto de pessoas indefinido, que poderá interpretar aquele texto de diversas maneiras.

Nesse contexto, uma expressão de duplo sentido, uma informação sem a confirmação razoável nos papéis de trabalho, entre outras situações, podem gerar consequências insanáveis na divulgação de informações sobre determinada gestão, gerando nas equipes de auditoria uma atuação mais conservadora, o que pode contribuir também com a ausência de informações importantes para os antigos destinatários diante da pressão da interpretação dos novos atores, inseridos no contexto da transparência.

IV Controle social – mais informação, melhor atuação

A profusão de informações sobre a gestão fortalece o controle social, pois este dispõe de mais elementos para efetuar o acompanhamento da gestão, comparando o proposto e previsto com o real percebido nos locais de execução das políticas.

Esse desenho permite que o controle social em suas diversas modalidades – conselhos, manifestações, navegação solitária na internet – interaja com as informações e produza novas informações que servirão aos gestores, mas também a imprensa e aos órgãos de controle, em uma sinergia profícua para a atuação do controle interno.

V Denúncia – um diamante a ser trabalhado

Uma das formas de essas informações chegarem aos órgãos de controle é por meio das denúncias. Com mais informações sobre a gestão, as denúncias aumentam de forma quantitativa, pois se sabe mais e se detectam, assim, mais situações anômalas. Mas as denúncias também têm um acréscimo no campo qualitativo, a partir do momento em que estas serão feitas com base no maior acesso aos dados, o que permite uma descritividade que direciona mais os órgãos de controle, tornando a sua atuação mais eficiente.

A associação diretiva da transparência com as denúncias pode possibilitar a divulgação de informações de tal forma que, na sua interação com os cidadãos, organizados ou não, permitam a produção de informações úteis ao gestor e aos órgãos de controle, em uma ideia não só de transparência ativa, mas, sim, de uma transparência funcional, que reverta na melhoria da gestão de forma mais objetiva.

VI Avaliação dos controles – mapeamento mais preciso

Uma das funções do controle interno é avaliar os controles internos, o chamado controle primário do gestor. Essa avaliação permite indicar melhorias nesse controle, fortalecendo o aspecto preventivo e de gestão dos riscos com grande efetividade.

Com a informação fluindo de forma mais ampla, os riscos se tornam mais detectáveis, e os controles a serem implantados se tornam mais eficientes. Existem duas maneiras de se trabalhar com os riscos: uma pela análise da série histórica, olhando o passado, outra pela composição de um modelo que preveja o comportamento dos atores. Em ambos os casos, o acesso a informações permite um mapeamento mais consistente dos riscos e, ainda, do monitoramento da efetividade das medidas de mitigação dos riscos.

VII Auditoria operacional – um termômetro dos serviços públicos

O que diferencia a auditoria operacional ou de desempenho de uma auditoria focada na verificação de normas, de conformidade, é a sua preocupação em avaliar os processos com a finalidade de se emitirem uma opinião e consequentes recomendações não em relação ao cumprimento de uma norma, mas, sim, em relação à eficácia, eficiência e efetividade, ou seja, uma preocupação com os resultados e a forma de atingi-los.

Desse modo, a auditoria operacional fornece informações importantes sobre a qualidade dos serviços prestados aos cidadãos, bem como sobre a sua forma de execução, indicando ainda propostas de melhoria. A publicidade desses dados como regra geral permite não só indicar a qualidade praticada e as falhas para o cliente-cidadão, mas também as boas práticas em uma experiência na gestão pública, focando em outros gestores e na população, alimentando a avaliação da atuação do Estado pela população com elementos de um caráter mais objetivo.

VIII Transparência – um novo campo a ser auditado

Por fim, se a LAI traz como regra a transparência pela disponibilização de dados pelos gestores em seus *sites*, é possível, mediante requisitos relativamente objetivos, avaliar essa transparência, se os dados do órgão estão realmente acessíveis e, ainda, que medidas devem ser adotadas para melhorar a transparência, dado que este não é um conceito absoluto, e sim uma matriz de gradações aplicáveis a cada unidade de gestão.

Assim, surge um papel inovador no controle interno, de avaliar a transparência, visando à sua melhoria progressiva, utilizando a auditoria como uma ferramenta de promoção dessa mesma transparência, com equidade, mapeando a aplicação da mesma no conjunto de órgãos de um governo e mantendo o dirigente informado das fragilidades no sistema.

IX Conclusão

A ampliação da transparência, a mudança de cultura, da relação da administração pública com os administrados, tem consequências em diversas áreas da vida pública, inclusive no campo do controle. Este, como função da administração pública, não poderia ser diferentemente influenciado.

O artigo procurou, de forma breve, apontar as relações transversais das inovações trazidas na LAI com a prática dos órgãos de controle interno, mostrando, de forma mais específica, que outros avanços serão auferidos pela inclusão desse dispositivo legal a emergirem nos próximos anos.

O controle, como conceito, é vítima de hostilizações, como uma oposição à liberdade, mas o controle no campo das políticas públicas representa a resposta ao risco, a atuação garantista de atingimento dos objetivos, que implicam serviços públicos de qualidade à população beneficiária. Nesse contexto, eis o desafio posto: desenvolver tecnologias administrativas que aproveitem melhor esse novo desenho propiciado pela LAI, na construção de um controle mais efetivo e atuante, mas também mais integrado às demandas da população, agora com mais voz e vez.

Artigo original redigido em 2012.

Box síntese:

O incremento de transparência tem efeitos positivos sobre as funções do sistema de controle interno, por fortalecer quali e quantitativamente o processo de denúncias e a atuação dos auditores, bem como permite ao controle social ser abastecido pelas informações geradas pelas auditorias, sendo uma mudança de paradigma que afeta toda a dinâmica dos órgãos de controle.

2.4 Transparência: uma discussão gerencial?

Andando pela loja de departamentos, eis que vejo um aparelho de leitura de saldo de cartões avariado, com uma visível plaqueta afixada, dizendo: "Detectada a avaria desde XX/XX/XX". Curiosa situação gerencial que me fez refletir sobre a transparência, um valor propalado pelos noticiários recentemente, e de como esta pode nos ajudar, no contexto de melhoria da gestão, pública ou não, em uma contribuição gerencial, somada às questões políticas que se acercam da temática.

As discussões e práticas sobre transparência, ainda que tivessem a sua semente plantada no art. 5º da Constituição Federal de 1988, tornaram-se mais intensas no Brasil pelo amadurecimento democrático ao longo de todo o período de abertura, pós-governo militar, aliado a um crescente avanço tecnológico iniciado nesse mesmo período, o que permitiu que as distâncias se encurtassem e que fosse possível, com um toque de mãos, acessar informações diversas sobre pessoas e organizações de todo o mundo, pela vulgarização da rede mundial de computadores, a internet.

Nesse contexto, a ideia da transparência se robusteceu como um direito e, ainda, uma necessidade de a informação estar disponível, de forma proativa, para possibilitar o controle social do Estado pela população, dando um novo significado ao conceito de publicidade, na garantia do acesso às informações de forma global, não somente àquelas que os órgãos governamentais desejam apresentar.

Como marcos legais dessas mudanças, no campo da transparência, tem-se a inclusão de dispositivos na Lei de Responsabilidade Fiscal (LRF) em 2009; a Lei Capiberibe, que passou a indicar a transparência como um princípio, e, ainda, a positivar a exigência de publicação na internet dos orçamentos (receitas e despesas) dos entes estatais, nas três esferas de poder. Pode-se enumerar, ainda, a Lei de Acesso à Informação (LAI), Lei nº 12.527, de 2011, que traz como axioma que a publicidade é um preceito geral, enquanto o sigilo é a exceção, expandindo essa questão para outras áreas além da gestão orçamentária dos órgãos governamentais.

Mas, além de proporcionar um grande avanço na democratização da sociedade, na luta por direitos e na efetividade do controle social, teria a transparência uma dimensão gerencial, aplicada a governos e a grandes conglomerados empresariais? Poderia a questão da democracia, do acesso à informação, dialogar com a eficácia e a eficiência, no prisma da governança? Governança é uma palavra simples, muito usada, mas pouco percebemos o valor dessa para o sucesso e o equilíbrio das organizações, públicas e privadas.

O senso comum indica que a circulação irrestrita de informações pode comprometer as estratégias competitivas de uma organização, causar confusões no ambiente pelos boatos e interpretações errôneas provocadas pela disseminação de informações, às vezes absorvidas parcialmente, em um conjunto de possibilidades que acarreta o medo da liberdade. Este nos impede, por vezes, de ver os benefícios da circulação de grande parte da informação, em especial como ferramenta de auxílio à gestão. Na verdade, nessa sociedade tecnológica, a informação circula cada vez mais, queiramos ou não. Inexistem medidas de um aproveitamento melhor, na linha gerencial, desses fluxos informacionais, em especial os espontâneos.

As políticas públicas, bem como a gestão de unidades empresariais, ainda que pensadas no plano abstrato, de gabinetes e escritórios, baseadas em pesquisas e premissas construídas, se materializam no mundo real, no cotidiano, próximo ou longe dos olhos da matriz. Redes se formam, de parceiros descentralizados, como filiais e municípios, que executam parcelas das ações pactuadas nas instâncias centralizadas, em um desenho de delegação, utilizando-se a conhecida teoria do principal-agente, na qual o agente executor das ações possui muito mais informações que o principal, que as delega de forma contratual, na chamada assimetria informacional.

A circulação de informações rompe a assimetria informacional, intra e extra organização, dissolvendo as "caixas-pretas" na gestão, varridas para debaixo do tapete. Elas permitem a proliferação de vícios ocultos, de tendência crescente, que afetam, em médio prazo, a imagem da organização, a sua produtividade e até a sua sobrevivência. Ainda que a onisciência seja impossível, o corpo dirigente precisa mapear pontos críticos de seus processos de trabalho, centralizados ou não, e a transparência permite anexar atores a esse processo de circulação de informações.

Por seu turno, o cidadão ou o cliente destinatário das ações da organização necessita conhecer bem os requisitos dos serviços e produtos a serem oferecidos para que este possa, no cotidiano, comparar o proposto (ou prometido) e o que realmente está chegando a suas mãos, encontrando veículos que permitam informar ao sistema as distorções. Afinal, a imagem da organização junto aos clientes é construída nesse momento de recebimento do produto, culminando um processo que se iniciou na publicidade.

Assim, vantagens, benefícios e especificações devem estar claros, pois ao beneficiário não se faz possível adivinhar o que lhe reserva. Da mesma forma, a criação de espaços próprios de conversa entre os clientes, inclusive os insatisfeitos, permite que a informação circule e chegue a quem de direito, que tem interesse na mudança. É preciso, entretanto, perseguir, estimular e premiar a boa informação, a informação útil, que tenha como requisitos a fidedignidade, a clareza e a possibilidade de contribuir para a melhoria contínua dos processos.

A transparência é um processo informativo, de comunicação, em que um emissor produz informações focadas em um ou mais receptores, com uma finalidade. Essas informações podem provocar o receptor para que o *feedback* contribua com a excelência da gestão, no famoso exemplo dos automóveis funcionais com um número de telefone e o "como estou dirigindo", em que cada usuário das pistas contribui para que o motorista não aumente os custos com multas, seguros ou acidentes.

Ao principal, detentor do poder, interessa saber como atuam seus prepostos nas ações em parceria, mas essa informação, em contextos de execução descentralizada geograficamente, não é tão simples. Não basta apenas o Serviço de Atendimento ao Consumidor (SAC), o "0800" ou o *ombudsman*. É preciso que a informação disponibilizada induza à colaboração do público na resposta mais valiosa para a gestão, refinando os retornos. E cada situação, com sua peculiaridade, permite que o gestor construa ferramentas para utilizar a transparência a seu favor, articulando com outros mecanismos clássicos, como a pesquisa de pós-venda, por exemplo.

Por fim, vê-se que a ideia de transparência, nesse contexto democrático e tecnológico, apresenta também uma dimensão gerencial, de colaboração com a eficácia e a eficiência das ações, dos governos e empresas, quando permite que o cliente produza informações sobre os serviços prestados. Para isso, a informação deve ser disponibilizada de uma maneira especial, focada nesse receptor, que pode se converter em um poderoso aliado da gestão, se enxergado como tal.

Artigo original redigido em 2013.

Box síntese:

A transparência é uma ferramenta gerencial, de aprimoramento da gestão, em especial no setor público, pois a circulação de informações possibilita uma melhor interação com a população, na identificação de falhas, desvios, e induz a produção de informação de qualidade para a reavaliação das políticas públicas.

2.5 As dimensões da participação e a transparência funcional

O referido artigo procura analisar de que forma a participação popular aliada à transparência pode contribuir para a melhoria da gestão pública, em especial no contexto de políticas públicas descentralizadas. Cabe registrar que este artigo é baseado nas conclusões do trabalho intitulado *Gestão de riscos, transparência e controle social no contexto dos projetos governamentais – eficiência aliada à democracia*, apresentado pelo autor no V Congresso Consad de Gestão Pública, ocorrido de 4 a 6 de junho de 2012, em Brasília/DF.

I A participação

Pode-se dizer que a questão da participação ainda tem muito a amadurecer no nosso país, seja nas práticas, seja nos normativos. A Carta Magna vigente, a chamada Constituição Cidadã, por alguns até pejorativamente, retrata de forma tímida a questão da participação quando, no art. 14, diz que: "(...) A soberania popular será exercida pelo sufrágio universal e pelo voto direto e secreto, com valor igual para todos, e, nos termos da lei, mediante: I – plebiscito; II – referendo; III – iniciativa popular".

Por seu turno, a recente alteração (2009) da Lei Complementar nº 101/2000, a Lei de Responsabilidade Fiscal (LRF), positiva, no art. 48, inciso I, que a transparência será assegurada pelo "(...) incentivo à participação popular e realização de audiências públicas, durante os processos de elaboração e discussão dos planos, lei de diretrizes orçamentárias e orçamentos", vinculando a participação, de forma indissociável, ao acesso às informações públicas e à temática da transparência.

Apesar de ainda pouco presente nas normas de maior envergadura em nosso país, a participação é a categoria máxima em uma sociedade democrática. É o combustível sem o qual a democracia é engolida pela demagogia. A participação é vista como instrumento de crescimento da consciência crítica da população, mas não é um conceito hermético, fechado, dada a sua construção social na vida das comunidades.

II As dimensões da participação

A participação não se faz de forma única. Apresenta-se em diversos aspectos, construídos no decorrer do tempo nos processos políticos das sociedades, nos jogos de força habituais. Para fins de análise neste artigo, vamos dividir as formas de participação em cinco dimensões, que caracterizam as tipologias que podemos observar na prática atual da gestão pública.

Dimensão decisória: na primeira dimensão, a participação se apresenta como um processo de construção de decisões, no qual a população organizada se envolve nos rumos da gestão pública, atuando sobre o que deve ser feito, o como, o quando e o porquê. O orçamento participativo é o exemplo de excelência dessa forma de participação como forma de participação que transcende os pleitos eleitorais, atuando de forma cotidiana sobre o planejamento e os processos decisórios decorrentes, na utilização dos recursos orçamentários.

Dimensão do exercício: tem-se também que a fruição de serviços públicos é uma forma de participação. Sim, se temos alguma deficiência física, por exemplo, e nos integramos a programas de reabilitação públicos em vez de buscar o setor privado, passamos a ser inseridos naquele sistema de políticas públicas e dele participamos pelo simples fato de usufruirmos daqueles serviços. Participar também se faz na utilização, quando se conhece mais o serviço público e com ele se interage, conhecendo, sugerindo, opinando para a comunidade sobre ele. O ausente não pode interagir com a política.

Dimensão controle: um papel clássico e em ascensão da participação popular é a função de vigilância do Estado, na qual a expressão controle social se faz mais percebida no acompanhamento diuturno da gestão, da atuação dos administradores, velando pelo cumprimento do disposto nas leis e nos princípios da moralidade administrativa. A dimensão controle se relaciona com a execução das políticas e os mecanismos de garantia de que os direitos sociais se materializem em serviços públicos de qualidade.

Dimensão cooperativa: fortalecida na década de 1970 no Brasil, a visão de participação como cooperação nas tarefas do Estado se faz presente em várias situações nas quais o cidadão é partícipe. Sem a sua participação, não ocorrerá a prestação do serviço público. É uma abordagem na qual participar é colaborar, dar um pouco de si para ajudar o Estado, já tão demandado. O Estado já formula a política contando que a execução de determinada etapa se fará com o concurso da comunidade.

Dimensão funcional: por fim, chegamos à dimensão em que nos deteremos mais amiúde: a da participação como produtora de informação útil à gestão pública. Sim, além de decidir, fruir, vigiar e colaborar, temos a participação que se envolve no processo de gestão no fornecimento de informações que podem retornar aos gestores e contribuir com a melhoria da qualidade dos serviços públicos.

Por seu turno, a discussão em comento relaciona-se de forma profunda com a da transparência, dado que esta última possibilita uma ação mais efetiva da participação popular, que, dispondo de informações mais detalhadas e direcionadas, pode aferir se o que está ocorrendo se coaduna com o proposto.

Dessa forma, analisaremos agora em que medida a participação popular aliada à transparência pode contribuir para a melhoria da gestão pública, em especial no contexto de políticas descentralizadas, entendendo a transparência como uma questão funcional, vinculada à excelência dos serviços públicos, sem desmerecer a sua importância como mecanismo de fortalecimento democrático.

III A participação e a transparência funcional

A ausência de acesso a informações sobre a gestão pública por parte do cidadão, organizado ou não, especialmente em um contexto de execução de ações descentralizadas, afeta a construção da sua percepção da distância entre a realidade observada em relação ao que estava planejado no desenho da política, reforçando a necessidade de um processo ativo de transparência como pressuposto para uma gestão pública de qualidade percebida.

Se o cidadão só receber as informações que solicitar, transferimos a ele o ônus de adivinhar o que é seu direito e o que se materializa ou não, restringindo a sua visão global da gestão, aumentando a assimetria informacional. A transparência é um processo comunicativo, de disponibilização das informações relevantes da gestão de forma inteligível e clara, focado no receptor, que é a população em suas diversas matizes.

Entretanto, não se trata apenas de uma informação para satisfazer a curiosidade popular, e, sim, do fornecimento de dados úteis para a materialização de serviços públicos de qualidade àquela comunidade e que possam resultar em cotejamentos com o que está ocorrendo na realidade, possibilitando a intervenção na busca da melhoria.

A associação da participação popular com a transparência possibilita uma circulação das informações públicas, ainda que, com isso, possam ocorrer atrasos nas tomadas de decisão, além da captura dessas informações por grupos de interesses ou, ainda, o aumento de conflitos. Tais problemas são inevitáveis no escopo da vida democrática. Entretanto, os problemas enumerados não invalidam a necessidade de a informação chegar, de forma clara, ao cidadão e os benefícios à gestão que essa ação pode proporcionar.

A questão dos problemas advindos da transparência está relacionada também ao nosso conceito de qualidade dos serviços públicos. O serviço que atende aos requisitos legais, no prazo correto e com insumos adequados, configura, *ipso facto*,[11] um serviço público de qualidade. A questão, entretanto, deve se centrar no cliente. Neste caso, o cidadão enquanto segmento da população, espalhado em diversos locais e com diversas demandas. Faz-se necessária a transparência que permita a esse cidadão verificar que requisitos estavam previstos para que ele, cotidianamente, ateste a qualidade do serviço prestado à luz de suas demandas e, ainda, que tenha mecanismos de retroalimentação da gestão sobre as situações que ensejam estudos técnicos para sua solução. Fugir disso é colocar o foco do entendimento da qualidade no fornecedor dos serviços públicos, e não no seu beneficiário, em um caminho que conduz à satisfação fictícia medida pelos gabinetes.

Cabe registrar que essa abordagem não significa reduzir o papel da participação popular a uma mera fornecedora de informações, mas, sim, acrescentar a esta a visão de aproveitamento das informações geradas como um instrumento de acompanhamento e de melhoria da gestão pública, inserindo a participação em um desenho funcional dentro da recente discussão sobre a transparência da gestão pública.

IV Transparência, participação e o monitoramento de políticas públicas

Pode-se ir mais além na discussão da transparência ao se enxergarem essas informações produzidas como retornos aos formuladores e executores, contribuindo de forma concomitante e *ex post* com o processo de gestão, principalmente em processos de forma matricial espalhados ao longo do território e conduzidos por diversos atores.

A governança exige que a informação circule entre os elos da rede para que não se faça represada em rincões, tendo-se uma visão global do que está acontecendo. Esse fato nos remete à recente discussão sobre a instalação de painéis de controle no âmbito do governo federal,

---

[11] Como consequência.

2.5 AS DIMENSÕES DA PARTICIPAÇÃO E A TRANSPARÊNCIA FUNCIONAL | 121

o que permitiria o monitoramento cotidiano da execução dos programas governamentais, em uma visão global da gestão.

Em um desenho de delegação, a visualização dessa rede de políticas não pode prescindir de informações geradas no campo da participação dos populares, mormente em processos conduzidos em parceria por estados e municípios ou, ainda, quando a alimentação dos dados é prioritariamente declaratória, com frágeis mecanismos de certificação.

Pode-se dizer, então, que a coleta e a consolidação de informações sobre a gestão de um programa contribuem não só para uma visão "do alto da floresta" deste, mas para a identificação das fragilidades que podem ser objeto de atuação preventiva e corretiva dos integrantes da rede, construindo uma melhoria dos serviços por ela ofertados à população beneficiária.

Por outro lado, a necessidade de gestão da rede de políticas públicas suplanta a produção de informações para fins de monitoramento, de se ter somente um balanço, um retrato. Faz-se necessário que a informação tenha cunho gerencial nas dimensões preventivas, corretivas e de melhoria dos processos de trabalho, em uma visão de continuidade do programa e de melhoria contínua, identificando as causas para que se pensem as possíveis soluções.

A discussão sobre a qualidade na gestão de programas em rede avança para além de técnicas de otimização de processos pontuais, considerando-se a complexidade de relações cooperativas e solidárias e de como essas forças podem contribuir para uma gestão mais efetiva da política. Assim, diferentemente de um processo taylorista[12] de *input--output*, temos uma incerteza maior causada pela interdependência ao longo dos processos com vários cenários e atores, típicos de uma rede de políticas públicas, o que demanda a inserção de informações produzidas pela própria rede para interagir na oferta de serviços de qualidade.

V Uma informação que induza a participação desejada

Para que ocorra a sinergia entre a participação e a gestão, é necessário que a informação seja disponibilizada de maneira especial, focada no cidadão receptor, enviada para induzir neste a geração das

---

[12] Taylorismo é uma teoria criada pelo engenheiro Americano Frederick W. Taylor (1856-1915), que a desenvolveu a partir da observação dos trabalhadores nas indústrias. Nela, o trabalhador deve cumprir sua tarefa no menor tempo possível, sendo premiados aqueles que se sobressaem. Isso provoca a exploração do proletário, que tem que se desdobrar para cumprir o tempo cronometrado.

informações necessárias à melhoria da gestão. O cidadão destinatário das ações da organização necessita conhecer bem os requisitos dos serviços e produtos a serem oferecidos para que possa, no cotidiano, comparar o proposto e o que realmente está chegando às suas mãos e, ainda, as suas necessidades, encontrando veículos que permitam informar ao sistema as distorções percebidas.

A defesa da transparência e da participação geralmente se dá pela necessidade democrática. A presente reflexão vem apresentar a participação em uma lógica de circulação das informações em uma rede como instrumento de governança e de melhoria dos processos, pois participar com transparência converte-se em um mecanismo de retroalimentação do sistema, dentro da linha da melhoria contínua do já conhecido ciclo PDCA[13] da qualidade total, no apoio às tomadas de decisão, na linha de avanços da gestão e à generalização de boas práticas.

Um programa de governo não é um papel em um gabinete. É algo vivo que se materializa na interação constante do governo com diversos atores, em um processo que produz informações e que necessita de que alguém as colete e as viabilize para atender às questões da gestão do programa, em ações corretivas com a finalidade de melhoria, em acréscimo a outras informações obtidas normalmente no programa.

Diversas aplicações têm essa abordagem, agregando a luta da transparência e da participação em uma vertente política acrescida ao seu lado gerencial, em que a própria população, organizada ou não, se incentivada adequadamente, produz informações sobre a gestão do programa, que podem ser sistematizadas e revertidas para a sua melhoria.

Ainda que utilizemos relatórios e mecanismos formais de prestação de contas, a informação direta e especificada oriunda da população permite à coordenação da gestão da política a percepção de pontos do processo que atrapalham o seu sucesso, envolvendo a coletividade na responsabilidade pelos resultados, mas, ao mesmo tempo, dando a ela condições de exercer essa retroalimentação e, consequentemente, exercer a participação em uma de suas dimensões.

VI Conclusão

A Lei de Acesso à Informação (LAI) – Lei nº 12.527, de 18.11.2011 – trouxe à mesa de discussões da política nacional a questão da transparência da gestão pública em suas diversas matizes, desde a questão dos

---

[13] PDCA (do inglês *plan* [planeje], *do* [faça], *check* [cheque], *act* [aja ou ajuste]) é um método interativo de gestão de quatro passos utilizado para o controle e a melhoria contínua de processos e produtos.

salários dos servidores até a tramitação de processos de interesse do cidadão, oferecendo inúmeras possibilidades de participação popular na interação com a gestão.

O presente artigo procura dissecar essa categoria "participação" em diversos segmentos, construídos nos jogos de força da sociedade, atendendo a diversos interesses de grupos e segmentos. Resgata a discussão de que o acesso a informações é mais do que atender apenas a desejos individuais na defesa de seus interesses ou, ainda, instrumento de vigilância da atuação do setor público. Apresenta a transparência como uma forma de tornar a gestão mais eficiente, como produtora de *feedbacks* para a gestão, em um mosaico de percepções que gera uma informação útil para a construção de uma gestão mais eficaz e eficiente, mexendo com o conceito de qualidade do serviço público, tirando esta do foco do formulador da política apenas.

Desse modo, o gestor público naturalmente resiste à transparência pelas possibilidades de ser controlado pela população – situação fundamental em um contexto democrático no qual a gestão deve atuar para o povo. Entretanto, a cultura crescente do acesso a informações pode se converter em um instrumento de melhoria de seus processos de gestão se este souber fazer a transparência em um viés funcional que estimule o retorno de informações que possam ser aproveitadas na gestão, envolvendo a população nos seus processos para além dos papéis de vigilantes ou executores.

Fugir disso é se alistar na guerra inútil de resistir à transparência, essa avalanche abastecida pelas novas tecnologias e pelo sentimento democrático das pessoas e que se apresenta como caminho irreversível, abalando as nossas concepções tradicionais de relação cidadão e Estado, mas que traz em si a promessa de uma gestão que ofereça serviços públicos de qualidade à população.

Artigo original redigido em 2012.

Box síntese:

A participação, como valor, aumenta a interação da população nos processos decisórios, valoriza os serviços prestados, insere a população no processo de cooperação para o sucesso das políticas públicas e, ainda, produz informação útil para o monitoramento da ação governamental e para subsidiar a ação dos órgãos de controle.

2.6 As vítimas da transparência

A história brasileira e mundial apresenta, entre famosos e anônimos, um sem número de jornalistas, pensadores, sindicalistas, representantes de movimentos sociais e denunciantes, entre outros que pereceram ou se feriram na luta pelo acesso à informação que permitiu apontar os desmandos e desvios na esfera da gestão pública. O presente artigo pretende abordar que essas lutas não terminaram e que os avanços recentes da transparência vão trazer novos matizes para as batalhas a serem travadas no campo democrático.

Essa antiga luta teve em nosso país, recentemente, dois marcos importantíssimos. O primeiro foi a alteração da Lei de Responsabilidade Fiscal (LRF) pela Lei Complementar nº 131, de 27 de maio de 2009 (Lei Capiberibe), que indica, no art. 48, a transparência como um princípio positivado a ser seguido pela administração pública. Mais recentemente, a Lei nº 12.527, sancionada em 18 de novembro de 2011 – a Lei de Acesso à Informação (LAI) –, entre outras coisas, busca estabelecer procedimentos para assegurar o direito fundamental de acesso à informação, instrumentalizando essa questão, suplantando o aspecto do discurso, para que a transparência seja uma realidade.

Os marcos legais citados são o início de uma peleja que se apresenta como a luta democrática mais importante dessa década no Brasil, na busca do acesso às informações produzidas e armazenadas pelos governos, envolvendo consequências incalculáveis no campo dos avanços da democracia, mas também nas relações de poder em diversas dimensões, como uma fonte de conflitos gerados pela informação. Afinal, informação é poder.

Em um tempo de globalização, de interligação do mundo por uma rede mundial de computadores cada dia mais acessível, cada cidadão à frente de seu computador se torna um jornalista, um vigia e um denunciante. Ao mesmo tempo, prossegue assimilando, articulando e reproduzindo informações. A transparência surge como uma descarga elétrica a inundar essa rede de mais informações, catalisando forças e reações, nas relações do cidadão com a coisa pública.

É fato que a transparência pode se chocar, no caso concreto, com os princípios constitucionais afetos à privacidade, demandando harmonização. Ela gera externalidades negativas, por um lado, na exposição de pessoas, no municiamento de indivíduos com intenções escusas e na geração de informações privilegiadas em processos judiciais no campo pessoal; por outro lado, ela proporciona externalidades positivas, para além de um avanço na vivência democrática. Afinal, é possível em um contexto de transparência plena a efetiva circulação de informações, o que reverte para a melhoria da gestão por propiciar o monitoramento e a retroalimentação de dados aos gestores, bem como atuar nos sistemas econômicos pelo fato de as empresas poderem acessar, em pé de igualdade, as ações governamentais, em especial no seu papel de intervenção no mercado. Tudo isso, prós e contras, deve, entretanto, ser sopesado na discussão da transparência!

Assim, toda luta social tem vítimas e heróis. Há de se considerar que, desde antes dos tempos em que o "Rei não errava" e da Magna Carta de João Sem Terra (Inglaterra, 1215), culminando com o grito de liberdade, igualdade e fraternidade que ascendeu a burguesia na Revolução Francesa (1789), a luta maior, pela democracia, tem feito mais vítimas que heróis. O patrimonialismo patriarcal se reinventa no sistema capitalista, e os feudos dão lugar às *corporations*. Os interesses privados continuam ocupando os espaços nos movimentos sociais e órgãos governamentais. As lutas também se reformulam, buscando não somente a informação pura e simples, interpretativa, mas uma informação que permita a modificação da situação vigente para o benefício da coletividade.

Assim, os desafios da transparência se fazem na superação do denuncismo com propósitos pessoais, no acesso a informações fidedignas, claras e que possam ser relacionadas com outras pelo cidadão comum, com um fim útil. Apresentam-se, ainda, no rompimento dos bastiões de sigilo que resistem à realidade posta. Por seu turno, a luta avança não somente pelo campo do acesso, mas para a demanda por aferição, por meio de requisitos que permitam qualificar a transparência realmente como efetiva, em situações concretas.

A ideia principal da Lei de Acesso à Informação, a "observância da publicidade como preceito geral e do sigilo como exceção", parece simples. Entretanto, sua materialização não se refere apenas a uma questão de mudança de mentalidade, de cultura. Envolve a relação de forças no tecido social, do Estado em suas diversas funções com os cidadãos e as empresas, e uma gama de conflitos oriundos dessas mesmas relações, conflitos estes que trarão benefícios ao amadurecimento democrático de nosso país, que colecionam regimes de exceção como regra, mas que também trarão dores, naturais em mudanças de paradigma, o que gera resistências e subterfúgios.

Assim, a nossa geração, que vivencia este momento ímpar e até mesmo inimaginável por nossos antecedentes, tem o dever de honrar a memória das vítimas da transparência de outrora. Porém, cabe-nos também reduzir o número de vítimas, aprendendo com os erros do passado e utilizando-se de mecanismos que permitam a informação fluir e que esta reverta para a modificação social, providenciando, concomitantemente, a proteção do cidadão. Caso não se procure proteger aquele que usa a informação com fins republicanos, saberemos das coisas, mas teremos as mãos atadas, em uma angústia maior que a dos tempos da inconsciência.

Artigo original redigido em 2012.

Box síntese:

A transparência é o grande desafio democrático do século XXI, e a sua efetiva implementação fez e fará vítimas, em um processo complexo e que enfrenta resistências, o que não implica dizer que a transparência não tem externalidades negativas, mas que, com certeza, não superam os seus benefícios.

2.7 A multa moral

"Que força é essa, que força é essa, que trazes nos braços? Que só te serve para obedecer, que só te manda obedecer? Que força é essa, amigo? Que força é essa, amigo, que te põe de bem com outros e de mal contigo?" Nesses trechos da música *Que força é essa?*, do compositor Sérgio Godinho e retratada com maestria pelo saudoso Dércio Marques no disco *Canto Forte* (1979), ainda que ela fale da opressão patronal, podemos enxergar o antigo significado da expressão "controle social".

A categoria controle social trazida neste artigo é diferente do controle da ação estatal pela via democrática, presente em especial nos conselhos, na inversão da lógica de olhar o problema do Estado do ponto de vista do governante, para ver o governo da ótica do indivíduo, como instância extraeleitoral de participação popular e garantia de direitos do cidadão.

Falamos do conceito antigo de controle social, oriundo do estudioso Émile Durkheim (1858-1917), que se referia ao controle da conduta dos indivíduos pelos elementos de seu convívio, fenômeno muito comum nas cidades com poucos habitantes, no qual a sociedade controla e acompanha a conduta do indivíduo, reprimindo os comportamentos considerados desviantes.

Esse resgate da conceituação de controle social nos permite analisar um *case* recente, noticiado no mês de junho de 2015, no qual a Secretaria de Acessibilidade da Universidade Federal do Ceará (UFC) adotou no *campus* um tipo de "multa moral", visando coibir a utilização indevida por integrantes da comunidade escolar de vagas destinadas a idosos ou pessoas com deficiência. Pensado apenas para a universidade, pela sua eficiência e criatividade, teve grande adesão e foi aplicada fora de suas dependências pelos entusiastas da ideia.

O dispositivo consiste na disponibilização, pela UFC, no *site*, de uma multa, que pode ser impressa por qualquer pessoa e que é similar a uma notificação de multa dos departamentos de trânsito, mas que traz, de forma simbólica, frases como "As penalidades são as previstas pelo bom senso" e "Reflita melhor e não cometa esse erro da próxima vez". Para completar, solicitam carinhosamente que o motorista infrator leve na esportiva o pito.

A multa pode ser colocada no vidro do carro, presa no limpador de para-brisas, por qualquer um que presencie a infração ao uso das vagas. Quem a aplica deve indicar qual dos três motivos gerou a infração: estacionar em vaga destinada a pessoas com deficiência, estacionar em frente à rampa de acesso ou rebaixamento de guia ou estacionar em vaga destinada a idosos.

Desse modo, para todos daquela comunidade, a multa presa no carro aponta a infração como uma punição simbólica pelo constrangimento, invocando a força "que te põe de bem com outros e de mal contigo", reforçando o controle daquele comportamento desviante pela própria comunidade, pela sinalização do fato e do indicativo de reprovação coletiva de uma conduta cotidiana, que, apesar do baixo potencial ofensivo, agride direitos fundamentais de nossos colegas com deficiência.

Esse magnífico exemplo que ganhou notoriedade nacional está no contexto de formas alternativas de sanção, na linha da *accountability*, palavra ainda não traduzida para o português, que raramente figura nos periódicos populares do Brasil e que significa que as pessoas devem prestar contas, ser responsáveis, e que devem ser sancionadas diante de transgressões que afetem a coletividade, tema de grande relevância no debate político moderno, em especial na questão da construção da democracia, na garantia de direitos e, ainda, no combate à corrupção, ao abuso de poder e à ineficiência.

A sanção moral produz sinergia, traz a conduta desviante para a pauta, pela vergonha, pelo facho de luz que direciona sobre aquele indivíduo, provocando a reprimenda informal e, por vezes, até a formal decorrente. Tem grande aplicabilidade na governança de sistemas complexos, radiais, construídos por adesão e se mostra eficaz em transgressões de baixo impacto, em um sentido educativo cuja tônica é a criatividade e que o custo de sancionamento seria proibitivo.

Nesse mesmo paradigma de ação, pela sanção simbólica, no contexto democrático, em uma era de profusão da informação, podemos citar a ação na divulgação de dados de autoridades que tragam contradições a suas falas e ações e, ainda, no campo institucional, a publicação de relatórios de auditoria na internet. Ações inovadoras, temas novos, que, por vezes, confrontam os direitos das pessoas expostas, mas que se apresentam também como formas alternativas de condução dos indivíduos aos interesses coletivos com celeridade, reformulando os conceitos de participação, unindo o novo e o velho conceito de controle social.

Com gentileza, a multa moral vem nos trazer a importância de segradar, em forma e intensidade, nossos mecanismos corretivos para que saibamos, com dosimetria e criatividade, escolher os mecanismos de *accountability* adequados e eficazes na prevenção do rompimento de limites. A democratização do acesso à internet, os avanços legais no acesso à informação (...) todas essas novidades contribuem em um aspecto positivo para uma melhor regulação de nossa vida coletiva, nas dimensões que demandam controle mútuo, que são importantes, mas que não dão conta de todas as situações.

Artigo original redigido em 2015.

Box síntese:

Aderência a condutas pode ser obtida pelo uso de incentivos, de sensibilização e até de certo constrangimento, e a transparência pode ser uma ferramenta essencial nessa forma de atuação.

2.8 A fé no controle social

O presente artigo busca trazer uma reflexão sobre a credibilidade do controle social no contexto atual, em especial aquele operacionalizado por meio dos conselhos, tão comuns no movimento de municipalização das políticas sociais ocorridas na década de 1990.

Nos estudos que realizei no mestrado em Educação, orientado pela Prof.ª Maria Abádia da Silva, debrucei-me sobre a questão do controle social em políticas descentralizadas, estudando em especial a atuação dos conselhos do Fundo de Manutenção e Desenvolvimento da Educação Básica e de Valorização dos Profissionais da Educação (Fundeb), eixo central do financiamento da educação básica no Brasil desde 2007.

Os resultados encontrados, devo confessar, foram desanimadores, dadas as deficiências detectadas na atuação dessas instâncias de controle social devido, entre outros fatores, à falta de mobilização dos movimentos sociais em torno destas; à falta de capacitação dos conselheiros e de apoio do poder público municipal e, ainda, ao desequilíbrio na paridade entre membros do conselho que representam o governo e a comunidade.

Cabe ressaltar essa multiplicidade de causas, dado que o lugar comum da questão dos conselheiros é o mantra da capacitação, no reforço do aspecto técnico do conselho, na alegação de que ele não funciona porque o conselho não sabe o que fazer, inspirado na mágica solução de umas "aulinhas" de como analisar uma prestação de contas. O estudo buscou apresentar que o que enfraquece o conselho é a sua debilidade política, como instância de representação de anseios daquela comunidade.

Nesse sentido, da debilidade dos conselhos, o desânimo maior vem do noticiário, amparado em denúncias e ações de órgãos de controle que apresentam desvios em ações de saúde e educação geridas por estados e municípios e que, em tese, deveriam ser objeto de acompanhamento diuturno das instâncias formais de controle social, representadas pelos conselhos, como mecanismo de controle primário do gestor para evitar lá, na ponta, a ocorrência de desvios que prejudicam a construção dessas políticas públicas no desenho de parceria, típico da nossa descentralização federalista.

Certa feita, no noticiário da manhã, vi uma mãe atormentada pelo mau funcionamento do sistema de saúde. Ela vociferava a vontade de procurar a resolução de suas demandas no Poder Judiciário, exigindo que fosse paga pelo prejuízo em dinheiro, na corriqueira ação de danos morais. Esquecia essa cidadã do papel do Poder Legislativo, do Ministério Público e, ainda, da atuação do Conselho Municipal de Saúde como mecanismo de resolução não só de seu problema, mas do problema de outros, revelados pela sua casuística infeliz.

Tudo isso reforça a nossa descrença generalizada no controle social como espaço possível de luta e de construção de direitos sociais, de resolução de problemas cotidianos da gestão da política e de apuração próxima à gestão dos problemas. Entretanto, é um modelo que preza o ideário democrático. Por isso, deveria ser mais prestigiado.

Prosseguimos, então, cidadãos descrentes dos conselhos, da capacidade destes de lutar ou de representar espaços de luta pelos direitos sociais. Preferimos a luta individual da busca da justiça, a denúncia anônima ou, ainda, a carta ao jornal, a reclamação para o deputado ou, pior, o simples murmúrio entre os amigos. Seguimos na nossa participação deficitária, enfraquecendo os conselhos e enfraquecidos por eles.

Com todo o respeito às outras formas de reivindicação, mas o controle social pela via dos conselhos precisa e merece ser valorizado, ser objeto de crédito da população e do governo, e não apenas ser um assinador de pareceres ao final do exercício. A discussão em pauta é a gestão democrática das políticas públicas. Mais ainda, a própria democracia como regime que, apesar dos pesares, se apresenta como a solução mais viável para a nossa relação com o Estado.

Para tanto, governos e movimentos sociais necessitam enxergar os conselhos de toda ordem como espaços a serem ocupados, ampliadores de sua voz, que demandam serviços de qualidade. Apenas reclamar na mesma roda de amigos que o conselho não funciona pouco contribui com essa instância e com a questão democrática.

Esse espaço, o conselho, deve ter um caráter político mais acentuado, de presença cotidiana nos locais em que a gestão se materializa, no diálogo constante com a população. Falar em um viés político, em um país deseducado politicamente como o nosso, lembra uma coisa ruim. Não, o viés político é o viés da participação, do envolvimento com as questões do coletivo, no contexto do analfabeto político de Brecht, esquecido por nós.

Aproveitando um intervalo no texto, vale relembrar um trecho desse brilhante poema de Bertold Brecht, o "analfabeto político", como elemento adicional à nossa reflexão:

> O pior analfabeto é o analfabeto político. Ele não ouve, não fala, nem participa dos acontecimentos políticos. Ele não sabe que o custo de vida, o preço do feijão, do peixe, da farinha, do aluguel, do sapato e do remédio dependem das decisões políticas. O analfabeto político é tão burro que se orgulha e estufa o peito dizendo que odeia a política. Não sabe o imbecil que, da sua ignorância política, nasce a prostituta, o menor abandonado e o pior de todos os bandidos, que é o político vigarista, pilantra, corrupto e lacaio das empresas nacionais e multinacionais.

Mais importante que a sede própria, o computador com acesso à internet, a linha telefônica, o automóvel ou qualquer outra melhoria de infraestrutura que os conselhos gestores disponham, o seu maior patrimônio é a credibilidade da população, a confiança de que ali encontrarão uma viabilização de suas demandas. O combustível dos conselhos é a fé da população nestes!

Da mesma forma, a população pode e deve cobrar de seus conselheiros a atuação digna e eficiente, incentivando o protagonismo dos conselhos. Raras vezes a imprensa se ocupa de entrevistar um conselheiro diante de um escândalo afeto à sua área de atuação. Mais raras ainda são as manifestações de populares cobrando de conselhos algo em relação à sua atuação. É só investigar a fundo e veremos que, na maioria dos escândalos de corrupção, houve falha de colegiados no meio do processo.

Para renovar a fé íntima no controle social, é preciso descobrir e valorizar os bons exemplos de participação popular, fortalecendo a esperança que temos na democracia construída a cada dia. Não tenhamos a ingenuidade da visão de que o gerencialismo, a burocracia e a técnica darão conta das questões sociais. O envolvimento do cidadão, organizado ou não, nas diversas fases da política, é a pedra de toque do sucesso da gestão. O mito da solução puramente tecnicista não se sustenta em vários exemplos que colecionamos da gestão, ainda que sejam fundamentais a profissionalização e a qualificação permanente da gestão pública.

Por fim, que terminemos a leitura deste artigo com uma iniciativa: conhecer as instâncias formais de controle social nas políticas que nos rodeiam. Conhecemos nossos conselheiros? Sabemos como foram escolhidos? O que fazem? Conhecer é um primeiro passo. Faz-se necessário romper a nossa alienação nesse sentido!

Nem salvador da pátria, nem braço do governo de atuação co-optada. O controle social é uma construção do nosso cotidiano, seja no conselho, seja em outras formas que a criatividade permitir, na relação de atores em uma comunidade na luta pelos seus direitos, na busca de uma vida melhor. Essa forma de participação popular é que permite aproximar a gestão do dirigente eleito pontualmente das necessidades cotidianas da população, o que concretiza as políticas de qualidade. Assim, cabe ao controle social ser dignitário da nossa profunda e sincera fé, sob pena de desacreditarmos da própria democracia, o maior avanço político que conquistamos nos últimos séculos.

Artigo original redigido em 2013.

Box síntese:

O controle social pelos conselhos tem fragilidades que transcendem a falta de capacitação, em especial pela descrença geral da população nos mecanismos democráticos de participação como meios efetivos para viabilizar as suas demandas frente à atuação estatal.

2.9 Lutas e alianças: brutas pajelanças

Guillermo O'Donnell (1936-2011) era um gênio. Talvez, se não fosse latino-americano (era argentino), teria tido mais notoriedade no campo da ciência política mundial e não teria suas discussões circunscritas a uns poucos debates acadêmicos. Mas somos da América do Sul. Eu sei; vocês não vão saber.

De forma singela, este pesquisador, no estudo dessa mesma América Latina e seu processo de amadurecimento democrático, nas questões da chamada *accountability*, enxergou nesta uma dimensão horizontal, de órgãos especializados com a missão de controlar os outros, uma evolução da discussão de pesos e contrapesos oriunda das ideias de Aristóteles (384-322 a.C.), Montesquieu (1689-1755) e Locke (1632-1704).

Uma discussão mais do que atual, que não se prende somente a limites e indicações de um poder sobre o outro, e sim como um mecanismo a sacralizar a ideia de que, no Estado Democrático de Direito, tudo tem limites e que todos somos passíveis de vigilância e prestação de contas, transcendendo o reducionismo de tratar a ação de agentes públicos apenas pelo aspecto moral.

Arranjos de raízes liberais, de proteção do homem contra o Estado, de inibição do abuso de autoridade, que decantam em corrupção e opressão. Uma ideia de que o poder corrompe a todos de mesma forma, restando apenas como solução a vitória da desconfiança, na qual cada um controla o outro e todos se controlam mutuamente, em uma proposta onerosa, mas que tem sido a melhor solução encontrada até o momento.

Daí surgem os paradigmas de equilíbrio entre os poderes da república, do federalismo, bem como a ideia do juiz, promotor e advogado, estarem no mesmo plano, trazendo como efeito a diluição de poderes, de forças, em conselhos, instâncias, na qual se limitam atores, sob os riscos de um acréscimo dos custos de transação e, ainda, da existência do famigerado conluio.

Conluios porque, para além dos arranjos formais, nas organizações campeiam, naturalmente, as relações informais, de histórias e interesses comuns e que frustram a beleza idealizada dessa visão de equilíbrio, sem, no entanto, tirar o seu valor frente a outras opções possíveis.

Sobre essas bases de equilíbrio entre poderes se sustentam as modernas sociedades democráticas e destinam ao insucesso visões minimalistas de enxergar governos apenas como empresas, que olvidam a lógica política de mediação de forças, com atores múltiplos, e que o produto e o cliente são de difícil mensuração e identificação, sem desconsiderar, por óbvio, que temos muito a aprender com a gestão privada, com as necessárias adaptações.

O fato é que esses mecanismos de equilíbrio, na prática, não nos afastam totalmente dos problemas de corrupção e de abuso de poder, ainda que nos forneçam espaços de luta, de interação formal na conquista de direitos, onde cabem os conselhos, partidos políticos, promotorias, defensorias, organizações não governamentais (ONGs), movimentos sociais e legisladores. Templos de lutas e alianças, distantes do tempo no qual o rei não errava e que o cidadão dava lugar ao servo.

É necessário, no entanto, algo mais do que apenas órgãos em luta. E essa necessidade de interação entre o institucional-burocrático e o popular também foi prevista por O'Donnell, quando trata da chamada *accountability* vertical como forma de controle do Estado pelas ações dos cidadãos e seus diversos segmentos, seja pelo voto, seja pelo chamado controle social, entendida essa *accountability* vertical como indispensável para o sucesso da sua dimensão horizontal, em uma valorosa sinergia. Ou achamos que somente a estrutura burocrática dará conta de nossas questões?

Assim, fortalece-se a discussão da chamada democracia participativa, que complementa, em tempos de tecnologia e complexidade da ação estatal, a interação necessária com a democracia representativa, prevenindo os problemas de agência, oriundos da assimetria da informação, impedindo que o agente (governantes) fuja dos objetivos do principal (sociedade), ainda que, na prática, essa interação ainda esteja engatinhando.

Esse equilíbrio de poderes, entretanto, como já percebido por O'Donnell na exaltação da dimensão vertical, é frágil, como a busca de mercados perfeitos que se equilibram. Bebendo das ideias de Marx (1818-1883) e de Gramsci (1891-1937), enxergamos essas instituições de representação como espaços de conflito e cooperação, de grupos econômicos, de interesses que atuam de forma coercitiva e ideológica, em diversos formatos, com capturas e avanços, discursos e cooptações, na busca de se acomodarem demandas e poderes.

Nesse frágil tecido de relações, constroem-se as alianças, travam-se as lutas e tentam subsistir regras, direitos e mecanismos de *accountability*, em uma bruta pajelança que passa ao largo do mundo positivista de coisas absolutas e equilibradas. É nessa selva que transitamos desde sempre, na busca de uma vida melhor, que tem ocorrido, bastando olhar os livros de história.

Assim, longe de grandezas absolutas, a luta da democracia se faz no cotidiano, entre o formal dos representantes e o informal das nossas representações, para que se cumpra a lei, para que se garanta o direito, para que o conflito seja mediado e que as desigualdades sejam mitigadas, sem perder de vista o mérito e a emancipação. Uma vida melhor para todos é o ideal programático da democracia. Difícil, no entanto, é definir o quanto melhor é suficiente e o melhor para quem.

Essa sociedade mais próspera e menos desigual, ainda que seja algo inatingível na sua essência, é possível por meio de avanços. Como disse de forma magistral Simon Schwartzman no livro *Bases do autoritarismo brasileiro*,[14] é preciso tornar menos burocrática, autoritária e clientelística a ação do Estado, assim como é necessário tornar menos privatista e conservadora a política representativa, relacionando esta a interesses mais gerais do Estado, e não à lógica dos interesses particulares de grupos privilegiados.

Para tal, faz-se necessário um conceito que pode parecer um chavão, mas que é essencial: o amadurecimento político. Não tem solução mágica. Esse processo de crescimento nessa dimensão passa pelo incremento da participação social, da transparência, da avaliação da gestão pública, da qualidade de serviços, da defesa dos direitos sociais e da promoção da Educação, medidas fundamentais para uma sociedade democrática e que ainda estamos tateando por meio de leis e práticas.

Concluímos com um fecho clássico, mas que nos faz refletir sobre a nossa distância desse amadurecimento. Falo do poema de Bertold Brecht, *O analfabeto político*, que nos instiga quando diz: "O pior analfabeto é o analfabeto político". A demonização da política, a sua desconsideração como mecanismo de coordenação da ação humana, é tão ruim quanto as coisas lamentáveis que se fazem em nome dessa função.

---

[14] SCHWARTZMAN, Simon. *Bases do autoritarismo brasileiro*. 3. ed. Rio de Janeiro: Campus, 1988.

Artigo original redigido em 2016.

Box síntese:

A ideia de accountability, liberal, implica em um constante equilíbrio de forças e a divisão de poder como princípio, criando instâncias horizontais e verticais que são campos de luta, espaços que, para serem ocupados, necessitam de um amadurecimento político que valorize essas relações estatais e a importância desses atores.

2.10 A sociedade que desejamos é possível sem *accountability*?

Passado mais um período eleitoral, curamo-nos da ressaca da (boa) discussão política, dos conceitos que imperam na reflexão mais elaborada da vida pública, tópicos como eficiência, participação, corrupção, gestão pública, formas de participação, liberdade, igualdade e tantas outras questões que se debatem em dilemas, atormentando a vida política dos cidadãos do mundo desde a Grécia antiga, nessa nossa tentativa de organizar a vida coletiva, os poderes, as potencialidades e a vontade de se ter uma sociedade justa, ainda que o homem insista em bagunçar todo esse coreto.

Por uma questão de coerência, refiro-me ao bom, mas raro debate político amadurecido – pois, infelizmente, ainda observamos uma discussão empobrecida no que tange à política, presa a aspectos da vida privada, questões comezinhas e que, após uma grande apoteose na eleição, volta à sua gaveta mágica, substituída novamente pelas telenovelas, futebol, mexericos e tantos assuntos que palpitam a vida nacional, patenteando a nossa grande fragilidade nesse quesito, impedindo voos mais altos como nação. Basta ler os comentários dos *sites* jornalísticos para reforçar essa ideia.

Entretanto, da boa discussão política, de todos esses temas citados, programáticos, que embalam os anseios sobre o futuro de nosso promissor país, ainda continua fora da pauta uma ideia central para uma sociedade democrática moderna: a *accountability*.

Estrangeirismo que optamos por não traduzir, em um *glamour* que talvez contribua para sua pouca disseminação, a ideia da *accountability* significa, em linhas resumidas, o dever de prestar contas e a responsabilização dos governantes perante a população. Indica que a sociedade deve ter mecanismos que permitam, em relação aos delegados da vontade coletiva, a identificação e o acompanhamento da atuação desses prepostos para que estes possam ser responsabilizados no processo eleitoral e em outras instâncias pelos seus sucessos e fracassos, impedindo que se escondam em meio ao emaranhado de normas e atribuições.

A ideia de *accountability* se relaciona, então, a um conceito liberal de proteção do indivíduo contra o Estado, de forma que se faz necessário manter as instituições responsáveis pelo seu desempenho, com o controle mútuo dos atores, para que sejam os representantes defensores do bem comum e dos anseios coletivos.[15] Autores clássicos sobre o assunto, como Guillermo O'Donnell,[16] apontam a existência de um eixo horizontal da *accountability*, pela interação com outros órgãos e agências estatais, e um eixo vertical, pela interação da população com o governo, pelo voto ou, ainda, pelas ações definidas como controle social.

Para esse citado autor, a *accountability* horizontal dá-se pela existência de agências estatais que têm o direito, o poder legal, e que estão, de fato, dispostas a realizar a supervisão dos órgãos, adotando, inclusive, sanções legais para garantir esse objetivo. Incluem-se nessas agências também os órgãos internos, dentro do próprio poder, além de outros externos, no desenho de pesos e contrapesos idealizado por Montesquieu e adotado até hoje.

A dimensão vertical se faz na interação com os administrados, seja no momento do voto, seja pela interação junto aos movimentos sociais, denúncias e na provocação formal dos órgãos vinculados à dimensão horizontal para que eles atuem de maneira própria e com mais efetividade.

O que parece ser um desenho oneroso foi o que encontramos como civilização capitalista ocidental para, em um ambiente democrático, controlar poderes, abusos, *corporations*, na garantia de um Estado que reduza a desigualdade, proporcione serviços públicos de qualidade e que regule as relações de forma justa. Ainda assim, padecemos de coalizões no jogo político moderno de todas as nações que frustram esse modelo, fazendo com que os prepostos ajam em benefício próprio, alheios às ações horizontais e verticais, resistentes à prestação de contas e à ideia de responsabilização, na preponderância de interesses econômicos diante de questões políticas.

Desse modo, pode se ter, por exemplo, no federalismo de cooperação, de responsabilidades comuns entre os entes, na hora dos sucessos,

---

[15] PESSANHA, Charles Freitas. Accountability e controle externo no Brasil e na Argentina. *In*: GOMES, Ângela de Castro (Coord.). *Direitos e Cidadania*: justiça, poder e mídia. Rio de Janeiro: FGV Editora, 2007. p. 139-167.

[16] O'DONNELL, Guillermo. Accountability Horizontal e Novas Poliarquias. *Lua Nova*, São Paulo, n. 44, 1998.

uma maximização da paternidade, que pode se transformar em evasivas no momento do escândalo. Da mesma forma, a participação social pode se ver encilhada pela supremacia da democracia representativa, em um processo que sujeita a escolha à oferta de candidatos disponíveis. O poder, em suas diversas manifestações, pela sua natureza, vai tentar encontrar formas de burlar os mecanismos de sua mitigação em relação aos anseios coletivos. É a famosa briga do rochedo contra o mar.

Esse é o dilema político moderno das sociedades democráticas. Vivemos uma crise desse modelo representativo, engolido pela complexidade de forças e relações regadas de múltiplos atores e formas de se comunicar. A burocracia, o *gaming* de atores econômicos, políticos e geopolíticos, faz com que esse sistema oneroso de controles mútuos apresente episódios de fracasso retumbante, que nos conduzem a um vazio paradigmático no contexto da ciência política.

Paira, então, no ar a pergunta título do presente artigo: a sociedade que desejamos é possível sem *accountability*? Bem, acredito que o problema não resida na *accountability* em si, mas, sim, na necessidade de esta reinventar, buscando incorporar uma melhor interação entre as suas dimensões verticais e horizontais.

Sim, pois a realidade do mundo nos mostra que apenas a ação de poderes se controlando entre si não é o suficiente. Falamos de um mundo de poderes políticos que são objeto de captura por grandes interesses econômicos. Como saída em curto prazo, percebe-se a necessidade de o cidadão fortalecer a sua dimensão participativa, de envolvimento com as questões coletivas, de acompanhamento cotidiano de seus mandatários. Para isso, ele conta com dois recentes e poderosos aliados: a valorização da transparência e a democratização do acesso à tecnologia da informação.

Hoje, o cidadão pode pesquisar e construir informação. E ainda que exista muita inverdade na internet, as múltiplas fontes permitem ao cidadão analisar dados públicos e confrontá-los com a realidade vivenciada. Isso o fortalece no seu processo avaliativo em relação a governos e seus agentes.

Impossível responsabilizar, formar opinião sem conhecer o que é feito pelos governos. Aí, entram em campo discussões modernas que se somam a essa, no fortalecimento da comunicação social dos governos e nos avanços nos processos macroavaliativos, na busca dos próprios governos procurarem, para si e para a população, diagnósticos que permitam expressar uma opinião sobre suas ações, opiniões estas que balizam, inclusive, processos eleitorais. Entre transparências e informações disponibilizadas, o cidadão pode, com o auxílio da imprensa, de movimentos sociais organizados, do sistema partidário, construir um processo de responsabilização de seus prepostos.

Para tanto, faz-se necessário um avanço no patamar da discussão política. Quando vejo um programa de governo sendo discutido em uma campanha eleitoral, ali vejo um avanço. A discussão avaliativa deve entrar na pauta para o fortalecimento da democracia, estendendo-se, inclusive, a atuação de poderes que não se submetem ao processo eleitoral. A população precisa amadurecer no processo político de identificar avanços, sucessos, suas causas e, ainda, ter mecanismos próprios de verificação dessas informações para, assim, abastecer os mecanismos horizontais de atuação, no fortalecimento de um jogo político de qualidade.

A *accountability*, então, necessita de uma dimensão vertical pujante, que conte com incrementos no campo da transparência e do fortalecimento de uma cultura avaliativa pública, com um indispensável amadurecimento político dos atores. Assim, é possível a sociedade que desejamos, reduzida a corrupção, com serviços que atendam às necessidades da população beneficiária e com a mitigação de abusos e aviltantes desequilíbrios.

Trilhamos bons caminhos, mas, para que se concretize a sociedade desejada, a discussão da educação é, por fim, chamada à mesa, como aquela que forme, sim, o bom profissional, que gerará riqueza, mas que também produza o bom cidadão, que redundará em uma vida de qualidade para todos. O desafio está posto para a nossa e para as futuras gerações!

Artigo original redigido em 2015.

Box síntese:

Accountability é um conceito liberal de proteção do indivíduo contra o Estado, de forma que se faz necessário manter as instituições responsáveis pelo seu desempenho, e a sua reinvenção, necessária no século XXI, precisa centrar na interação da dimensão horizontal, de órgãos especializados, com a dimensão vertical, da participação popular, como fonte de sinergia dessas dimensões, essenciais em um ambiente democrático.

2.11 Se não presta, não presta

Vai chegando o final do ano, encerra-se mais um ciclo e nos vemos às voltas, mais uma vez, com a questão da prestação de contas. Uma situação comum à vida de todo gestor, envolta de ideias pré-concebidas e preconceitos e que será objeto de reflexão nas breves linhas deste artigo.

I Prestação de contas

A ideia de se prestarem contas não é nova. A Bíblia, livro maior dos cristãos, já mostrava, no Novo Testamento (Mt: 25), o Senhor da Vida pedindo informações sobre as providências adotadas em relação às moedas recebidas, na famosa Parábola dos Talentos. A Declaração dos Direitos do Homem e do Cidadão, de 1789, documento basilar da Revolução Francesa, já asseverava que "(...) todos os cidadãos têm direito de verificar, por si ou pelos seus representantes, da necessidade da contribuição pública, de consenti-la livremente, de observar o seu emprego e de lhe fixar a repartição, a coleta, a cobrança e a duração". E ainda que "(...) a sociedade tem o direito de pedir contas a todo agente público pela sua administração".

A Constituição Federal de 1988 indica o dever de prestar contas de forma límpida, no parágrafo único do art. 70: "Prestará contas qualquer pessoa física ou jurídica, pública ou privada, que utilize, arrecade, guarde, gerencie ou administre dinheiros, bens e valores públicos ou pelos quais a União responda, ou que, em nome desta, assuma obrigações de natureza pecuniária". Desde a Constituição de 1891, inclusive, todas as Cartas Magnas brasileiras preveem, de alguma forma, a prestação de contas dos recursos públicos.

O que seria, então, prestar contas? Bem, dentro dos sistemas administrativos diversos, as limitações humanas na execução das tarefas atribuídas nos forçam a delegarmos a execução das tarefas, com graus de autonomia diversos concedidos aos executores. Esses prepostos agem em nome do responsável pela tarefa primária, dividida agora em várias subtarefas. Após um período de tempo, esses executores devem prestar contas do que fizeram com os recursos recebidos, demonstrando que realizaram o acordado.

É uma discussão de poder, de submissão a um ordenamento, demonstrado pelo ato de provar o seu fiel cumprimento, mas também é uma discussão contratual, sinalagmática, de adimplemento de uma parte de um acordo. Dessa demonstração da exatidão do cumprimento deriva a ideia de prestar contas que devem "fechar", pois o uso de cálculos permite que seja aferido o recebido, as ações e os resultados, em uma estrutura aritmética de igualdade simples.

Receber a delegação de outrem é para cumprir uma finalidade maior, o que não ocorre por conta, às vezes, da preguiça, de interesses privados, de razões conjunturais, de fenômenos aleatórios e, ainda, pela intercessão de outros interessados. Entretanto, apesar dessas causas listadas, deve-se ter em mente que prestar contas é diferente de ser culpabilizado. Pelo contrário, é um instrumento que resguarda o agente delegado, certificando que ele, formalmente, cumpriu o seu dever e em que medida.

De forma costumeira, prestar contas é um ato voluntário, um dever já pré-agendado no momento da delegação. Caso não preste contas, a autoridade delegante poderá tomar as contas, avaliando, de forma compulsória, o que foi feito e responsabilizando quem de direito a reparar o não executado. Por isso, existe a figura do rol de responsáveis, que delimita o alcance e a individualização dos responsáveis por prestar contas.

Da mesma forma, a prestação de contas exige *expertise*, seja de quem demonstra a realização do que foi feito, seja da parte de quem analisa, para concluir que realmente a obrigação está atendida. É também um processo de comunicação no qual o recebedor de recursos informa o que foi feito dos recursos recebidos a quem o concedeu.

Na gestão pública ou privada, prestamos contas cotidianamente, pois sempre existem as relações de poder e de delegação, ainda que, no setor público, esses delegantes sejam menos individualizados, dado que se encontram na sociedade e seus diversos segmentos. Peter Drucker, na sua sabedoria, dizia que, em relação ao fundo público, se não houvesse os processos e os formulários, seríamos condenados à pilhagem sistemática. Tal sentença de tão celebre pensador reforça o valor dos mecanismos burocráticos nessa tarefa de prestar contas, na busca de se identificarem, registrarem e formalizarem os atos, ainda que o enfoque dado a esse processo de agrupamento de informações seja muitas vezes débil para inibir desvios e identificar fragilidades por ter uma visão puramente documental, ensimesmada, no aspecto negativo da burocracia.

II A finalidade de se prestarem contas

A finalidade de se prestarem contas é demonstrar à autoridade delegante que os objetivos propostos foram cumpridos (resultados) e que esses processos guardaram adequação (conformidade) com as regras e princípios estabelecidos em um contexto mais amplo. Afinal, se o recebedor de recursos descumpre as normas e princípios, sua gestão terá consequências reflexas para todo o sistema, dentro do aspecto funcional do princípio da legalidade.

As contas, então, são prestadas a alguém, que analisa o apresentado à luz da conformidade e dos resultados, emitindo uma opinião, que certifica as contas, determinando providências corretivas, preventivas e até punitivas. Isso porque a delegação de hoje será substituída por outra amanhã, com outro ator, e as informações obtidas no processo de prestação de contas servem para melhorar os processos e até excluir do sistema os agentes que a ele não se adequam.

A finalidade da elaboração do processo de prestação de contas deve se focar na possibilidade dos dados ali apresentados servirem para o destinatário dessas informações concluir pelo cumprimento dos resultados e adequação dos processos, e ainda permitir que os erros detectados sejam computados em ações corretivas e que, de forma preventiva, atuem sobre a gestão, tornando-a mais eficaz e eficiente, atuando sobre o sistema.

Da mesma forma, o gestor, ao construir o seu processo de contas, efetua uma recapitulação de atos e fatos, conduzindo-o a uma reflexão que permita a sua autoavaliação da gestão, sopesando erros e acertos, na construção da melhoria contínua.

Não pode ser deixado de citar também que o processo de prestar contas, no que tange a recursos públicos, é um instrumento de transparência e de consequente indução do controle social, precisando, para isso, ser construído de forma inteligível para a população para que reverta em informações que ajudem a avaliação daquela gestão por um público leigo, permitindo a esse concluir pela qualidade dos serviços prestados e, ainda, que identifique como interagir na melhoria dos processos e na vigilância dos seus prepostos.

Essa discussão serve para ilustrar que prestar contas não é um listar de documentos sem sentido, um agrupamento de papéis que, por vezes, necessitam de um carrinho para o seu transporte. O papel pode conter muita informação inútil ou, ainda, que não permite a análise. Por vezes, o papel pouco prova da veracidade dos atos e fatos, tendo uma função remota e assíncrona, que pouco auxilia para avaliar os resultados e a conformidade daquela parceria.

Prestar contas é dizer o que estamos fazendo e como estamos fazendo, o que pode se dar de forma cotidiana ou em ciclos para fins operacionais. A prestação de contas tem um caráter mais relevante do que a transparência, a partir do momento em que ela transcende a disponibilização de informações, constando desta a explicação do que foi feito na gestão, o como e o porquê, focado no receptor dessa mensagem. Isso é bem diferente de apenas um amontoado de dados organizado em papéis.

O uso de ferramentas de tecnologia da informação, em especial na transferência de recursos para diversos atores em diversos locais, possibilita a simplificação das prestações de contas e, ainda, a identificação de fragilidades que podem ser mapeadas e revertidas em ações que promovam a melhoria global da gestão. Para tanto, faz-se necessário o desenvolvimento de metodologias e processos, seja do lado de quem presta contas, seja do lado de quem analisa as contas, que permitam identificar o que realmente é relevante e como deve ser sua análise com o propósito de obter informação útil e que propicie a melhoria do processo.

O uso de fotografias, georreferenciamento, cruzamento de dados informados com fontes externas e outros bancos de dados e, ainda, a avaliação *in loco* mediante um critério de riscos são algumas práticas pioneiras que permitem transcender a ideia de prestar contas de um amontoado de processos para uma metodologia que permita que a certificação ocorra com o mínimo de custos e o máximo de efetividade pela ótica do analisador das contas, contribuindo, de forma concomitante, com a produção de informações gerenciais que melhorem a gestão a partir do processo de contas.

III Prestar contas – um exercício democrático

O gestor de recursos públicos, de modo geral, não gosta de prestar contas. Diz que é burocrático, que atrapalha e que para nada serve. Por outro lado, herdamos de nossos antecessores portugueses essa ideia cartorial, de se registrar tudo, o que faz de os modelos de prestação de contas serem focados na informação, e não no uso que vai ser dado a essa informação. O foco é no receptor das informações e por que elas são produzidas. Fugir disso é cair em um emaranhado de informações desconexas.

É preciso, entretanto, desenvolver tecnologias e procedimentos que aperfeiçoem a prestação de contas de recursos públicos, atribuindo a esses processos um sentido estratégico, de aferição de resultados e produção de *feedbacks* para a melhoria contínua e, ainda, como oportunidade de autocontrole, de reflexão do gestor sobre a sua prática.

A democracia não prescinde da prestação de contas como mecanismo de informação ao povo, titular do poder, do cumprimento dos objetivos pactuados nos programas de governo constantes do orçamento e de responsabilização dos acertos e dos erros, dentro do contexto da *accountability*.

Delegação sem prestar contas não presta a um gasto de qualidade. Não basta apenas aos delegadores distribuir recursos e estabelecer normas, mas, sim, atuar no acompanhamento que culmina com a prestação de contas, contribuindo para o atingimento das finalidades, no mundo real. Delegar é uma arte, e a prestação de contas é uma ferramenta essencial nesse sentido.

A prestação de contas na administração pública se faz em vários momentos, seja nas contas anuais dos administradores julgados pelos tribunais de contas, seja nas contas do presidente da República, as chamadas contas de governo, ou ainda nas descentralizações de recursos de um ente para o outro, nas ações em parceria no contexto federativo, nos chamados convênios e em outros instrumentos congêneres.

Em todas essas situações e em outras que existirem a delegação, as reflexões aqui apresentadas nos fazem ver a prestação de contas como algo além de uma formalidade. É, de fato, um instrumento valioso da gestão que pode e deve ser bem utilizado, sabendo separar o joio do trigo do que é uma maneira de simplificar e otimizar esse processo ou torná-lo um mero aglomerado de informações a onerar o sistema e sem contribuir para a sua melhoria.

Artigo original redigido em 2013.

Box síntese:

O ato de prestar contas decorre da delegação de tarefas e necessita estar focado não no processo em si, mas, sim, naqueles para quem se deseja demonstrar a fiel execução do combinado e as possíveis medidas corretivas necessárias.

2.12 Digressões sobre a denúncia: útil, mas um tanto arriscado

Os jornais timidamente noticiaram, em meados de março de 2013, a condenação a reclusão do ex-prefeito de um município alagoano pelo 2º Tribunal do Júri de Maceió por conta do assassinato do professor Paulo Bandeira em 2003, crime motivado pelo fato de Paulo ter denunciado desvios de recursos do Fundo Nacional de Valorização e Desenvolvimento do Ensino Fundamental (Fundef) durante a administração do ex-prefeito condenado.

Esse fato, longe de ser isolado, revela uma triste realidade de nosso país: as ações violentas contra mártires anônimos e conhecidos da luta por direitos sociais no combate à corrupção. Denunciar, trazer a lume desvios, encaminhando-os às autoridades competentes, constitui, em muitos casos, uma situação arriscada, transformando o indignado denunciante em um "cabra" marcado para morrer.

O aumento da transparência, a universalização do acesso à internet, o fortalecimento institucional e operacional dos órgãos de controle, a consolidação de nosso processo democrático... esses e outros fatores contribuem para o aumento do uso da denúncia como ferramenta dos cidadãos para que as irregularidades cheguem ao conhecimento das autoridades, tornando-se às vezes um desabafo diante de situações crônicas de ineficiência e de desvio de recursos públicos.

Assim, o tema da denúncia merece algumas reflexões específicas, que podem ser úteis aos cidadãos, mas também aos gestores públicos e agentes de órgãos de controle, ao Ministério Público e, ainda, à imprensa. Reflexões que podem permitir melhor aproveitamento desse instrumento tão antigo quanto o Estado e que podem permitir o aprimoramento da gestão pública, se bem utilizado.

1) *Denúncia anônima*: decisão do Supremo Tribunal Federal (STF) de 2003, em julgamento de mandado de segurança, declarou a inconstitucionalidade de dispositivo do regimento interno do Tribunal de Contas da União (TCU), que permite o sigilo do autor de denúncias contra servidores públicos. Essa decisão,

na prática, rompeu o sigilo dos denunciantes na busca de proteger o direito de contraditório e ampla defesa. Decisões do Supremo Tribunal de Justiça (STJ) e do STF corroboram a impossibilidade de se promoverem investigações unicamente baseadas em informações anônimas. Em um país como o nosso, de democracia em amadurecimento, essa decisão decenária pode enfraquecer a atuação dos órgãos de defesa do Estado diante de detentores de informações valiosas e que tenham receio de revelá-las por temerem pela própria integridade. Obviamente que o denuncismo com o intuito de prejudicar pessoas públicas é um ato danoso, mas o silêncio diante dos desvios tem consequências funestas para o tecido social. Na prática, muitas informações anônimas não apuradas corretamente são objeto de difamação de pessoas públicas no reino soberano da internet. Formalmente, contudo, se veem impossibilitadas de apuração.

2) *Cultura da entregação*: nosso país, talvez por conta de um longo e doloroso processo de escravidão, carrega de maneira marcante uma cultura de condenar a denúncia como se fosse uma traição, na alcunha do alcaguete, X-9, louvada nas músicas do saudoso Bezerra da Silva. Essa cultura antissistema diminui a legitimidade e a aceitação social da denúncia, o que enfraquece a adesão a esse poderoso instrumento democrático, que possibilita que a luz fure o nevoeiro e revele situações que prejudicam os serviços e a qualidade de vida da população.

3) *Risco no processamento*: à medida que alguém se dispõe a denunciar qualquer irregularidade, essa pessoa, de alguma forma, se expõe, buscando a ajuda de uma autoridade na esperança de ver a resolução da situação apontada. Por mais que o denunciante se proteja, mormente na era da internet, existe sempre o risco de sua identificação de maneira informal. Quem lida com denúncias deve ter em mente o cuidado necessário na preservação da identidade do denunciante dentro dos limites da legalidade, evitando dissabores e malentendidos.

4) *Motivação da denúncia*: por envolver um risco inerente, a denúncia necessita de uma forte motivação. Obviamente, o altruísmo e o desejo cidadão de melhorar a comunidade são dois motivos dos denunciantes, mas não podemos nos esquecer de que muitas denúncias são oriundas de questões pessoais, da ex-mulher, do ex-sócio, do ex-comparsa ou,

ainda, de algum beneficiário de negociatas insatisfeito e se sentindo lesado pelos companheiros. Apesar desse painel policialesco, o histórico jornalístico dos escândalos de corrupção corrobora esse quadro, o que não invalida as verdades denunciadas, demandando apenas cuidado na interpretação destas.

5) *Custo da apuração*: uma denúncia gera, em tese, a necessidade de apuração que tenha como resultado ações corretivas ou punitivas. Entretanto, a apuração tem um custo operacional e, às vezes, redunda em denúncias não confirmadas. Tênue distância entre uma informação falsa, um trote e algo extremamente relevante. Isso demanda um grande *feeling* no processo de triagem de denúncias, separando o joio do trigo, de modo a aplicar as forças de apuração da melhor maneira possível.

6) *Parte de um todo*: a denúncia não vale somente pela sua informação individual. Ela é parte de um todo, a ponta de um *iceberg* no sistema e que revela falhas estruturantes. Assim, a análise de grande massa de denúncias pode revelar informações sobre fragilidades na estrutura de programas ou bases territoriais que podem nortear ações de grande vulto. Muitos esquemas de corrupção foram revelados por análises de múltiplas informações que, uma vez organizadas, revelavam ações criminosas de determinada tipologia.

7) *A arte de denunciar*: denunciar é uma arte. Para uma boa denúncia, é preciso se colocar no lugar de quem vai processar a denúncia e saber que informações ele necessita. Não adianta colocar na denúncia algo do tipo "estão roubando muito no município X". É preciso que a denúncia forneça elementos mínimos que caracterizem a irregularidade, os agentes que lhe deram causa, bem como o espaço e o tempo envolvidos.

8) *A denúncia na era da informação*: o fato de se poder fazer uma denúncia com o apertar de um botão pode gerar a banalização desta, demandando mecanismos que orientem os denunciantes sobre aquele processo e, ainda, que permitam uma segregação temática que facilite o processo de triagem.

9) *Denúncia como norteadora da gestão*: a denúncia pode ser vista como um *feedback*, uma informação que pode nortear a ação do gestor no aprimoramento das suas ações, em especial ações que envolvam grande número de beneficiários e grande base territorial. A denúncia pode ainda ser um farol a guiar os órgãos de controle, em especial em um viés corretivo.

Para isso, é preciso que a administração pública enxergue o potencial estratégico das denúncias como fonte valiosa de informação sobre a percepção do beneficiário final sobre a atuação do governo.

10) *Fonte de credibilidade*: responder ao denunciante, informando o recebimento da denúncia, as providências adotadas (ou a adotar), é uma grande fonte de credibilidade da gestão pública. Assim como o cliente que reclama os serviços deseja uma satisfação, o cidadão deseja informações sobre a sua demanda. É muito comum, em nosso país, a denúncia múltipla, na qual o cidadão envia a mesma denúncia a diversos órgãos, na esperança que algum lhe atenda, revelando uma descrença nas instituições.

Essas breves reflexões mostram que a denúncia pode ser um instrumento valioso da sociedade democrática, no combate a desvios, aos serviços públicos sofríveis ou a organizações criminosas que se locupletam em detrimento da coisa pública, além de possibilitar a melhoria da gestão pública, como retroalimentador da materialização das políticas públicas.

Isso não isenta a denúncia de seu aspecto negativo, na manipulação pelos interesses individuais, das informações desencontradas e, ainda, da difamação de inocentes, no famoso linchamento moral.

Nesse contexto, há que se pesarem os benefícios e os riscos da utilização desse instrumento quanto ao seu uso e abuso como arma, por vezes única, do cidadão prejudicado. A denúncia merece nosso respeito e atenção, ainda que seja apenas em memória daqueles que tombaram em seu uso.

Artigo original redigido em 2013.

Box síntese:

A denúncia é essencial ao aprimoramento do controle dos recursos, mas traz riscos de integridade aos denunciantes. O sigilo no processamento, a análise das motivações, a contextualização das informações, tudo isso feito de forma menos onerosa, são elementos para trazer o processamento de denúncias a um patamar estratégico no processo de accountability.

3
CONTROLES INTERNOS E GESTÃO DE RISCOS

3.1 Santa Maria: a velha questão (esquecida) dos riscos

Aquela manhã chuvosa de domingo não foi povoada por desenhos animados, programas religiosos ou esportivos. Naquele dia chuvoso, a alvorada dominical deixou o país mais uma vez atônito pela morte de mais de 200 estudantes universitários por conta de um incêndio ocorrido em uma boate durante um *show*, no município de Santa Maria (RS). Distantes ou próximos, importa-nos, diante desse fato que ainda ressoa pelas mentes e palavras, reflexões cruciais sobre o futuro, seja de Santa Maria, seja da nossa vizinhança.

O fato lamentável, que causa em todos tristeza e consternação, alimenta o noticiário de opiniões de especialistas e de números que, em breve, serão esquecidos pela imposição de outras situações, de dor ou de júbilo, como ocorreu no desabamento de um prédio no centro do Rio de Janeiro, no início de 2013. O número que recordo ao ver uma situação dessas é que a maioria dos incêndios é extinta nos primeiros cinco minutos e que a grande minoria perdura por horas, reforçando a importância do combate inicial. O combate inicial necessita, todavia, de uma questão que será esquecida em toda essa discussão nacional focada no problema, e não na solução sobre o sinistro: a gestão de riscos.

Sim, a boa e velha gestão de riscos. Aquela que nos assevera que um acidente é uma soma de incidentes, uma série de descuidos que colapsam em situações desastrosas. No Brasil, nós temos um problema cultural na gestão de riscos, na capacidade de analisar contextos, identificar possibilidades de falhas e de implementar soluções razoáveis e pouco onerosas de mitigação dessas mesmas falhas. Após o ocorrido, falamos de culpados, mas aprendemos pouco sobre o aspecto preventivo, sobre o que deve ser feito no cotidiano para evitar os desastres da mesma natureza. Se vamos utilizar inflamáveis, aumenta-se o risco, e necessitamos de um extintor por perto com alguém habilitado. Parece simples, mas são medidas que exigem uma conscientização do problema ainda distante.

Gerenciar riscos não é temer tudo, trancar-se dentro de casa e de lá não sair. Trata-se de uma postura de análise de estruturas a partir do que já ocorreu em situações similares e dos potenciais de ocorrência customizados naquela mesma estrutura. Identificados os riscos, promovemos respostas que não tenham um custo proibitivo e que tenham uma eficiência razoável. Por isso, nossos cinemas têm saídas de emergência, extintores, mangueiras e passam antes de cada sessão um filminho educativo orientando sobre o que fazer em caso de sinistros. Medidas simples que foram internalizadas por poucos setores, mas que redundam em benefícios pouco quantificáveis no resultado pelo mal que não ocorreu.

A busca pela pseudoeficiência, por fazer mais e a menor custo, pode ser um entrave para as regras preventivas, taxadas de burocráticas ou alarmistas. Ousados, intrépidos, mas às vezes negligentes. Eis o desafio de ponderar a necessidade de se fazerem coisas com a prevenção das incertezas, desafio que se apresenta em cada situação de forma diferente. Na prática, após arrombada a porta, compramos um cadeado maior que o necessário, carregados pelo medo e pouco pela racionalidade.

O medo gera a supervalorização do risco. Após esse ocorrido, nos lembraremos de verificar o extintor de nosso andar no trabalho, de qual foi a última vez em que o bombeiro inspecionou nosso prédio, faremos algum investimento de modo a reforçar nossos mecanismos preventivos. É nosso, do ser humano, reagir com medo aos desastres, como ocorreu com a forma com que encaramos o translado aéreo após os atentados de 11 de setembro ou a energia nuclear após o desastre de Fukushima. Na era da comunicação instantânea, a informação alimenta medo, ainda que de forma efêmera. Entretanto, a situação demanda de nós mais um pouco. Exige-nos atuar sobre o sistema, sobre a educação das pessoas em relação ao imprevisto provável.

Onde estão as aulas nas escolas sobre como prevenir incêndios e outros sinistros? Quantas vezes fizemos exercícios de evacuação no ambiente de trabalho? Sabemos realmente utilizar um extintor e como se portar diante de um risco de incêndio? Dado que a fiscalização regular apontou falhas na prevenção de incêndio de um estabelecimento, como tornar isso público aos usuários? Todas essas questões e muitas outras voltam à mesa de discussão diante de um fato lamentável como este e nos remetem ao fortalecimento de uma cultura que transcenda a questão da fatalidade ou da culpabilidade em um acidente dessa monta, resgatando a necessidade de enxergarmos o aprendizado que modifique sistemas e procedimentos.

Investigar momentaneamente nos apontará culpados, mas essas informações necessitam reverter na atuação dos órgãos competentes, na informação às pessoas sobre os riscos de um incêndio em cada ambiente, como ocorre nos cinemas, um exemplo de prevenção que não nos constrange ou causa mal-estar. Descreio que seja apenas um problema de mudar leis ou aumentar a fiscalização. Existe uma questão de as pessoas comuns identificarem as situações mínimas de segurança necessárias em um local de sua frequência, como já internalizamos no uso de cintos de segurança ou na higiene nos alimentos que consumimos fora de casa. Uma mudança de cultura!

Como mudar a cultura de uma comunidade? Fatos graves, como o citado incêndio no Rio Grande do Sul, chamam a atenção e possibilitam melhor absorção de informações. Aí temos os meios clássicos: campanhas publicitárias, reportagens na televisão, ação em sala de aula, produção de livros e cartilhas. Mecanismos simples, mas que poderão atuar sobre o elemento humano na sedimentação de uma cultura preventiva em relação a incêndios, em casa, no trabalho e no lazer. A mudança cultural é de difícil mensuração por prevenir o que não aconteceu, mas nem por isso é menos necessária.

Como um filme de cinema-catástrofe, terminou aquele domingo de números e especialistas, de hipóteses e suposições. Dormimos um pouco mais tristes e assustados. No nosso íntimo, buscaremos pensar nos que perderam a vida e naqueles sofridos familiares. Vozes clamarão por justiça, relembraremos desastres similares. Entretanto, a vida nos pede um pouco mais nesse momento. Necessitamos de uma reflexão sobre o sistema, sobre como abordamos a questão do fogo e seus riscos, pensando no futuro de uma forma corajosa e madura, para que as ocorrências que agora nos trazem lágrimas sejam menos frequentes na concreta valorização da vida.

Artigo original redigido em 2013.

Box síntese:

A cultura de gestão de riscos se sobrepõe à ideia predominante de medo, de culpabilização e, ainda, de ações preventivas apenas após o ocorrido, se preocupando, de forma sistemática, a identificar, avaliar e tratar os principais riscos de uma organização, de forma a melhor protegê-la.

3.2 A consciência de que o risco é dinâmico

Com os avanços do acesso à internet pela população, associado às possibilidades advindas de equipamentos portáteis, a criatividade humana nos brindou com um sem-número de aplicativos, alguns destes voltados para minimizar um dos grandes problemas da vida moderna: a violência urbana.

Dentre esses aplicativos, chamou atenção um que teve recente destaque, desenvolvido por jovens do ensolarado estado do Ceará, que amargou índices de violência elevados na última década. No aplicativo, as vítimas de crimes utilizam o celular ou qualquer outro dispositivo móvel (se ele não foi roubado) para quase em tempo real alimentar esse sistema com a hora e o local do crime.

Dessa forma, de maneira colaborativa, o aplicativo cria um mapa atualizado das ocorrências de crimes em dado território, o que nos fornece informações sobre os riscos que corremos, sacralizando alguns lugares como seguros e demonizando outros como perigosos, servindo de referência segura aos notívagos incautos e às moças transeuntes. São perigosos agora por uma questão estatística e não por serem escuros ou próximos aos lugares ditos mal frequentados, constituindo uma nova lógica de percepção da realidade.

Essa salutar ideia de levantamento dinâmico de informações com vistas a fornecer elementos para a mensuração dos riscos, consoante com os recentes conceitos de *big data*, é alvissareira e combina a organização em rede de uma comunidade com a gestão de riscos. Entretanto, essa abordagem não dá conta de todas as questões e inspira algumas precauções.

Lidamos com sistemas de atores ativos, *players*[17] racionais que reagem diante de novas informações disponibilizadas. Assim, os meliantes podem acessar o aplicativo e buscar os locais qualificados como

---

[17] Jogadores.

seguros para encontrar, ali, vítimas desprotegidas e tranquilas na sua sensação de segurança. O local seguro vira uma armadilha.

Similar princípio ocorre quando ouvimos pelo rádio determinada informação sobre o trânsito e mudamos de direção. Acompanhados pelos outros ouvintes da mesma rádio, adotamos um caminho alternativo que, seguido por todos, se converte de solução miraculosa para outro engarrafamento. Deparamo-nos, assim, com o conceito clássico do mercado de ações da informação privilegiada, no chamado efeito manada ou cardume, aliás, reação instintiva para buscar proteção. Quem sabe o que ninguém sabe tem sempre uma vantagem competitiva. Por isso, temos dificuldade em descobrir dos órgãos de segurança, por exemplo, a marca de automóvel mais furtado em determinada região, ainda que, com esses aplicativos, essas e outras informações serão em breve disponibilizadas para todos!

O risco é dinâmico. Transforma-se diante desse jogo de atores, que muda a sua disposição em função do próprio risco divulgado. O que é consensual hoje como perigoso pode já não ser amanhã. É um jogo de interesses construído no cotidiano.

Os centros de governança das organizações necessitam contar com mecanismos que se dediquem a estudar o comportamento dos riscos em determinado ambiente corporativo, buscando os ganhos da antecipação. A teoria dos jogos traz o cabedal teórico dessas interações entre dois oponentes racionais, como no conhecido caso do dilema do prisioneiro, em que os objetivos da contraparte são conhecidos. Mas, para além de modelagens matemáticas, faz-se necessário enxergar a realidade sob esse viés.

E a gestão pública? O que tem a ver com isso? Muito. Mapeamos riscos, mesmo que inconscientemente, em nossas atividades cotidianas de gestão. Protegemos o patrimônio, resguardamos os objetivos organizacionais, velamos pela imagem da casa, tudo isso de acordo com as informações que nos permitiram perceber os riscos daquele ambiente.

O problema reside na fossilização, assim como o banco de praça pintado, com a placa de "não sentar", vai se tornando sagrado e já não sentamos nele sem saber nem o porquê. Prendemo-nos, de forma atávica, aos riscos percebidos em nossa organização sem reciclar a visão, investindo em controles já sem necessidade e deixando passar situações que redundam em prejuízo, gerando o choro sobre o leite derramado. É um grande perigo a gestão trazer o "olhar que se acostuma".

Percebe-se, no entanto, que alguns riscos são mais dinâmicos que outros. Situações que envolvem objetos inanimados, como a prevenção de incêndios e de acidentes domésticos, possibilitam uma aferição mais estática do risco. Navios de guerra têm no canto, ao lado da porta de uma sala, o *kill card*. Trata-se de um *checklist* com as situações geradoras de risco de sinistro daquele compartimento que pouco mudam se mantidas aquelas condições descritas.

Entretanto, na gestão pública, lidamos com situações mais voláteis. A corrupção, o desvio de recursos, envolve *players* racionais que têm muito a ganhar com a atuação irregular e que buscam maximizar o ganho e minimizar a chance de serem detectados. Para tanto, analisam o movimento de instâncias reguladoras, sua forma de agir e fragilidades, construindo a sua estratégia de modo a atuar nas brechas dos sistemas de controle.

As fontes de risco, ou seja, elementos que geram probabilidades de situações que interfiram nos objetivos de nossa organização, pela atuação racional, fazem do risco algo dinâmico. As alterações do ambiente, ainda que motivadas por fatores aleatórios, também trazem dinamismo aos riscos, mas o complicador das fontes racionais é a sua adaptabilidade intencional aos mecanismos de regulação, o que é um fator potencializador.

Diante dessas constatações, na gestão devemos ter em mente que, em relação aos riscos da malversação de recursos, a repetição e a divulgação podem nos levar ao fracasso. A confiança em nossos mecanismos de fiscalização deve levar em conta a adaptação do meio, motivada, às vezes, por régia recompensa. Muitos gestores confiam nas suas verificações de processos seguidos por um critério único e aplicado a todos, o que traz em si a probabilidade de estar albergando ações danosas e não percebidas na nefasta sensação de segurança.

Frases como "isso nunca aconteceu" ou "sempre foi assim" fragilizam a governança da gestão, que deve estar atenta às ameaças internas e do ambiente, evitando as fossilizações. Obviamente, o extremo da perseguição das mutações do risco nos leva a gastar mais recursos do que necessário com o controle. É preciso ter consciência dos riscos a que estamos expostos, de modo geral, e que eles mudam ao sabor do vento e das vontades. Considerar isso em nossos planos é salutar, mas sem ceder à tentação de tentar controlar tudo e todos.

Saudemos com alegria os novos aplicativos que tabulam e mapeiam informações em tempo real. Serão instrumentos valiosos que vão mudar nosso modo de vida, a nossa relação com o Estado e a própria gestão deste. Entretanto, lembremos que esse jogo tem dois lados e que a informação é só um ingrediente dessa guerra.

Artigo original redigido em 2013.

> *Box síntese:*
>
> *Os riscos têm o seu grau de volatilidade, de mudança, em especial pelas suas fontes serem oriundas de agentes racionais, de modo que o processo de identificação e tratamento dos riscos deve ser monitorado de forma constante para verificar o comportamento desses riscos e a efetividade dos tratamentos adotados.*

3.3 Prevenir, remediar ou deixar morrer

O presente artigo pretende analisar a questão da postura dos gestores governamentais em relação aos problemas naturais do cotidiano e quais as implicações de um posicionamento preventivo, preditivo ou corretivo destes para o desenvolvimento de uma gestão eficiente.

I *Mind the gap*

Nos idos de 1996, estive na capital da Inglaterra e observei que, a cada trem do metrô londrino que parava na estação, o sistema de alto-falantes repetia em alto e bom som: "*Mind the gap!*" (em uma tradução contextualizada: "Cuidado com o vão!"). A advertência, destinada a evitar quedas e acidentes no vão entre o vagão e o piso da plataforma, intrigou-me, até porque aqueles dizeres viraram uma grife entre os londrinos, estampada em camisas e mochilas, exibidas com grande orgulho pelos jovens.

Ao procurar saber a origem dessa atitude, soube pelos outros colegas brasileiros de uma lenda urbana, que não logrei confirmar em pesquisa na internet. Tal lenda narrava a história de uma idosa que, ao embarcar no vagão, escorregou e feriu a perna no vão. Indignada, acionou o metrô londrino judicialmente, na busca de uma indenização. O metrô, de forma preventiva, mas também motivado por certa birra, passou então a avisar por placas e por meio de um irritante sistema de som a famosa expressão "*mind the gap*" de forma ininterrupta. Verdade ou não essa versão do fato, o caso nos servirá como uma luva para o nosso estudo.

II Preventivo, corretivo ou preditivo?

A busca pelo homem de gerenciar a incerteza na gestão de suas tarefas levou-o a assumir posturas diversas, vinculadas geralmente ao tempo da atuação em relação à execução, tendo cada uma dessas abordagens as suas peculiaridades. Essa necessidade de enfrentar a incerteza fez com que ele criasse controles, mecanismos de prevenção e de correção das situações inesperadas.

Uma abordagem corretiva busca sanar uma irregularidade na gestão, depois de detectada por um órgão de controle ou pelo próprio gestor. A ação corretiva visa reparar, ressarcir, voltar ao estado natural, no que couber. É pontual, direcionada para aquela situação *per si* e se torna onerosa quando se corrigem várias falhas correlatas no decorrer do tempo. Faz-se pouco efetiva na medida em que alguns atos de gestão geram efeitos irreversíveis ou de difícil reversão.

A postura preventiva ocorre quando se identificam os riscos de um processo, adotando-se, desde o início, medidas mitigadoras do risco que não nos dispomos a aceitar. É uma abordagem sistêmica, voltada para o futuro, e que pode vir a ser onerosa se as medidas adotadas no gerenciamento de risco não forem dosadas.

O conceito de preditivo, herdado da manutenção de equipamentos da engenharia, se refere à criação de um modelo matemático que nos diga em que tempo é necessária a atuação preventiva sobre determinado sistema. Baseia-se na construção de cenários, os quais demandam muita informação para serem confiáveis, ainda mais quando analisamos sistemas complexos, sob pena de o gestor ser enganado pelas previsões e amargar dificuldades onerosas.

O texto chamado *Risk-based auditing* (1997), da autoria de David McNee, aborda os conceitos da auditoria baseada em riscos e nos dá suporte teórico para a visão de que o gerenciamento de riscos não se faz presente somente no momento em que planejamos uma ação administrativa, mas também na execução desta, quando avaliamos se as respostas de riscos são eficazes, evitando controles sobrepostos e ineficazes.

Preventivo, preditivo ou corretivo, de modo geral o gestor atua sobre seus problemas nessas três abordagens, sem refletir muito bem por que usa um ou outro, os ganhos e desvantagens de cada postura. O fato é que a postura dos gestores diante de uma falha merece reflexão, de forma a aproveitar essas oportunidades de melhoria no contexto da eficiência da gestão pública.

III O achado: o presente, o passado e o futuro

Quando algo indesejável ocorre e chega ao conhecimento do gestor (como no caso da queda da idosa no metrô), este, por vezes tomado pela emoção, enche a casa de cadeados após arrombada, sem estudar o sistema de forças por trás dos acontecimentos, repetindo a insistente birra dos ingleses, desperdiçando esforços e engessando o sistema.

Um fato negativo, com efeitos sobre os objetivos da organização, deve ser analisado diante de três dimensões temporais. Olhando o passado, deve-se observar se esse fato compõe um elenco de fatos similares que podem gerar uma tendência comum, indicando um modelo que pode nos ajudar a entender as forças sistêmicas que levaram àquela ocorrência. Na dimensão presente, nos interessa corrigir, cessar os efeitos danosos e reparar o que for possível. Olhando para o futuro, uma falha é uma oportunidade de se estruturarem os controles, as medidas que evitem que aquela situação ocorra novamente, relembrando que os controles devem ser avaliados para que a sua eficácia compense o seu custo e a burocratização.

Sobre os problemas da gestão, a questão é muito mais complexa que a dicotomia prevenir e remediar do adágio popular. O que não pode haver é a omissão, deixar o paciente morrer. É preciso estudar o que houve no contexto e agir de forma eficaz e eficiente. Essa atitude deve ser medida, valorada, na busca de se chegar a controles mais enxutos e efetivos. São remédios para se evitarem estruturas pesadas e ineficientes de controle, surgidas no calor da emoção. Lembremos que, depois do atentado de 11 de setembro de 2001, os EUA mantiveram por um tempo um avião de caça no ar, de prontidão permanentemente, nas cercanias de Nova Iorque. Uma ação onerosa, com um propósito mais simbólico do que efetivo.

Assim, diante de uma falha na gestão, é preciso conter os ânimos e as soluções de impacto e analisar de onde vem a falha, como corrigi-la e que medidas adotar para que ela não ocorra novamente, monitorando a eficácia dessas medidas. O clamor midiático, as soluções famosas de demitir e afastar podem até dar satisfação ao público, mas padecem de efetividade. Da mesma forma, a emotividade, a raiva e a mágoa podem fornecer uma boa vingança, mas péssimas soluções gerenciais. Uma reflexão necessária para contrabalancear o nosso sangue latino, ainda que o exemplo inicial se refira a um povo saxão.

Artigo original redigido em 2012.

Box síntese:

Diante de uma falha na gestão, é preciso conter os ânimos e as soluções de impacto e analisar de onde vem a falha, como corrigi-la e que medidas adotar para que ela não ocorra novamente, monitorando a eficácia dessas medidas.

3.4 Foco no problema ou na solução?

A manchete do jornal indica que uma ação de Tribunal de Contas Estadual permitiu a condenação de dirigente municipal. Ele devolveu vultosa quantia de recursos ao erário por conta de atos ruinosos de sua gestão. Foco no problema.

Noticiário vespertino exibe servidor de autarquia estadual sendo preso após comprovado desvio de recursos públicos por ele geridos e que deveriam atender à população socialmente carente. Foco no problema.

Comentarista explica, atônito, a forma de atuação de quadrilha de funcionários públicos corruptos na execução de esquema que fraudava processos de compras governamentais na esfera federal, subtraindo grandes somas por conta de preços superfaturados e aquisições fictícias. Foco no problema.

No centro do quadro, os problemas. Por algum motivo antropológico que merece estudos adicionais, a comunidade, em relação à gestão pública, foca sua atenção prioritariamente nos problemas. É o famoso adágio "o povo gosta é de sangue". Talvez seja uma forma de rompermos a nossa rotina com um fato inusitado ou, ainda, a canalização de nossas insatisfações com as injustiças da vida para aqueles que foram apanhados em constrangedoras situações de práticas de atos de corrupção, na ressurreição do Goldstein da obra *1984*, do escritor britânico George Orwell.

Apesar de ser do gosto do público e dos jornalistas, o foco no problema da gestão pública, pura e simplesmente, pouco contribui para um Estado mais eficaz, eficiente e efetivo que garanta direitos sociais e ofereça serviços públicos de qualidade. Os problemas têm a sua raiz na gestão, ainda que figurem como casos de polícia. É preciso atuar no sistema, principalmente em um viés preventivo, para enfrentar as causas dos problemas.

Causa-nos espanto, as faces ficam ruborizadas. No entanto, esse melindre todo com a atuação reprovável de agentes públicos pouco contribui para a solução do problema. Não podemos perder a capacidade de nos indignarmos, mas temos que saber a melhor forma de fazer isso. Aguardo, ansioso, a manchete de jornal que indique, com destaque, a adoção, por parte de um órgão público, de prática que preveniu falhas ou permitiu a melhoria. É raro, quando não se trata de publicidade institucional disfarçada.

Esse é o cerne da questão! O preventivo, a ação adotada para que o erro não ocorra mais, atuando sobre o sistema, tem culturalmente baixa adesão do público. Ainda assim, a ação preventiva inibe a ocorrência de situações similares, pois ela nos permite como organização aprender com o erro, rompendo o paradigma do espanto e da indignação e partindo para uma visão corretiva, que aproveita o erro no plano preventivo, avançando gerencialmente.

É nosso direito como cidadão se revoltar. Contudo, é necessário enxergar o contexto para que sejam mudados os mecanismos sistêmicos que permitiram que se chegasse àquele ponto. A vida administrativa é um processo e ninguém chega a um contexto de fraude generalizada de um dia para o outro. Há uma série de omissões de atores envolvidos, inclusive da população usuária, que vai vendo a situação se instalar e nada fala. Aí, um dia, o caldo entorna.

Por isso, a importância de os formadores de opinião – em especial os jornalistas – valorizarem as medidas preventivas, os *cases* gerenciais de sucesso, na criação de mecanismos, inclusive com a participação popular, que inibam a ocorrência de malfeitos e melhorem os serviços públicos. É muito fácil se apoiar em um padrão de reportagem do tipo "quanto foi desviado?" quando importa saber como esse fato pode não se repetir, trocando "sangue" por "músculos".

Dentro do contexto atual, um dos mecanismos preventivos de alta eficácia e baixo custo é a transparência. Dar publicidade a determinados processos que podem ser objeto de captura inibe a ação de pessoas mal intencionadas e fomenta a ação do controle social por meio de denúncias que indicam o processo doente que está se iniciando. A eclosão de um escândalo de corrupção, de modo geral, é precedida de um momento em que os sintomas começam a ficar visíveis, em especial na falência dos serviços públicos demandados pelos agentes públicos responsáveis. É a hora do remédio.

Por fim, a utilização de verificações periódicas, a criação de regras que evitem o conluio e o uso de recursos por uma pessoa apenas, no conceito da segregação de funções, são atitudes administrativas louváveis e que inibem a ocorrência de dissabores na gestão. O cidadão comum, entretanto, precisa entender essas nuanças, romper a ingenuidade e perceber que negar a prática dos desvios e depois se surpreender é pior do que aceitá-los e estimular as medidas de redução deste.

Essas ações cotidianas e rotineiras de prevenção aos malfeitos passam sem destaque pela gestão. Não dão camisa! Chamadas pejorativamente de "burrocracia", são ofuscadas pelos problemas que surgem, pela falta de adoção dessas mesmas medidas, hipnotizados que ficamos pelos problemas e esquecidos das soluções. E dos problemas, nos tornamos reféns dos morosos processos de condenação penal e ressarcimento do erário, atolados em um emaranhado de recursos e instâncias.

As ações preventivas funcionam como a vacina que protege anteriormente, que resguarda o gestor diante da opinião pública nos momentos de suspeita de atos reprováveis. Quem se preocupa com os riscos de forma ostensiva não teme a manchete do jornal. Uma gestão proba é algo concreto, percebido pelo entorno e construída na labuta do dia a dia.

Essa discussão do problema e da solução na gestão se materializa também quando o gestor se vê diante de problemas apontados por denúncias, reportagens ou, ainda, pela ação ordinária dos órgãos de controle. Por vezes, o gestor insiste em negar o problema, em uma postura defensiva, como um verdadeiro zagueiro defendendo seu gol a todo custo.

Se o gestor se enxergasse como um mecânico e transformasse aquele apontamento em uma oportunidade de melhoria, chegaria logo à solução pontual e estrutural. É a cultura da responsabilização sumária do agente público acusado dos males da humanidade que fomenta esse medo da solução. A falha existe, independentemente de ter sido apontada por alguém de dentro ou de fora da organização. Não atuar sobre ela só vai fazê-la crescer e se agravar, às vezes de uma forma de difícil reversão no futuro.

Dado esse quadro, fica a reflexão de que uma gestão pública amadurecida tem o foco não na ocorrência momentânea e pontual escandalosa, e sim na pergunta: "O que deixamos de fazer para isso acontecer?". Ou ainda: "O que podemos fazer para que isso não ocorra de novo?". Perguntas complexas e customizadas, mas essenciais para que a gestão cresça com cada situação, positiva ou negativa, e, ainda, que produza experiências e boas práticas que possam ser aproveitadas em outras unidades administrativas em outros momentos.

Chegará o dia em que gestores, órgãos de fiscalização, movimentos sociais, jornalistas e, acima de tudo, os cidadãos enxergarão para além do fato momentoso, dos culpados e dos erros e focarão nas soluções derivadas desses erros passados e voltadas para o futuro, em ganhos por vezes imensuráveis. Fazer a justiça é importante para os envolvidos, mas construir um novo futuro é fundamental para a coletividade.

Artigo original redigido em 2012.

Box síntese:

A população e a imprensa têm, culturalmente, um foco nos problemas da gestão, esquecida a prática de exaltar ações preventivas e de melhoria dos controles, que têm um efeito de amadurecimento da gestão pública, inibindo a ocorrência de novos problemas.

3.5 A incerteza não pede licença

O processo de gestão de riscos é uma atuação sistemática da organização para lidar com a incerteza, que se materializa em eventos que podem afetar negativamente os objetivos organizacionais. Nesse processo, regido basicamente pela NBR ISO 31000 de 2009, entre outros processos, um dos momentos centrais é a identificação dos riscos associados àquele processo ou organização, levantando um inventário com todos os eventos possíveis frente aos objetivos, decompostos em causas e consequências.

Sim, frente aos objetivos! Gerenciar os riscos não é apenas verificar a adesão a cânones ou a construção de mapas, e, sim, sistematizar o tratamento dos principais riscos e o monitoramento de como esse risco residual está ainda afetando nossos objetivos na busca do aprimoramento que se reverte em eficácia e eficiência. Não existe risco sem objetivo e diante desses é que se fala em identificação.

Esse momento de identificação dos riscos, que separa homens de meninos, exige conhecimento do contexto no qual o processo em análise está imerso, o conjunto de forças, bem como da própria natureza do processo, de situações ocorridas no passado ou, ainda, em similares que permitam enumerar os eventos que possam afetar os objetivos, servindo-se de técnicas diversas, nas quais se destaca como mais popular o *brainstorming*.

Desconsiderar um risco nesse ponto é abortá-lo do subsequente processo de avaliação, priorização e tratamento, assumindo o cenário do processo estar sujeito, então, a riscos desconhecidos e que podem ter a probabilidade e o impacto relevantes. Nessa perspectiva, não é desejável ser econômico no processo de identificação de riscos, desconsiderando nessa tarefa o apetite para riscos e a capacidade operacional na construção de controles, com uma liberdade essencial para a qualidade dessa etapa.

Essa defesa do cuidado no processo de identificação de riscos é uma decorrência da incerteza. Esta não pede licença para entrar em nossa organização, às vezes de forma traiçoeira. Por vezes, temos a ilusão de que, se os riscos não são identificados, se eles são ignorados, se ficarmos quietos em nosso canto, eles irão embora, como uma criança que cobre a cabeça no quarto esperando a tempestade passar.

Da mesma forma, a manipulação desse processo de identificação de riscos, ocultando possibilidades que desagradam, na verdade é uma postura que não protege os processos e as organizações das ameaças, escondendo situações que precisam ser mensuradas e tratadas. Sua ocultação consciente é somente jogar esse problema para adiante, em um momento em que ele pode surgir mais forte e pegando a organização despreparada.

A gestão de riscos tem como diferenciador – e talvez seja essa a sua maior dificuldade de implementação – a transparência necessária a esse processo, o ambiente de circulação de informação na imaginação de possibilidades factíveis, que permita subsidiar controles e principalmente um processo decisório mais qualificado, no desiderato de atingimento dos objetivos. A gestão de riscos promove a confiança, mas também necessita desta para ter qualidade.

A informação é a grande arma da gestão de riscos. Uma informação qualificada e livre que permita contribuir para o atingimento dos objetivos. Assemelha-se essa discussão a comprar um automóvel de um amigo, sem conhecer a sua real condição, apenas com uma visão aparente desta. Com o uso, emergem riscos que estavam lá, possíveis, e que impactam diretamente no desempenho deste. Perdem-se o automóvel e o amigo.

Em tempos de verdades tratadas como armas de agressão, a pressão é grande por esconder riscos, de ser otimista na identificação, até para preservar a gestão de riscos, pessoas e falhas. Só que essa atitude imediatista não tem o condão de fazer os riscos desaparecerem. Pelo contrário, pode alimentá-los por ações que não os considerem, encontrando um ambiente de controles enfraquecidos.

Não se trata de ser alarmista e enxergar estapafúrdias possibilidades frente aos objetivos de cada processo ou etapa. Sem meteoros ou discos voadores. Trata-se, sim, de resistir à tendência de eliminar *a priori* riscos inconvenientes, fugindo da boa prática de um processo franco e exaustivo, aumentando a zona cinzenta de riscos relevantes e esquecidos.

Gerenciar riscos é fazer escolhas. Tais escolhas são feitas, no entanto, pautadas nas ideias da racionalidade limitada trazida por autores como Herbert Simon[18] (1916-2001) e Oliver Williamson[19] (1932-) sem conhecermos todas as opções possíveis. E o processo de identificação de riscos busca mitigar essas limitações, ampliando o leque de opções razoáveis para que a nossa escolha do que deve ser tratado seja a melhor possível, como é tudo aquilo que se refere a riscos.

Artigo original redigido em 2018.

Box síntese:

A negligência no processo de identificação de riscos pode excluir do tratamento riscos que, quando venham a se materializar, tragam grandes prejuízos aos objetivos. O gestor tem, por vezes, a ilusão de que, se os riscos não são identificados, se eles são ignorados, eles irão embora, como uma criança que cobre a cabeça no quarto esperando a tempestade passar.

---

[18] Economista norte-americano.

[19] *Idem.*

3.6 A inexistência de políticas preventivas no Brasil

Iniciaremos com uma história fictícia, com a permissão do estimado leitor. No hospital Dr. Mangabeira, na bela cidade de Bernardópolis, era rotina os pacientes serem assaltados no translado em direção à parada de ônibus. Entre uma ocorrência e outra, algumas eram notificadas à direção do órgão público, que, temeroso pela comunidade de cidadãos por ele atendida, oficiou a Polícia Militar por diversas vezes.

A polícia, com seus problemas de orçamento e de demandas bem acima de suas capacidades, não deu a atenção devida àquela informação fornecida pelo hospital e continuava a fazer as suas rondas de forma aleatória, enquanto não eram chamados a atender aos chamados emergenciais reportados pelo sistema de comunicação.

Em um dia fatídico, uma jovem saía apreensiva do hospital para dizer ao marido, pelo telefone móvel, que seus exames haviam indicado problemas. Ao ser abordada por um meliante, ela reage instintivamente e o assalto se transforma em latrocínio. Do crime surgem jornais, manchetes e a grande comoção nacional pelo assassinato de uma mãe que deixava dois filhos pequenos.

Vive-se de medidas para atender ao clamor popular. A partir do dia do crime, na saída do hospital, postava-se, atenta e vigilante, noite e dia, uma viatura da Polícia Militar, com a sirene ligada e garantindo aos pacientes e aos funcionários a segurança devida na entrada e na saída. Passou-se uma semana, passaram-se duas, e a viatura passou a ficar somente no horário comercial. Um mês depois, não tinha mais viatura, e as ocorrências voltaram, levando a direção a redigir novos ofícios solicitando a atuação do poder público no que tange à segurança.

Essa narrativa se encaixa em diversos fatos que vemos no cotidiano nacional. Se adequa também a incêndios, desabamentos, doenças e toda sorte de eventos nos quais cabem medidas preventivas sistemáticas para dar conta dos riscos e que, por questões intrínsecas à nossa cultura, continuamos a reagir com improviso, amadorismo e com ausência de racionalidade.

Nessas horas, o adágio popular que diz "depois da casa arrombada, cadeado à porta" se ajusta perfeitamente, mas, em muitos casos, esse cadeado fica na porta da casa por apenas certo tempo. Acalmada a tormenta, tudo volta a ser como era antes. Uma postura reativa-displicente que nos custa, como grupo social, um preço caro, representado por vidas, bens e até o futuro, pois, quando aplicada às políticas públicas, essa visão pode afetar gerações.

Trazendo agora uma visão mais técnica dessa discussão, uma das dificuldades da implementação da gestão de riscos no Brasil, em especial no setor público, é essa falta de sistematização, essa ação reativa e improvisada, na qual trocamos métricas e ações sistemáticas por heroísmos e sorte. Sem medir, como gerenciar? Sem consolidar as informações, como avaliar como agir? Sem valorar as possibilidades que afetem nossos objetivos, como protegê-los?

Assim, as políticas públicas, em especial as de caráter regulatório, que visem aferir a conformidade de um grupo em relação a uma norma, seguem à espera de serem provocadas por denúncias ou escândalos. Quando o são, não aproveitam essa informação de maneira contínua para aprimorar a atuação do sistema como um todo.

Vive-se, assim, de medidas para atender ao clamor popular e pouco se fala sobre indicadores, respostas aos riscos, monitoramento e uso estratégico das informações, como meios de transformar a incerteza em risco e diminuir as possibilidades das ocorrências. Por fim, aprendendo com estas quando se materializam, agindo de forma contínua, focado em medidas consistentes e relevantes.

Essas chagas em nossa sociedade afetam a gestão de riscos. Carência de coordenação diante das incertezas, pouca realimentação dos sistemas e improviso como solução prioritária são as maiores fragilidades da governança de nossas políticas públicas. Isso traz custo para a gestão dessas políticas, mas sem reverter com a eficiência necessária, sendo essa pauta do preventivo que ainda não alcançamos um tanto incômoda, mas que é sempre bom que venha à tona, em especial nos dias em que se chora pelo leite derramado.

Artigo original redigido em 2018.

> *Box síntese:*
>
> *No Brasil, a cultura é de se instalar o cadeado após a porta arrombada, às vezes apenas para atender ao clamor popular, com pouca presença de ações preventivas, trazendo à sociedade prejuízos oriundos desse agir de forma pouco sistemática em relação à gestão de riscos.*

3.7 Gestão de riscos e o pensamento científico

Em meio a incêndios e o desabamento de barragens, emerge na imprensa como possível causa dessas mazelas e de outras, como o fenômeno da corrupção, a carência de uma cultura no país de gestão de riscos como um novo mantra elucidativo de nossas crises diárias.

Essa visão, não de panaceia, mas de uma das causas, é coerente com as ocorrências infelizes citadas, na falta de previsibilidade diante das possibilidades negativas, mas também da inércia em se adaptar após o leite derramado, mostrando que risco é um tema emergente, para além de modismos.

O problema reside na cultura e, é fato, a cultura se modifica. De forma lenta e gradual ou impulsionada por rompantes de questões desastrosas, que induzem o crescimento de mecanismos de resposta aos riscos, nos órgãos de controle que se fortalecem diante da corrupção que eclode ou, ainda, de normas e fiscalizações que se endurecem diante de grandes catástrofes. Mas por que temos a impressão de que, no nosso país, essa reação não se dá a contento?

Uma hipótese a ser trabalhada no presente texto é de que a fragilidade pátria na questão da gestão de riscos tem raízes na predominância de certo pensamento mágico em relação ao pensamento científico, analítico e baseado em evidências.

Sendo mais específico, risco são os fatores adversos que afetam os objetivos, sendo valorados pela probabilidade de ocorrência e pelo impacto destes nos objetivos quando se materializam, um consenso sobre o assunto baseado nas normas internacionais.

Para se gerenciar esse risco, ele precisa deixar de ser incerteza e ter as suas probabilidades e impactos estimados para que possa ser objeto de avaliação e tratamento, e isso se faz com a análise dos processos e suas etapas, identificando os fatores que podem atuar e de que forma eles podem fazê-lo, propondo tratamentos e realimentando o processo por meio do monitoramento das medidas de resposta ao risco implementadas.

Parece simples, mas essa ação demanda uma visão analítica, de decomposição, de comparação com cenários e de valoração, baseado em evidências do que já aconteceu e do que pode acontecer, uma visão que demanda um pensamento focado nos aspectos da mente humana que tem uma racionalidade com essas características.

O pensamento mágico é simplificador, reduzindo a causa das coisas a um determinismo superior ou a um senso comum, em aspectos da mente de um raciocínio rápido e mais reflexo (menos reflexivo), em que as respostas ao risco ou são instintivas, como fugir, ou são do reino do transcendente, como esperar, agradecer ou temer. O pensamento magico tem uma visão submissa e passiva diante do risco, enquanto o pensamento cientifico tem uma abordagem interventiva.

Hipócrates, há 2.500 anos, citado por Carl Sagan no seu livro clássico *O mundo assombrado pelos demônios*, uma bíblia do ceticismo, dizia que "os homens acham a epilepsia divina, simplesmente por que não a compreendem (...). Mas, se chamassem de divino tudo o que não compreendem, ora, as coisas divinas não teriam fim".

A falta de compreensão mais aprofundada de um processo e de seu contexto leva a uma simplificação destes em relação à questão da gestão de riscos, de modo que, diante de um filho que vai à balada, um genitor analisa a trajetória do jovem, identifica os riscos e propõe a ele que leve no bolso um preservativo. O outro genitor, diante dos riscos do sexo casual, grita efusivamente "vá com Deus", jogando tudo na conta do transcendente.

Em tempos de pós-verdade, de discursos e versões, que fazem emergir medos, paranoias e fantasias, a falta de uma visão analítica dos processos, mormente da gestão das políticas públicas, pode trazer uma deficiência na gestão de riscos que simplifica aspectos relevantes ou superdimensiona riscos pouco relevantes, gerando controles para dar conta desses riscos que são caros e pouco efetivos, dissociando esse processo do mundo real.

Passado o incêndio, o desastre, vem o medo com a sua racionalidade específica e se apodera dos cidadãos, que mudam seus hábitos e vociferam pela responsabilização de pessoas. Mas isso dura pouco e voltamos a mesma rotina, tratando os riscos de outrora da mesma forma, esperando a próxima ocorrência. Uma visão analítica, sistêmica, contextualizada pode ser o que falta para a nossa sociedade avançar nesse sentido, mas isso mexe com aspectos enraizados da cultura das organizações e que exigem também uma atuação no sistema de ensino, com resultados apenas a médio prazo.

Artigo original redigido em 2019.

Box síntese:

Uma das hipóteses da fragilidade do Brasil na questão da gestão de riscos tem raízes na predominância de certo pensamento mágico em relação ao pensamento científico, analítico e baseado em evidências, pois o pensamento mágico é simplificador e não lida com a incerteza e seus efeitos sobre os objetivos do processo.

3.8 Liquidação da despesa pública: uma visão deslizante

Nas discussões públicas das compras governamentais, nas matérias jornalísticas, nas produções científicas sobre o assunto... enfim, na temática de aquisições pelo governo, figura sempre, com grande destaque, a questão do preço praticado e do direcionamento de fornecedores. Superfaturamentos e cartelizações dominam a cena nesse assunto.

Em uma boa compra pública, a discussão da entrega, da qualidade do bem ou serviço prestado, associada à sua efetiva utilização em uma política pública, é um tanto esquecida e que é objeto da liquidação da despesa pública, tema deste breve artigo.

A detecção de problemas na liquidação é mais complexa pelo fato de as falcatruas estarem embutidas no cotidiano, longe da batalha entre interesses de um certame licitatório. As casuísticas do comprado e não entregue, do entregue diferente do desejado e do entregue e não utilizado, ainda que apareçam de forma acanhada nas páginas de política, causam prejuízos volumosos aos serviços públicos por impactarem diretamente na execução destes.

Prevista no art. 63 da Lei nº 4.320/64 e ratificada no art. 36 do Decreto nº 93.872/86, a liquidação é uma das fases de execução da despesa pública. É definida como a verificação do direito adquirido pelo credor ou entidade beneficiaria. Tem por bases os títulos e documentos comprobatórios do respectivo crédito ou da habilitação ao benefício.

A liquidação é um poder-dever, derivada do poder de império, do desequilíbrio do contrato administrativo. Caracteriza-se como faculdade de verificar o serviço/produto avençado, defendendo o interesse público e prevenindo a materialização de riscos, com a cautela necessária antes da quase irreversível fase do pagamento.

A sua discussão na literatura predomina nos aspectos contábeis, de seus efeitos nos sistemas da contabilidade pública, e pouco no aspecto do controle da qualidade, da atuação no campo físico, de perícia adequada dos itens recebidos. A Lei nº 8.666/93 – o Estatuto das Licitações – abarca de forma mais generosa esses aspectos. Por exemplo, no art. 15, que diz "(...) §8º O recebimento de material de valor superior ao limite estabelecido no art. 23 desta Lei, para a modalidade de convite, deverá ser confiado a uma comissão de, no mínimo, 3 (três) membros", em uma prática salutar, mas que pouco se observa na dinâmica cotidiana da administração pública.

A mesma legislação, em um enfoque voltado para obras e serviços de engenharia, trata, nos artigos 73 a 76, a conceituação de recebimento provisório e definitivo como mecanismos de controle interno administrativo que possibilitam a avaliação amiúde de objetos complexos, resguardando a administração de dissabores futuros, estabelecendo um rito razoável.

Causa preocupação a adoção de contratos do tipo "chave na mão" (*turn key*), no qual a empresa contratada fica obrigada a entregar a obra em condições de pleno funcionamento, dada a complexidade na liquidação de determinados objetos, de alto grau de complexidade. Mesmo com apurada verificação, ficamos à mercê de vícios redibitórios e, ainda, da onerosa e lenta busca de reparo e ressarcimento junto à instância judiciária.

Por essas e outras, não conseguimos apartar uma boa fiscalização, prevista no art. 67 da Lei de Licitações, de um bom processo de liquidação. Mais do que subsidiar punições e renovações, as ações *pari--passu*[20] do fiscal permitem uma segura liquidação, em especial em obras e serviços de engenharia, no acompanhamento concomitante, durante a formação do serviço, emitindo alertas e atuando de forma corretiva.

A função da liquidação da despesa necessita ser valorizada, sopesada dentro da visão da gestão de riscos como mecanismo de controle que não pode ser excessivo, mas adequado diante dos riscos percebidos e do valor envolvido. Boa liquidação é a chave de uma boa despesa, coerente com o empenhado e adequada para ser paga!

Tem-se, então, como boa prática que o recebimento de objetos avençados deve ser documentado com o detalhamento adequado a cada caso. Não liquidamos despesas com alfinetes da mesma forma que liquidamos as com foguetes. Devem-se avaliar os meios de verificação diante dos riscos detectados.

Também carecem de designação formal, com atribuições e responsabilidades genéricas e específicas, os responsáveis pelo recebimento, rezando a boa prática ainda à criação de manuais de procedimentos que prevejam, além dos ritos, medidas salutares, como rotatividade

---

[20] No mesmo passo ou ritmo.

entre servidores que liquidam despesas, segregação de funções, impedimentos de terceirizados de efetuar o recebimento de material/serviços, além da necessidade fundamental de comparação da especificação do objeto e da observância da legislação relativa ao que está sendo entregue, fazendo testagens e registrando os dados pertinentes.

As recomendações contidas em acórdãos do TCU focam muito na tipologia de pagamentos antecipados, ocorridos antes da liquidação, situação que expõe a administração a riscos desnecessários. Mas ressalta-se também a necessidade de adoção de práticas de verificação do pagamento na ordem cronológica da liquidação e, ainda, se o mesmo título de crédito não foi pago duas vezes.

Nas recentes discussões de transparência, a liquidação de despesas se enriquece, na publicidade do item recebido, seu destino e quem o periciou, além da publicação das designações de servidores e comissões de recebimentos em boletim interno, recebimentos realizados em local amplo e de circulação e a criação de canal de reclamações sobre despesas liquidadas.

I Uma visão deslizante

Para valorizar e transcender a liquidação da despesa pública, "patinho feio" das produções acadêmicas e esquecida nas causas dos escândalos de corrupção, necessitamos emprestar a ela uma visão deslizante. Entretanto, o que chamamos aqui de uma visão deslizante da liquidação da despesa?

Simples. A liquidação deve guardar um aspecto "deslizante", ou seja, ela não se esgota no momento da conferência. Deve ter elementos para aferições futuras, bem como uma dimensão de utilização do item! A liquidação tem efeitos futuros, não se bastando apenas àquele momento de perícia. Ela deve lembrar do auditor, do pagador, do beneficiário das políticas públicas e de denúncias que podem surgir à frente em relação àquele item ou serviço.

Então, na composição de um processo de liquidação, fotografias, filmagens, documentos de registros, medições, etc., devem ser acostadas, como mecanismo de sustentação daquele processo em um momento futuro. Um seminário de educação custeado com recursos públicos deve ter em sua liquidação, por exemplo, listas de presenças com *e-mails*, fotos, reportagens e documentos que realmente comprovem, a qualquer leitor futuro, que aquele serviço foi prestado de acordo com o contratado.

Da mesma forma, o item ou obra não existe descontextualizado. Ele existe dentro de uma política pública, e a liquidação deve verificar o seu direcionamento para o atendimento daquela população beneficiária, dentro de uma ótica de viabilidade. Assim, recebemos os computadores, mas necessitamos verificar se o local de instalação está adequado e, apesar desse fato não impedir o pagamento, deve gerar os alertas necessários ao sistema para que se evitem itens ociosos recém-adquiridos.

A liquidação é muito mais que um ato contábil. É um ato gerencial que possibilita grande qualidade ao processo de compras, garantindo, de forma razoável, uma adequada prestação de serviços públicos pela existência e qualidade de seus insumos.

Em seu aspecto estratégico, no entanto, ela deve ser mais estudada e discutida no reino das boas práticas que incorporem recentes discussões no campo da transparência e da gestão de riscos. O artigo propõe, dentro de suas limitações, que a liquidação se expanda também em uma nova categoria. Uma visão deslizante que atrele a esta um pensamento futuro, de comprovação de seu atendimento em outros tempos, no plano documental, e a utilização do item no contexto das políticas, no plano concreto.

Sem deslizar do paradigma de uma mera atuação contábil, não teremos, nesse procedimento, uma ferramenta que possibilite inibir práticas odiosas, das compras fantasmas e de produtos em qualidade/quantidade inferior e que, por vezes, dormitam em depósitos e almoxarifados, alguns perdendo valor pela depreciação. Além do preço e do fornecedor, necessitamos incluir essa pauta na nossa discussão de compras governamentais.

Artigo original redigido em 2014.

Box síntese:

A liquidação de despesas deve guardar um aspecto "deslizante", ou seja, ela não se esgota no momento da conferência. Deve ter elementos para aferições futuras, bem como uma dimensão de utilização do item! A liquidação tem efeitos futuros, não se bastando apenas àquele momento de perícia.

3.9 A função receita e as peculiaridades de sua governança

Historicamente, os noticiários, quando da cobertura de casos de corrupção na gestão pública, enfatizam a função despesa. Raros focam nas ocorrências da função receita e, quando surgem, são associados a denúncias ou ostentação de patrimônio que, de um processo de desvio já amadurecido, apodrecem nas rachaduras dos recursos que nem chegaram a entrar no sistema público.

Temos, então, a casuística presente nas falas e notícias de compras superfaturadas, produtos comprados e não entregues, saques na boca do caixa visando ao desfalque, despesas sem comprovação documental, fraude em licitação e um sem-número de tipologias que envolvem a execução do orçamento público e as clássicas fases da execução da despesa: empenho, liquidação e pagamento.

Da mesma forma, essa visão predominante do fenômeno da corrupção atinge os órgãos de controle, com o desenvolvimento de estudos e técnicas no sentido da auditoria de contratos, de obras públicas, do cruzamento de dados de pagamento e no fortalecimento dos controles primários de compras, em um sem número de práticas que, por questões históricas, privilegiam a função despesa e olvidam que o órgão de controle, como instrumento de governança do dirigente, tem o dever de supervisionar e avaliar a gestão pública de forma integral, rompendo o paradigma do controle que olha apenas as licitações na área meio.

Nesse contexto, jazem ocultas aos olhos comuns as possibilidades de fraude na função receita pública. Mas por quê? A explicação é simples! A função despesa, a execução do orçamento, é oriunda de um sistema fechado, no qual se estimou a receita e se fixou a despesa. A despesa, alocada em programas e ações, converte-se em produtos e benefícios que têm seus ciclos restritos à administração pública, sendo de fácil verificação.

A receita é de controle mais complexo. Uma vez estimada, sofre variações contingenciais. O que vai ser arrecadado é previsto em séries históricas, eventos pontuais, dados estatísticos, projeções de mercado. O cotidiano, no entanto, é dinâmico, com diversas fontes de geração de receita. Se esta não se realiza por conta de uma sonegação ou fraude, o registro do fato gerador fica apenas no mundo real, envolto em múltiplas variáveis no tempo e espaço. A despesa tem as suas partidas dobradas restritas na esfera do setor público; as receitas têm as contrapartidas espalhadas em outros sistemas!

De maneira a exemplificar o aqui exposto, imaginemos a gestão de um museu. A aquisição de um equipamento de ar condicionado reflete-se no patrimônio, a contratação de funcionários terceirizados gera vestígios na estrutura cotidiana, facilitando as verificações do destino dos recursos no campo da despesa, fechando o orçamento com as saídas. Mas, na receita auferida dos visitantes, ainda que tenhamos roletas e tíquetes numerados, a entrada furtiva de visitantes, o uso de boletos clonados, entre outros mecanismos de fraude, frustram a realização de receitas, que são de difícil rastreamento. Afinal, os fatos geradores dos quais derivaram os recursos estão espalhados por aí. Mesmo com os mecanismos eletrônicos de lançamento de tributos, ainda assim é possível fraudar. A construção da receita se faz no cotidiano!

Por esses motivos, os órgãos de controle devem estar atentos aos mecanismos de renúncia de receita formalizados, em especial os que buscam o fomento de atividades de interesse social e cultural, analisando os controles que esses dispõem e de que maneira podemos utilizar fontes externas ou unidades similares para verificar comportamentos anômalos, que podem indicar fraudes.

Nos processos ordinários de arrecadação de receitas, a visão dos órgãos de controle pode se deter na segregação de funções que impeçam o arrecadador de gerenciar, de forma absoluta, seus processos, fortalecendo os controles por sindicâncias patrimoniais que afiram patrimônios ostentados e incompatíveis e, ainda, práticas regulares de revezamento de funções, salutares em tarefas dessa natureza.

Aluguéis de instalações, alienação de bens, cessão de equipamentos técnicos, serviços prestados pelo pessoal especializado da unidade... essas e outras formas corriqueiras de geração de receitas pelos órgãos e entidades, de acordo com o seu perfil institucional, devem ser claramente normatizadas e auditadas para que as entradas de recursos revertam para o processo orçamentário. Isso evita a prática que recebe a alcunha de "caixa dois", recordando, obviamente, que a instituição que gera o recurso deve, de alguma forma, ter um retorno institucional para que seja conferida legitimidade aos seus processos e eles não se esvaziem.

Como saber se o recurso foi desviado se ele nem foi incorporado ao patrimônio público? Com sentido moralizador, essa situação foi mitigada com as reformas ocorridas no final da década de 1980, com a criação do Sistema Integrado de Administração Financeira do Governo Federal (Siafi) e com a sacralização do princípio da entrada única de recursos exposto no Decreto Federal nº 93.871, de 23.12.1986. Diz ele: "Art. 1º A realização da receita e da despesa da União far-se-á por via bancária, em estrita observância ao princípio de unidade de caixa", reforçando o disposto no art. 56 da Lei nº 4.320/64, mas em outro contexto, fruto da crise financeira e da necessidade de se combater a recessão.

A conta única de entrada de recursos, estabelecida no final do século passado, representou um avanço memorável no que tange ao controle da função receita. Apesar dos altos graus de informatização, enquanto existir o elemento humano, a fraude pode se fazer presente. O processo de governança não prescinde de controles criativos na arrecadação de receitas, nos processos de renúncia fiscal e nas gerações de receita pelas unidades. Pelo seu caráter dinâmico, o controle se faz mais complexo.

Uma despesa gera um patrimônio a ser tombado ou um serviço a ser atestado, deixando, via de regra, seus vestígios na organização. A receita, mais traiçoeira, constrói sua história no intrincado mundo exterior à unidade, podendo ser desviada antes de se realizar, sem deixar rastros, demandando mais *expertise* e atenção na supervisão desses processos, exigindo uma mudança de mentalidade que amplie as dimensões de nossa governança.

Artigo original redigido em 2014.

Box síntese:

O controle da despesa é mais simples, dado que a execução do orçamento é oriunda de um sistema fechado, no qual se estimou a receita e se fixou a despesa. A despesa, alocada em programas e ações, converte-se em produtos e benefícios que têm seus ciclos restritos à administração pública, sendo de fácil verificação. A receita, não. A ocultação de receita precisa ser comparada com estimativas, o que dificulta o seu controle.

3.10 Aspectos preventivos na gestão de contratos administrativos

A casuística de problemas na gestão pública, estampadas nas manchetes de jornais e nos acórdãos dos tribunais de contas, aponta as falhas na gestão de contratos como tipologia de grande incidência, em situações que não raro afetam a gestão, já que a avença entre o poder público e um particular visa, de modo geral, ao fornecimento de bens e serviços que figuram como insumos necessários à excelência dos serviços públicos prestados à população.

Por esse motivo, a gestão de contratos se reveste de singular importância para o administrador público no desempenho de suas tarefas, o que demanda reflexões mais apuradas. Neste breve artigo, adotaremos os conceitos de controle primário como uma estratégia preventiva, trazendo a visão do controle para a própria prática cotidiana do gestor para formular práticas produtivas na gestão de contratos.

Por seu turno, dentro do contexto da gestão de um contrato, elegemos o processo "fiscalização" como crítico, dado que os problemas nesses processos afetam a eficácia e a eficiência dos contratos, onerando a administração pública e causando impacto ao atingimento dos objetivos, o que prejudica os serviços públicos ofertados aos cidadãos.

Assim, apresentaremos algumas dicas e orientações para maximizar a gestão de contratos no setor público, atuando no quesito citado, tendo como base os componentes do *Committee of Sponsoring Organizations of the Treadway Commission* (COSO), a saber:

a) *Gerenciamento de riscos diante dos objetivos*: é a atuação do gestor, que faz uma avaliação interna e externa da organização, seus objetivos e os riscos envolvidos, definindo uma estratégia de atuação diante desses riscos.

b) *Ambiente de controle*: nessa vertente, o gestor faz o controle se tornar presente no cotidiano da gestão, nas normas disseminadas, na comunicação interna, nos perfis para os diversos cargos, na segregação de funções, na definição de delegação de poderes, nas regras claras e bem definidas.

c) *Atividades de controle*: a atuação do gestor nesse sentido se dá de forma mais pontual, avaliando mecanismos preventivos já instalados, controlando transações específicas, acompanhando situações anômalas e verificando os registros.

d) *Transparência*: diferencial da gestão pública no qual o gestor propicia o acesso ao fluxo de informações, evitando dados ocultos e tornando claras as suas ações para dentro e para fora da organização.

Pela definição apresentada, a fiscalização de contratos é uma ação típica da componente "atividades de controle" do controle primário. A proposta deste artigo, todavia, é aplicar as componentes como um todo, fortalecendo essa ação administrativa.

Dessa forma, temos a atuação sobre a fiscalização de contratos, que é regida, de forma precípua, pelo art. 67 da Lei nº 8.666/93. Podemos definir esse processo de fiscalização como a interação contínua do poder público com o particular, no exercício do poder de império do primeiro, de modo a acompanhar a execução do objeto avençado, na busca de garantir, de forma preventiva, o cumprimento do contrato e a resolução de situações fortuitas que venham a surgir.

Dentro do contexto da fiscalização, faz-se presente o processo de liquidação, que se reveste de importância singular também. Previsto no art. 63 da Lei nº 4.320/64 e no art. 73 da Lei nº 8.666/93, é o processo formal de verificação da integridade e adequação do produto/serviço entregue pelo particular, com fins de adimplemento do contrato para o posterior pagamento.

Sob a ótica das componentes do controle primário, podemos listar as seguintes boas práticas, no que tange à fiscalização de contratos:

Gerenciamento de riscos diante dos objetivos

Cada contrato traz padronizações e peculiaridades. Dessa forma, a análise dos processos de cada contrato, envolvendo fatores como duração, partes interessadas, bens envolvidos etc., pode ajudar a compor o risco de execução de cada contrato, planejando a estratégia de atuação da fiscalização de modo a mitigar esses riscos.

Da mesma forma, bens e serviços de maior valor ou complexidade devem ter seu processo de recebimento e, consequentemente, de pagamento monitorado e planejado para que seja municiado por equipes competentes e que o pagamento se processe nos prazos regulamentares.

Ambiente de controle

Para um razoável ambiente de controle, faz-se necessário o registro formal do cotidiano do contrato; a indicação formalizada do preposto do particular, com poder decisório sobre a execução do contrato; publicação em local visível do nome, categoria funcional e ramal do fiscal do contrato, que deve ser escolhido mediante critérios técnicos e análise de perfil; e que seja observado o revezamento entre os servidores da unidade na fiscalização de contratos e no recebimento de bens e serviços.

Salutares também são a exigência da declaração do particular de parentesco dos seus funcionários com servidores/outros terceirizados do órgão; e a criação no órgão de uma estrutura generalizada para contratos, contemplando a sua integração com estruturas *ad hoc*,[21] para as fiscalizações específicas, prevendo-se normas gerais e específicas que definam as atribuições, limites e responsabilidades do fiscal, bem como ritos de processos críticos, como o recebimento de itens mais complexos e a autorização de uma nova fase de um serviço.

O recebimento de bens e serviços de valores de vulto ou de mais complexidade deve observar a necessidade de comissões de recebimento técnicas, públicas e com relatórios de recebimento acessíveis a todos.

Por fim, valorizar o fiscal do contrato e a sua função, empoderá-lo, torná-lo conhecido e com legitimidade é um instrumento de enriquecimento do seu cargo, na busca da melhor eficiência, mas também de publicidade, facilitando o controle mútuo de suas atividades.

Nesse sentido, também como instrumento de valorização, a capacitação dos fiscais, orientando-os ao cumprimento de suas atribuições e a gerência de riscos, é fundamental, ressaltando, ainda, em obras, serviços de engenharia e terceirização de mão de obra, as peculiaridades dos tributos e encargos envolvidos, bem como as responsabilidades da administração.

Atividades de controle

Na fiscalização do contrato, faz-se necessário o estabelecimento formal de rotinas a serem executadas pelo fiscal, como a verificação da qualidade do material utilizado em relação ao contratado, a qualificação técnica dos funcionários terceirizados, o uso efetivo das horas utilizadas de itens alugados, obrigações previdenciárias e trabalhistas no que couber, prazos, antecedentes criminais de terceirizados no que couber, entre outros.

A gestão em nível estratégico dos contratos da unidade deve estabelecer rotinas de fiscalização sobre os fiscais de contratos, observando,

---

[21] Para esta finalidade.

por amostragem, se este está permitindo subcontratações vedadas, analisar os apontamentos do cotidiano do contrato, verificar se ele reporta os descumprimentos contratuais tempestivamente, adotando a prática de avaliar os aditivos acima de determinado valor e, ainda, se o fiscal designado é realmente quem está fiscalizando o serviço.

Nas aquisições, a alta gerência deve, em contratos de maior vulto, efetuar, mediante amostra, verificações das especificações do objeto entregue, a incorporação do objeto ao patrimônio e, ainda, se o processo de liquidação foi devidamente documentado.

Transparência

A transparência é um instrumento da alta gerência para fomentar que seus servidores e usuários dos serviços prestados o auxiliem a verificar a correta execução do contrato e a sua fiscalização no cotidiano.

Assim, temos como boas práticas a publicidade adequada, em murais e na intranet, dos deveres das empresas contratadas, em especial de serviços de contato direto com o público, como transporte, fotocópia, refeitório etc.

Registros da execução do contrato com fotocópias e filmagens devem ter publicidade, assim como as alterações contratuais, valores e etapas adicionadas.

Equipes voltadas à perícia de itens e serviços devem ser divulgadas para que problemas *a posteriori* sejam reportados, assim como esses processos de perícia devem se dar em local público e visível a todos. Os pagamentos da unidade alusivos aos contratos e suas etapas devem ter publicidade, fomentando o controle.

Destarte, consciente de que é impossível ao gestor controlar tudo e todos e que o controle tem um custo que pode ser proibitivo, a visão de riscos na gestão nos motiva a analisar os processos, a mapear os pontos críticos e sobre eles adotar medidas preventivas de forma a mitigar os riscos na execução inadequada do contrato.

O desejável da boa gestão é atuar sobre os problemas antes que eles causem estragos de difícil reversão, instalando, assim, um ambiente preventivo. É mais econômico e saudável para todos os atores envolvidos essa diretriz, prejudicando menos a execução de serviços públicos de excelência para o cidadão, mas fazer uma gestão preventiva também demandas técnicas e análises à luz da gerência de riscos e com treinamento de pessoal. A discussão colabora, ainda, com a elaboração de rotinas e procedimentos dos órgãos de controle na avaliação do controle primário dos órgãos.

Dessa forma, o artigo busca trazer dicas simples e exequíveis, mas que proporcionam serenidade ao administrador. A discussão em tela auxilia também a formulação de normas internas, customizadas, para a gestão de contratos, no âmbito dos órgãos públicos, e ainda possibilita reflexões para a capacitação de gestores, fiscais de contratos e profissionais de órgãos de controle.

Cabe a lembrança de que a prevenção é sempre menos onerosa, seja pelo viés econômico, seja pelo viés político. Adotar medidas que evitem dissabores é a chave do sucesso de uma gestão, relembrando a velha sabedoria oriental, no brocado que assevera que não adianta chorar pelo leite derramado.

Artigo original redigido em 2011.

▪ *Box síntese:*

O modelo adotado pelo Committee of Sponsoring Organizations of the Treadway Commission (COSO) pode ser um bom referencial orientador do processo de fiscalização de contratos nas organizações, de modo que as suas componentes servem como balizas no aprimoramento dos controles internos desse processo.

3.11 Para cada fraude, um controle; para cada controle, uma fraude

Causaram comoção geral as fotos dos dedos de silicone mostradas fartamente na internet, utilizadas para fraudar o ponto digital biométrico dos profissionais do Serviço de Atendimento Móvel de Urgência (Samu) de Ferraz de Vasconcelos (SP), no início do mês de março de 2013.

A ousadia, a criatividade, o desrespeito com a saúde pública, a falta de compromisso dos profissionais que juraram defender a vida... tudo isso foi motivo de espanto da população, bombardeada com macabras réplicas de dedos estampadas em fotos. Curiosamente, as matérias jornalísticas indicam que a prática ocorria em outras situações que utilizavam controle biométrico, como detectado em fevereiro daquele ano, no que tange a exames de habilitação no mesmo estado – São Paulo. Certamente, fraudes de sistema biométrico idênticas devem estar ocorrendo em diversos outros municípios, exatamente no momento em que lemos esta matéria.

Restou-nos apenas criar o controle biométrico pela íris, lábios ou outra parte do corpo a que as discussões papiloscopistas nos conduzirem. Assim, seguimos o ciclo do gato e do rato. Para cada fraude, um novo controle; para cada controle, uma nova fraude. Essa questão transcende o ponto biométrico. Trata-se da peleja eterna do controle, como mecanismo garantidor da ocorrência no mundo real e cotidiano daquilo que fora acertado nas normas e políticas e aqueles que se beneficiam pelo não cumprimento dessas regras. De fichas de fliperama fundidas no chumbo à clonagem de cartões, seguem pessoas e organizações enganando e "reenganando" os sistemas de controle. Estes, por sua vez, se reinventando, em discussões recheadas de medos e riscos.

Assim, avançamos de simples partidas dobradas inventadas por um religioso a sofisticados mecanismos de registro e de prevenção, na gestão pública e privada, como o mais recente *Blockchain*. Da mesma forma, os que pretendem fraudar o sistema, com criatividade e, por vezes, informações privilegiadas, buscam encontrar mecanismos de burlar as regras e lograr êxito. A tecnologia da informação inaugurou uma nova era nessa disputa, na qual, de forma invisível, digladiam sistemas de proteção e de invasão, às vezes por criminosos, às vezes no corso moderno da famosa engenharia social, na qual muitos criam problemas para vender soluções.

E a gestão pública nisso tudo? Bem, o exemplo inicial deste artigo tratava de um programa de governo executado de forma descentralizada, mas se aplica também a muitos outros casos a discussão aqui posta. No setor bancário e de benefícios pagos diretamente a pessoas físicas, como a previdência, pela tipicidade das operações, essa discussão se faz mais amadurecida. Entretanto, ela se aplica a outros setores da administração pública. Existindo regras que condicionam benefícios, aí pode surgir a fraude. Desse modo, o pagamento de pessoal, o controle de frequência, os processos de aquisição/armazenamento, a ação regulatória do Estado... essas e muitas outras funções estatais são vítimas de ações fraudulentas que, diante da instauração de controles, sofrem mutações visando se adaptar aos novos controles, criando brechas.

Por isso, é ingênuo confiarmos cegamente em um controle, julgado insuperável. Do outro lado, existe um *player* que tem grande benefício com a fraude e que usará da inteligência para construir novas ações que derrubem aquele controle. Nenhum controle pode ser perene nesse jogo de gato e rato. Isso não implica, porém, que devemos entrar em uma corrida insana de medida de forças. Bastam algumas regras simples.

A primeira é a da alternância. Alternando controles e verificações de forma aleatória, criamos nos *players* uma falsa expectativa, o que inibe a ação destes. Nesse mês, olhamos na folha de pagamento o auxílio-transporte. Na próxima vez, o auxílio-moradia. A fraude, como toda atividade humana, tende à sistematização, e nada como a desordem para se chocar com a sistematização.

A transparência se apresenta como um excelente instrumento. Expor para vários olhos implica a criação de vários olhares que se conversam e que detectam anomalias que nossos controles não percebem. Fortalece a qualidade das denúncias e a ação do controle social, pois a máxima "onde há fumaça, há fogo" apresenta a transparência, ou seja, brechas por onde essa fumaça pode escapar.

Por fim, a rotatividade de pessoas em postos-chaves é essencial. O perfil dos corruptos passa pela centralização máxima, pelo profissional que não tira férias, que concentra todos os níveis decisórios. Criar mecanismos de revezamento inibe os conluios e força a informação a circular por mais pessoas. No que tange à integridade, sempre temos um que se recusa a participar de atos ilícitos e que pode romper esse ciclo vicioso, seja pela delação, seja pelo afastamento.

Desse modo, podemos, a baixo custo, com algumas medidas simples, reduzir a probabilidade de fraude. A fraude se sustenta na integridade do agente, no benefício obtido e na probabilidade de ser pego e punido. As duas primeiras ações não são objeto de governança do gestor público. Sobre a terceira, no entanto, podemos agir de forma eficaz e eficiente, a baixo custo. Não basta apenas investir em tecnologia, pois a cada novo controle arrojado surge uma nova fraude intrépida. Precisamos enxergar o problema e não relaxar no berço esplêndido dos controles. Depois, não adianta chorar pelo leite derramado.

Para concluir, vou narrar uma história que sempre conto em minhas palestras, lida em um livro durante o ensino médio. Ainda que busque exaustivamente, não logro em obter o nome de quem a escreveu.

Certo negociante tinha a cozinha infestada de ratos. De forma caótica, eles destruíam os itens de sua despensa, causando-lhe enorme prejuízo. Contratou um gato a peso de ouro, que saiu à caça dos ratos, que sumiam em seus buracos. Entretanto, o gato sentia fome ou ia dormir. Tão logo ele se recolhia, os ratos voltavam à festa. Assim, viu-se o negociante fracassando com todos os gatos contratados. Um velho amigo lhe falou de um treinador de gatos especial que poderia ajudá-lo. Assim, o negociante, já sem esperança, buscou esse treinador, que lhe disse ser aquele gato capaz de resolver seu problema, ainda que custasse caro seu aluguel.

Já sem soluções, o negociante aceitou e levou o gato à cozinha e soltou-o. O felino caminhou até o centro do salão e lá se postou imóvel. Os ratos ficaram tensos, não sabiam como ele reagiria, pois ele não atacava, não dava indicativos de como seria sua estratégia, apenas observava. Não tinha regularidade para comer, para dormir e alguns que o julgavam distraído e tentaram a sorte se viram devorados. Assim, os ratos abandonaram aquela cozinha, já tão cheia de riscos imensuráveis e que não lhes oferecia esperança de ali obterem seus benefícios e continuarem vivos.

Artigo original redigido em 2013.

Box síntese:

A criação de um controle enseja a mudança de atuação do outro ator que se beneficia com a fraude, em um jogo que faz não existirem controles absolutos e insuperáveis. Medidas como a alternância do foco, a transparência e a rotatividade de atores são mecanismos para se mitigar esse risco.

3.12 Governança: palavrinha famosa, conceito complexo

Definitivamente, a palavra governança ganhou espaço na discussão pública. Figurinha fácil nas pautas, ela ocupa os espaços de antigos textos sobre o Estado pós-burocrático na década de 1990, movimentos que, em comum, apresentam a persistente constatação de que a nossa máquina pública carece de avanços na chamada gestão, ou seja, na institucionalização, na racionalização e na profissionalização da atividade pública como questão indissociável para um Estado promotor de melhores serviços públicos e de uma vida mais digna e próspera aos cidadãos.

A palavra é famosa, mas o conceito é bem complexo! Escrevo estas palavras assistindo, atônito, na televisão, aos ativistas dos direitos de os animais invadirem um laboratório e atearem fogo na viatura policial, verificando que a tutela estatal foi procurada em momento anterior e, mesmo assim, a solução radical foi adotada. Assim como nas manifestações nas ruas em julho de 2013, surge a falta de credibilidade do Estado como causa da indignação popular. Isso é uma questão que se relaciona diretamente com essa discussão da governança.

Obviamente, existe uma mitificação dessa temática. Como toda bandeira, a ela – a governança – atribuem o condão de resolver todos os problemas postos, o que geralmente é uma falácia. Sim, a governança é uma pauta importante na discussão do Estado brasileiro e discordo da afirmativa de que o problema do Brasil é a falta de governança. Posso dizer, sim, em outra abordagem dessa ideia de "terra arrasada", que a governança no Brasil tem problemas e que precisam ser identificados e tratados.

A governança, como capacidade estatal na implementação de políticas, está presente, à sua maneira, em todos os entes de nossa federação. A questão é que ela tem matizes de desigualdade, discrepâncias na capacidade governativa dessas esferas, com ilhas de grande articulação e eficiência e fossos de ausência de capacidade mínima de gerenciar programas e metas. Não há como tratar tudo de forma homogênea. São vários matizes que sofrem a influência da cultura, da região geográfica e da economia local e da história na construção de soluções viáveis aos problemas postos.

Lembramos, de forma caricata, a película *Saneamento básico, o filme* (Brasil, 2007, Jorge Furtado). Ela apresenta uma pequena comunidade no sul do país que burla a burocracia orçamentária forjando um filme de ficção científica para obter recursos para atender ao saneamento básico, que, pelo odor, tornou-se o problema mais relevante da dita comunidade. A agenda real de problemas é sempre poderosa e demanda solução e mobilização!

Reclamamos das deficiências de gestão dos pequenos municípios, maioria no nosso federalismo, mas além de alçá-los à condição de ente na Constituição Federal de 1988, o que tem sido feito para melhorar essa situação? Por onde andam as discussões da "solucionática" da problemática? Não adianta reclamarmos dos erros e não valorizar as boas experiências, as práticas exitosas de prefeitos audazes que converteram recursos sem estruturas em direitos sociais materializados.

Louvo as iniciativas de todos os órgãos públicos e privados que promovem concursos de valorização de práticas de gestão. É preciso valorizar os caminhos construídos, replicá-los e adaptá-los na melhoria dos serviços públicos, dentro do pressuposto de que o valor público é com o público e para o público. Isso inclui o *ethos*[22] dialógico próprio do processo democrático.

Importar da iniciativa privada ou olhar as ações de outros países do dito primeiro mundo apenas nos conduzem à frustração da comparação ou, ainda, à esdrúxula situação de tentarmos aplicar a fórceps paradigmas desses locais na nossa administração pública pátria, no contexto de baixa maturidade política, de carente educação formal e de um misto de patrimonialismo e burocratismo, no Brasil "caboclo" que herda atrasos incontáveis e luta para avançar em questões básicas.

Penso que se faz necessário desenvolver as tecnologias administrativas que possibilitem, no contexto público brasileiro (com todas as suas peculiaridades), atingir os níveis de governança necessários. Isso implica não aprender nada com o privado ou com outros países? Claro que não! Mas, sim, entender a nossa necessidade de construir as próprias soluções, adaptando modelos e ideias. As unidades de polícia pacificadora do Rio de Janeiro (UPPs) que o digam. Precisamos de

---

[22] Hábito, costume, ética coletiva.

estudos, de pesquisas que desvelem e divulguem as formas de superação de nossas mazelas na ação estatal.

A gestão se reflete na política e vice-versa, e a construção de modelos e experiências modifica arranjos institucionais. O surgimento de consórcios públicos – nos quais municípios podem se organizar e construir um hospital comum – é um avanço. Padece, no entanto, de carência de retorno político, trazendo de volta o modelo de se adquirir uma ambulância para levar o doente a um grande centro. Entretanto, a divulgação e o estudo das soluções via consórcio podem mudar a legitimidade de outras soluções nesse sentido, no plano político. É preciso romper a inércia na gestão pública! Faz-se necessário trazer a questão da gestão e da implementação de programas para a mesa de debate, inclusive eleitoral.

A governança transcende a discussão do gerencialismo puro e agrega valores da governabilidade, mesclando-se ao indissociável aspecto político do jogo do poder e dos processos de participação. Em vez de lamentarmos e até negarmos o patrimonialismo, o clientelismo, o nepotismo, o coronelismo, sonhando com um modelo fabril-comercial que demanda motivações e controles consensuais complexos na área pública, devemos considerar esses aspectos negativos de nossa cultura estatal e construir com eles sistemas e práticas que façam da nossa gestão pública mais eficaz e eficiente.

A equidade é um valor público. Levar cartas aos rincões, salvaguardar uma criança indígena, manter o atendimento em um canal de denúncias de forma ininterrupta, entre outros exemplos, podem ser atividades cujo retorno seja baixo, o que demande sua extinção, mas aí é que a lógica do Estado se sobrepõe. Claro, necessitamos, pelos nossos arranjos, otimizar recursos e reduzir custos, mas a conjuntura nos impõe que a qualidade do serviço é que deve nortear a ação, e não puramente um critério fiscal, relembrando sempre que o serviço público não necessita ser o melhor, e sim o adequado.

Sem envolvimento, a coisa não vai. Só o gerencial não dá conta do problema coletivo. O binômio político e gerencial tem que se comunicar rompendo essa pseudodicotomia. São atores, forças, riscos e um cliente difuso, espraiado que é a população, cujas demandas necessitam ser interagidas com a ação estatal de forma constante. A governança não é só uma ação de tutela e coordenação do dirigente. Ela assume um papel de interação de uma pluralidade de agentes, em um desenho democrático.

Já percebemos que demonizar o Estado não é o caminho. O discurso de reduzi-lo é enviesado, reduzindo o necessário e mantendo o que não é típico. Necessita-se fortalecer a atuação do Estado no contexto democrático. O desafio se apresenta na interação da eficiência com a participação.

Essa é a luta da governança. A técnica, o gerencial, o veloz aliado ao participativo, ao consultivo, à rede de atores. Muito temos a crescer nesse sentido, e grandes exemplos podemos encontrar por aí!

A credibilidade das instituições é fruto de sua governança, no sentido lato. A transparência, a equidade, a prestação de contas, a efetividade, a economicidade... enfim, os valores tradicionais da ideia de governança necessitam ser fortalecidos se desejamos um avanço global no país, seja em direitos sociais, seja nos serviços públicos de qualidade, de forma sustentável e responsável.

Concluo exaltando a importância da gestão pública como área de conhecimento. O saber que nos permita refletir e melhorar a ação estatal continua carente de discussões e produções mais originais. Ficamos congelados nos pressupostos reformistas, importados diretamente do privado, decepcionados com o Estado, aliado a questões geopolíticas do fim da Guerra Fria. Arraigados a essas escolas, fanatizados de maneira equivalente aos que defendem corporativamente o estatismo burocrático, vedamos as oportunidades de construção de novos caminhos na novel realidade democrática, uma *expertise* mais do que necessária.

Coube a nós, desta geração, essa nobre e grata tarefa!

Artigo original redigido em 2013.

Box síntese:

Apesar da governança ter sido um conceito fartamente utilizado, essa discussão tem sido superficial e pouco tem contribuído para o aprimoramento da gestão e da prática política como elementos essenciais a uma boa governança.

3.13 Propina na ponta

A literatura sobre políticas públicas fala de uma categoria especial de servidores públicos chamados de burocratas de nível de rua (*street level bureacracy*). São os policiais, professores, médicos, assistentes sociais, fiscais e demais profissionais que atuam diretamente em contato com a população, na ponta da implementação, com autonomia que os faz adaptar os objetivos das políticas às suas capacidades, interpretando regras e ajustando realidades com certo grau de inovação e livres de uma supervisão mais amiúde, fortalecendo inclusive a participação e a legitimidade na gestão local.

Por terem autonomia – vale ressaltar que essencial na implementação das políticas, mormente as sociais –, esses agentes também têm a possibilidade de conceder vantagens indevidas, muitas vezes pouco rastreáveis, como no caso de multas não aplicadas por infrações de trânsito ou da concessão de benefícios ou licenças para pessoas inelegíveis. A literatura nos mostra que algumas dessas situações podem ser motivadas por vantagens financeiras indevidas – a conhecida propina – uma das facetas da corrupção.

Dada a necessidade de autonomia desses agentes, em um país de dimensões continentais, em ações cujo monitoramento pode se tornar oneroso, às vezes proibitivo, como inibir essa prática que, além de ser ilegal e afrontar a moral, quebra as regras do convívio social e afeta a sustentabilidade e a eficiência das políticas públicas? Trataremos aqui de alguns caminhos.

A primeira linha de ação que se pensa são atividades de investigação, na linha da polícia e do Ministério Público, com ações como a infiltração de servidores para desbaratar essas ações, mapeamento de bens incompatíveis com a renda e outras ideias que surgiram mais recentemente, como o "reportante" (*whistle blower*), que traz informações às autoridades, às vezes sendo premiado, e, ainda, o controverso instituto do teste de integridade, que ganhou destaque na discussão das chamadas dez medidas contra a corrupção.

Como toda abordagem, essas têm também seus riscos de enviesamento por conta dos interesses dos agentes envolvidos, além de um custo que pode não se justificar em práticas de menor calibre. Pode-se, no entanto, dizer que possuem algumas dessas ações, respeitadas as peculiaridades jurídicas nacionais, um caráter pedagógico e o potencial de efetividade em situações sistêmicas e de maior porte, em especial quando o poder decisório do burocrata de nível de rua envolve somas vultosas.

Como a propina ocorre na interação com o cidadão, a participação deste é essencial para a materialização do ato. Nesse sentido, a sensibilização por meio de campanhas de comunicação social, na linha da chamada *advocacy*, pode romper esse ciclo cultural de locais e categorias, focando não somente em aspectos morais, mas ressaltando a interdependência desse cidadão com as políticas públicas, indicando, por exemplo, que a propina pela infração por alta velocidade gera uma cultura que aumenta a mortalidade de todos nas estradas, inclusive a dele e de seus parentes.

Certas situações de corrupção enraizada, com a regra estabelecida de cobrança de propina, por vezes terminam por quase forçar o cidadão a integrar determinados contextos, sob pena de este ser alijado da política pública e ter prejuízos enormes, às vezes da sua própria vida, em um cenário no qual a sensibilização para repudiar a propina soa inócua, dado o grau de aprofundamento dessa cultura.

Por fim, a gestão precisa se revestir de controles para mitigar os riscos da propina na ponta. E isso se faz por medidas simples, que podem ser inseridas na cultura dos órgãos públicos que implementam essas políticas públicas, devendo ser objeto de cobrança pelos cidadãos organizados e pelos responsáveis pela auditoria governamental que essas medidas estejam presentes em normas e na prática da administração pública.

Trata-se de ações no sentido de revezar periodicamente os agentes que atuam em relação a determinado público, a existência de canais independentes de denúncia, vedação da atuação de agentes sozinhos, transparência dos resultados individualizados por agentes, divulgação clara das normas da política e dos direitos dos beneficiários, capacitação e utilização de servidores efetivos, submetidos a um código de conduta rígido e a uma forte estrutura correcional.

A combinação de ações investigativas, de sensibilização e de controles estruturais, amparadas nas melhores práticas, fortalece o arranjo das políticas públicas que demandam a ação de agentes especializados com certo grau de autonomia junto à população. Contribui, de forma estratégica e pouco onerosa, para a efetividade dessas políticas, fugindo da solução sedutora de encher esses agentes apenas de regras descritivas, convivendo com essa autonomia que robustece a política e que deve ter seus resultados premiados, mas que necessita de uma *accountability* específica, que dê conta dos riscos, como o da propina, que é uma das portas da baixa efetividade.

Artigo original redigido em 2017.

Box síntese:

Os burocratas de nível de rua, por terem uma autonomia necessária para a realização de suas tarefas, têm também a possibilidade de obter vantagens ilícitas sem serem detectados facilmente, demandando atividades específicas de investigação, campanhas de sensibilização e uma estrutura adequada de controles internos.

3.14 Os cinco "C" do controle

A função controle, como aquela função administrativa que se preocupa com o que está ocorrendo na gestão em relação ao planejado, como ferramenta de promoção da eficácia e da eficiência, se molda às características da gestão controlada.

Partindo desse pressuposto, pode-se dizer que algumas funções administrativas são mais difíceis de controlar do que outras. Quem atua na gestão sabe que esse corolário faz sentido, dado que algumas áreas, pela sua natureza, dão mais trabalho do que as outras. Por vezes são evitadas ou temidas.

Desse modo, o presente artigo destaca os cinco "C" do controle, ou seja, cinco áreas reputadas como de difícil controle na vida administrativa, trazendo uma breve reflexão do por que ser tão complexo esse controle e o que pode ser feito nesse sentido.

Comida – o primeiro "C" é o da alimentação. Difícil controlar coisas que estragam, de alta rotatividade. São diversas em suas formas de medir e que variam com grande sazonalidade em termos de preços. Os que trabalham em supermercados que o digam.

Sobre as funções administrativas que se detêm sobre a alimentação, é importante fortalecer medidas clássicas, como inventários rotativos e restrição de acesso físico às áreas de gêneros, trabalhando com curvas ABC que priorizem o controle dos itens de maior valor, sabendo que ocorrerão perdas que deverão ser mitigadas.

Carro – viaturas policiais, carros oficiais, táxis... todos estes figuram em uma gama de reportagens que mostram problemas em controlar algo que se desloca, tem grande autonomia, oferece risco à vida humana e, ainda, é sujeito à grande normatização. De multas a roubo de peças, além de fugidas para a casa da namorada do motorista, a labuta de controle de veículos é grande.

Já se tentou até monitoramento por satélite, mas o fato é que controlar veículos é oneroso. Por isso, muitos optam pela terceirização da frota, ganhando nos riscos de multas, mau uso e manutenção e perdendo pela dependência da empresa em questão vital. O fato é que as velhas práticas de se pintar o carro com cores e marcas características e a existência de um serviço de denúncias ainda demonstram ter bom custo-benefício.

Computação – todas as organizações, hoje, convivem com a tecnologia da informação (TI), bem como com seus riscos de dependência tecnológica das empresas, de vazamento de informações confidenciais e, ainda, de superfaturamento de sistemas que não têm paralelo de comparação no mercado, em uma função administrativa que termina por ser muito terceirizada pela sua necessidade de dinâmica para acompanhar as inovações tecnológicas.

Nesse sentido, optando-se pela terceirização em qualquer grau, as organizações não devem economizar em ter, no seu corpo funcional, uma estrutura minimamente qualificada de supervisão e acompanhamento que se preocupe com a fiel liquidação das despesas e busque blindar a organização do fantasma da dependência, mantendo essa equipe sempre atualizada.

Consultoria – quanto custa o parecer do especialista X, sem o qual teremos prejuízos certos? Seria realmente necessário esse consultor? Essas perguntas nos assolam quando diante de funções administrativas que envolvam a questão da consultoria, pela sua peculiaridade e pelo conhecimento integrado a ela. É difícil comparar mentes e a sua adequação em um mercado no qual cada um tenta se diferenciar.

As tentativas de tabelamento e padronização nesse reino esbarram sempre no mundo real e terminam por se tornar inócuas ou sem sentido. O conhecimento específico como ativo tem difícil precificação. Apenas a criação de limites de alçadas, com comissões específicas de análises de demandas mais vultosas por consultoria, analisando a adequação e o custo-benefício, parece ter algum efeito inibidor.

Capacitação – por fim, mas não menos importante, por envolver atividades dinâmicas, espalhadas territorialmente e com muitas pessoas, as atividades de capacitação, como encontros, seminários e cursos, têm peculiaridades que dificultam o controle.

Para tal, por serem atividades que ocorrem e desaparecem no tempo, o registro do que houve, da presença dos alunos, das palestras, dos itens locados etc. é uma boa prática de controle desses eventos, garantindo que se possa, no futuro, confrontar o contratado com o ocorrido.

Como se vê, elencando apenas essas cinco funções, com algumas pinceladas, vê-se como é difícil gerenciar riscos e estabelecer controles que possibilitem o fiel atendimento dos objetivos desses processos, de forma eficaz e eficiente. Para mitigar esses riscos, é preciso saber acumulado nas experiências de outras gestões que nos permita aprender com os erros dos outros, na busca de se construírem os melhores controles possíveis sobre essas funções.

Artigo original redigido em 2017.

Box síntese:

Algumas funções administrativas são mais difíceis de serem controladas que outras. O artigo se detém às dificuldades de se controlarem alimentação, transporte, informática, consultoria e capacitação.

3.15 O ébrio, os óculos e as salvaguardas anticorrupção nas licitações

I Introdução

Ulrich Beck (1944-2015), sociólogo alemão, em uma de suas obras,[23] trata da metáfora do ébrio que perde seus óculos na rua à noite, começa a procurá-los no facho de luz do poste de iluminação e, ao ser perguntado se foi ali que ele perdeu os óculos, ele responde que não, mas que naquele local é mais fácil de se procurar.

Essa singela anedota serve de introdução para o tema que será debatido nestas linhas: a utilização de mecanismos de prevenção à corrupção inseridos como condição de participação ou classificação de certames licitatórios. O artigo, de forma provocativa, vai trazer à baila a discussão de que, ao contrário do ébrio, deve-se procurar os óculos no lugar certo, e não no mais fácil.

II Uma visão *due diligence* da questão

Em um contexto de acordos internacionais e de mobilizações internas e externas, tendo como culminância a chamada Operação Lava Jato e toda uma gama de consequências a partir desta, o tema da corrupção assume uma centralidade no Brasil nunca vista no campo das políticas públicas e da sua gestão e, com isso, ganha corpo nessa discussão, no reino das soluções, a ideia de *compliance*, conceito que se aplica à postura de aderência de empresas aos entes reguladores na busca de evitar sanções financeiras e reputacionais e que desembarca no universo anticorrupção por força também da *novel* Lei Federal nº 12.846/2013, traduzido esse *compliance* em uma ideia de integridade.

---

[23] BECK, U. *Sociedade de Risco Mundial*: em busca da segurança perdida. Lisboa: Edições 70, 2018.

Das muitas práticas e visões trazidas por esse novo normal, a ideia de *due diligence* é uma que adquiriu bastante força. Traduzido de forma simples como "diligência prévia", na temática anticorrupção esse conceito trata de uma avaliação prévia antes de uma contratação como uma medida protetiva na relação com terceiros para que, caso estes estejam relacionados a atos corruptos, essa questão não contamine a organização contratante.

É uma forma de se mitigar o risco de corrupção garantindo a adesão a certos *standards* de caráter preventivo pelas partes relacionadas e, no caso dos governos, essas partes são, entre outros, o conjunto de fornecedores no contexto dos diversos contratos administrativos e acordos congêneres que possibilitam a gestão das políticas públicas, e essa relação com o mundo privado é a principal fonte de corrupção no setor governamental.

Um contrato com o governo é uma relação e que pode ter medidas que protejam o ente estatal na relação com esse ator, em que pese seja essa uma discussão que sempre esbarra em um princípio central nas licitações públicas, que é a isonomia, dado que o *due diligence* se preocupa com o histórico da organização entrante, às vezes eivado de preconceitos e de informações não confirmadas, e esse tipo de vedação pode afetar os processos concorrenciais, e o banimento, como mecanismo, é bem definido nos conceitos de inidoneidade e suspensão previstos nas normas de licitações.

O fato, porém, é que esse princípio, de se proteger na relação com terceiros na questão anticorrupção, já existia latente nos normativos sobre licitação, e essa visão assume agora outra vertente, com exigências específicas diante da centralidade assumida pela probidade.

III Externalidades e o poder indutor do Estado comprador

O governo, dentro de sua base territorial, costuma ser o maior comprador, e os governos sabem disso e se utilizam dessa situação na geração de externalidades. Não é à toa que a fase de habilitação dos licitantes, que deveria ser uma medida para dar conta dos riscos afetos à sustentabilidade da futura contratação, em termos de garantia razoável de que o contratado tem condições de honrar seus compromissos, extrapola para outras questões, às vezes estranhas ao processo.

A habilitação jurídica e a qualificação econômico-financeira ajudam a combater a informalidade; a regularidade fiscal e trabalhista reduz a sonegação de tributos; e outros mecanismos surgiram ainda nessa trajetória, como o estímulo à microempresa e à empresa de pequeno porte (Lei Complementar Federal nº 123/2006) ou, ainda, conceitos ligados ao meio ambiente, como desenvolvimento nacional sustentável (Lei Federal nº 12.349/2010) ou externalidades no combate ao trabalho infantil, na declaração prevista na Lei Federal nº 9.854/1999.

Esse uso do poder econômico como comprador para promover externalidades afeta a dinâmica das licitações por restringir mercados ou imputar custos desnecessários, com benefícios duvidáveis de alguns desses mecanismos, como a citada declaração de que a empresa não emprega menor de idade, sendo mecanismos de indução de comportamentos válidos, mas que devem ser olhados no contexto do processo de relação dos governos com os mercados para suprir as suas necessidades.

Essas exigências têm um caráter de *due diligence*, pois não seria cabível o governo, que deve promover determinados valores, estabelecer relações onerosas com atores que não honram esses mesmos valores, protegendo previamente a relação. E a onda anticorrupção também pegou carona no poder indutor das contratações governamentais na busca de promover externalidades, como se verá no próximo tópico.

IV A integridade desembarca na extensa praia das contratações

A Lei Anticorrupção tem um viés muito forte de focar no mercado como uma das fontes da improbidade, regulando a equação dessa relação com o governo, enxergando corruptos e corruptores. Não é à toa que a Lei Anticorrupção se chamou inicialmente de "Lei da Empresa Limpa", como uma forma de induzir a integridade no ambiente privado por meio da possibilidade de punições pesadas e de prejuízos à imagem.

Esse movimento, porém, veio acompanhado também de ações de incentivo, da adoção pelas empresas dos chamados programas de integridade, na mitigação de penalidades, como um mecanismo para prevenir, detectar, remediar e punir fraudes e atos de corrupção, ou seja, um conjunto de medidas *interna corporis* para dar conta do risco de corrupção nas empresas, recrutando o setor privado na tarefa de se reduzir a corrupção, de interesse geral.

No entanto, a coisa avançou para o poder indutor do Estado comprador, na ideia de proteção em relação aos parceiros na seara anticorrupção, e um conjunto de leis subnacionais[24] tem trazido como

---

[24] Existem outras, e a promulgação desse tipo de norma é crescente, mas as pioneiras são as leis do estado do Rio de Janeiro (Lei nº 7.753/2017) e do Distrito Federal (Lei nº 6.112/2018).

exigência de habilitação de empresas em certames licitatórios, em contratações a partir de determinado valor, que estas tenham um programa de integridade efetivo em uma exigência fronteiriça e que tem muito ainda a se discutir.

Os tipos e requisitos desse programa renderiam um artigo único e existem outros mecanismos similares que têm sido adotados nesse sentido nos editais, como impedimento de empregados terceirizados terem vínculos de parentesco com os servidores do órgão (Decreto Federal nº 7.203/2010) e até a exigência de processo seletivo para escolha dos empregados terceirizados de forma democrática e impessoal, em um movimento crescente e inovador que inspira cuidados, pois quem trabalha com controles internos sabe que cada salvaguarda criada deve ser sopesada diante dos riscos aos quais ela se refere.

V Uma proposta balizadora para essas salvaguardas anticorrupção

Para que, como o ébrio, não se perca tempo procurando os óculos onde ele não está, ainda que seja a via mais fácil, propõem-se aqui cinco parâmetros objetivos que podem ser observados diante da inserção de mecanismos anticorrupção como requisitos de habilitação em licitações, dado que a corrupção é um risco e que deve ser contextualizado para a sua melhor prevenção.

Toda inclusão dessa natureza deve ser precedida, dentro do princípio da legalidade, de amparo legal, mas, em um cenário crescente de produção de conhecimento, de normatização nesse tema, com autonomia subnacional, com direito a decretos e instruções normativas, essa visão balizadora pode ser um bom mediador dessas construções, no abstrato da norma e no concreto de cada edital. Eis os parâmetros balizadores:

– *Custos processuais:* se a inclusão de um procedimento ou a exigência de organização de um programa de integridade é exigência para participação de um certame, o custo advindo da adoção dessa prática pela empresa será repassado ao contrato. Ainda que diluído em múltiplas contratações, é mais um custo diretamente proporcional ao requinte exigido e, por não ser opcional, comporá a planilha de insumos unitários.

– *Custos de transação*: ao se exigir que a empresa licitante adote determinado procedimento, existe um custo de monitoramento e de verificação desse mecanismo imputado também ao contratante público. E esse custo se dá durante todo o contrato celebrado e pode envolver questões complexas no que se refere à corrupção, como a avaliação da efetividade de um programa de integridade.

– *Estímulo à concorrência*: qualquer exigência de habilitação de licitante é um inibidor da concorrência. Ao mesmo tempo que induz a aderência, diminui os possíveis candidatos à prestação do serviço e, dependendo da complexidade da contratação e da exigência, bem como da localização do objeto licitado, esse desejo de inibir a corrupção pode ter um efeito adverso.

– *Relevância do risco*: a exigência de uma salvaguarda anticorrupção não pode ser algo padronizado, guardando relação direta com os riscos de corrupção daquele contrato. Se é intensivo de mão e obra, o nepotismo é um risco presente. Corrupção é um risco contextualizado e que precisa ser entendido assim na exigência de salvaguardas que não onerem desnecessariamente os governos.

– *Efetividade da resposta*: da mesma forma, entendido o risco de corrupção na contratação, dimensionado dentro do impacto e da probabilidade, esse deve ser tratado com uma salvaguarda barata e efetiva. Se o risco é de nepotismo, será que apenas uma declaração da empresa é o suficiente? Riscos relevantes merecem um tratamento adequado e sério, o que é melhor do que tratar de qualquer maneira todo o universo dos riscos identificados.

Princípios simples e que podem balizar o legislador, inclusive no campo infralegal, bem como os gestores os auditores, na construção e na avaliação de medidas anticorrupção que promovam a probidade das contratações públicas, não enxergando assim a corrupção como um problema insulado da gestão.

Como o ébrio que busca seus óculos no lugar errado, perdendo o seu tempo com medidas sem efetividade, tem-se que, quanto mais mecanismos anticorrupção são criados, mais existe a possibilidade de se fortalecerem as patologias da burocracia,[25] que inibem a eficiência, o que afeta o interesse público, alvo maior da corrupção.

Corrupção é um problema muito sério, que merece um tratamento adequado para proteger a gestão e garantir a sua efetividade, mas esse mesmo tratamento não pode ser contrário ao espírito da boa

---

[25] ANECHIARICO, F.; JACOBS, J. B. *The pursuit of absolute integrity*: how corruption control makes government ineffective. Chicago: The University of Chicago Press, 1996.

contratação, demandando alinhamento dos processos de *compliance* com a governança.

Artigo original redigido em 2020.

Box síntese:

A imposição de obrigações aos licitantes para reduzir a corrupção pode ter externalidades negativas, e algumas destas podem, inclusive, onerar o processo de contratação e até aumentar o risco de corrupção.

3.16 O lucro político, controle prévio e Hollywood

Nesses tempos de reeleições e continuísmos, os representantes eleitos acompanham atentamente o desempenho de seu governo, tendo como um dos principais indicadores dessa *performance* a aprovação da sua gestão medida nas pesquisas realizadas. A aprovação de um governo é uma medida de percepção, uma representação quantitativa da avaliação daquele governante e de seu desempenho na opinião da população. E como toda variável de estoque (em um dizer contábil), essa fotografia da gestão é muito influenciada pelos acontecimentos das manchetes dos periódicos, principalmente quando o assunto é a corrupção. Vemos que, nas ditas crises de moralidade, como a recente crise do mensalão, os eventos midiáticos afetam diretamente esses índices, levando, em alguns casos, até a queda de políticos.

O lucro político, representado aqui por ganhos que determinado representante popular pode auferir de atos de sua gestão ou de conjunturas relacionadas, segue lógicas de um mercado de grande risco, no qual se busca, em grandes investimentos públicos, o lucro político máximo em tempo mínimo em face das peculiaridades dos processos eleitorais a cada dois anos no país. Os dividendos representados pela reeleição ou pela eleição de aliados para outros poderes são diretamente influenciados pela soma de aprovações do representante naquele período, principalmente no Poder Executivo, graças à tradição de preponderância desse poder em nosso país.

Não queremos neste artigo, de forma alguma, generalizar as situações, dizendo que o político é vítima de maus funcionários, como regra. Entretanto, nenhum governante está livre da atuação ímproba de seus servidores. Acostumamo-nos à imagem do político corrupto. A realidade, porém, mostra que essa postura independe do escalão e pode também estar no corpo de funcionários, que, pela atitude, pode provocar um escândalo que por vezes ultrapassa as fronteiras estatais. Nesse momento, dependendo da dimensão da crise – causada às vezes por coisas banais se comparadas à magnanimidade do ente federativo –, o dirigente máximo é visto como um criminoso. Com isso, projetos construídos por anos de trabalho vão em derrocada devido a uma pequena mancha, às vezes ampliada por opositores no jogo político. Aí, da atuação de poucos, pela generalização comum ao ser humano, vira tudo "uma grande roubalheira" e ouvimos a célebre frase que "político nenhum presta". O ônus político é sempre do titular da pasta.

Como evitar tamanho dissabor político e cair no vermelho no balanço da popularidade? Inicialmente, vejo que é praticamente impossível, em uma máquina estatal de porte como um país, um estado ou até mesmo um médio município, garantir que os determinados agentes subordinados não agirão de forma corrupta, manchando a gestão. Com certeza, um ambiente de impunidade e a falta de controle e fiscalização periódica são ingredientes para aumentar as ocorrências. Considerando que é impossível controlar tudo, até a presença do controle em si deve ser analisada, de forma a gerenciar os riscos e assegurar o cumprimento das finalidades do ente federativo.

A Lei nº 4.320, de 17 de março de 1964, no artigo 77, define três tipos de controle: prévio, concomitante e posterior. O controle posterior é o padrão predominante para os órgãos de controle interno e externo no Brasil atualmente. Age sobre os fatos executados e documentados. Seu custo e a sua operacionalização são razoáveis para a dinâmica da complexa administração pública atual. Os processos de contas anuais são exemplos clássicos de controle *a posteriori*, em que a gestão anual de uma unidade é avaliada por uma equipe de auditoria, sendo emitido um parecer ao final.

Como se vê nesse caso, o objeto de avaliação são fatos passados, executados e por vezes já consumidos. Esse controle gera o julgamento das contas pelos tribunais de contas, o ressarcimento dos débitos imputados – geralmente pela via judicial e historicamente morosos –, além da condenação de responsáveis por valores em multa e outras cominações.

Muitas vezes, o governante do momento em que o fato eclodiu acaba amargando prejuízos políticos em face da dimensão do escândalo, que muitas vezes não tem relação direta com a sua gestão, apesar de ser inocentado no campo jurídico. Nessa hora, argumentos soam como desculpas. Na salada de informações desencontradas que se instala na imprensa, o governante que implementa políticas de prevenção e combate à corrupção, desvelando fatos escabrosos, acaba tendo a imagem manchada, premiando o silêncio dos que se furtam a controlar as despesas

O controle prévio seria aquele que, antes da execução completa da despesa, por meio de avaliações que não precisam ser integrais, mas, sim, por indicadores, permite detectar e avaliar os riscos nos processos da administração. Pelas suas características, o próprio ente federativo tem mais condições de exercer um controle prévio eficiente na sua gestão e, no dizer do adágio popular, "lavar a roupa suja dentro de casa". Afinal, os processos estão ocorrendo ali, organicamente. O controle prévio, efetuado com critérios de materialidade, relevância e criticidade, pode garantir ao governante um sono mais tranquilo quanto às manchetes do dia seguinte. O uso da internet e dos sistemas corporativos na gerência de despesas públicas permite antecipações por parte do controle interno do ente federativo. Antecipações que evitam e amenizam crises, ainda nascentes, obtendo, ainda, o ônus de punir os culpados e demonstrar a seriedade da gestão.

Utilizando-se de uma metáfora, o controle prévio é similar ao princípio do pré-crime apresentado no filme *Minority Report* (2002), dirigido por Steven Spielberg, baseado no conto com o mesmo nome de Philip K. Dick. Nesse filme, na sociedade futurista de 2054, a polícia dispõe de uma divisão pré-crime, que consegue extinguir os assassinatos, pois o futuro é visualizado antecipadamente por paranormais, que orientam as ações dos policiais para evitar o crime e prender o culpado, ainda que este ainda não tenha consumado o crime. Sem recursos tão metafísicos, as técnicas estatísticas e a tecnologia da informação nos permitem vislumbrar e prevenir determinadas situações de risco, inibindo os potenciais culpados de figurar nesse grupo e evitando os indesejáveis escândalos.

O desejável de toda gestão é sanar o delito antes que ele cause estragos de difícil reversão, instalando, assim, um ambiente preventivo. É mais econômico e saudável para todos os atores envolvidos essa diretriz. Combater a corrupção sob esse prisma garante o "dar a César o que é de César" na gestão, em que eventos passados não se misturarão com a gestão futura, pois o próprio governante está atento e inibindo as ocorrências, punindo quem tiver que ser punido. Coisas do passado não se perpetuarão na nova gestão, pois o monitoramento é presente.

Desse modo, com medidas simples de controle, acompanhando índices, identificando fragilidades e gerenciando riscos, o governante pode garantir a sua foto no jornal e nos *sites* de transparência apenas em coisas memoráveis. E um bom desempenho nas pesquisas e nas urnas.

Artigo original redigido em 2009.

> *Box síntese:*
>
> *Uma visão preventiva por parte do governante, que evite ele ser instado pelos outros atores de accountability, é uma forma de ele preservar o seu capital político, pois, no processo eleitoral, ele é julgado não somente pelos danos da imagem de improbidade, mas também pela deficiência da entrega dos compromissos assumidos.*

3.17 Por um mundo com mais *compliance*

A recente Lei nº 12.846, de 01.08.2013, que dispõe sobre a responsabilização administrativa e civil de pessoas jurídicas pela prática de atos contra a administração pública, a chamada Lei Anticorrupção, promissora na busca de equilibrar a equação corrupto e corruptor, trouxe a reboque um tema inovador na administração pública: o *compliance*.

O artigo 7º diz que serão levados em consideração, na aplicação das sanções, conforme inciso VIII, "a existência de mecanismos e procedimentos internos de integridade, auditoria e incentivo à denúncia de irregularidades e a aplicação efetiva de códigos de ética e de conduta no âmbito da pessoa jurídica", uma positivação do potencial dessa legislação em promover a melhoria da integridade das instituições privadas que prestam serviço ao setor público, contribuindo, de forma indireta, com a mudança da cultura empresarial e com ganho na credibilidade de nosso setor econômico no plano internacional.

Louvada essa iniciativa legislativa, pontapé inicial de um amadurecimento das relações público-privado no país, verifica-se também a necessidade de discussão da questão do *compliance* no âmbito do setor público e que benefícios essa palavrinha quase mágica nos trará.

Inicialmente, faz-se necessário pontuar o que é *compliance*, palavra que vem do verbo inglês *comply*. Ela se prende à ideia de obedecer, cumprir e observar o regramento estabelecido, ou seja, é uma discussão predominantemente de conformidade, de aderência a normas de diversas estaturas – leis, políticas internas, convenções –, situação que, no Brasil, pelas suas características, já desponta numa dificuldade estrutural, em especial pela cultura de a lei "não pegar".

O *compliance* é uma função administrativa oriunda do aumento da relevância no contexto social de ideias de governança, ética, gestão de riscos e sustentabilidade. Esse novo cenário demandou um equilíbrio entre as tensões do modelo competitivo-individualista da sociedade capitalista pela implementação de ações que promovam a adesão a regras, na prevenção de riscos regulatórios, de imagem e até das relações humanas.

O *compliance* se propõe a ser uma vantagem competitiva para as organizações, à similitude do que foi apregoado para a sustentabilidade e a responsabilidade social. Visa fornecer mais credibilidade junto aos *stakeholders*, além de proteção à sanção de reguladores ao evitar a corrosão das relações pelos desvios éticos, sintonizando as políticas da empresa com os regramentos no contexto ao qual ela está inserida.

Nesse ponto, em especial, ela padece de um dilema, por ser uma medida de autorregulação na selva do mercado competitivo. Pode ser, na prática, encarada como uma deficiência competitiva, pelo seu caráter inibidor, se não conseguir ser associada pelo gestor a uma melhoria da eficiência. Luta para ser um sistema de incentivos à conformidade em meio à luta desenfreada pelo lucro, tendo como fator de força a bandeira da credibilidade e da sustentabilidade das relações.

Ainda que estejam inseridos em um modelo mercadológico diverso, baseado em um sistema político de clientes espalhados difusamente, mecanismos avaliativos baseados em eleições e mecanismos regulatórios por órgãos internos e externos, os órgãos e entidades governamentais necessitam do *compliance*, pois estão também submetidos a riscos éticos, de imagem, de regulação e de conformidade.

Uma política de *compliance* protege a organização pública de danos à reputação, dela e de seus funcionários. Mais do que uma discussão de *brand*,[26] têm-se em jogo a confiança e a credibilidade daquela equipe à frente da organização junto ao público como fator de sobrevivência e de respaldo na construção de seus objetivos.

Da mesma forma, um investimento em *compliance* protege a organização pública do risco regulatório, da ação de órgãos de controle e suas correspondentes sanções administrativas e judiciais, dos danos de imagem de divulgação dessas sanções, bem como de denúncias de conselhos e entidades de classe.

Por fim, um ambiente que preza pelo *compliance* reduz a incidência dos desvios éticos e as ocorrências de práticas corruptas que corroem as relações pessoais e administrativas daquela organização, fazendo com que as suas finalidades públicas sejam substituídas pelos interesses puramente privados e que os custos sejam majorados, com objetivos não concretizados, afetando, de forma sistêmica, a eficácia e a eficiência da organização.

Conhecido bordão do ramo indica: "*If you think compliance is expensive, try no compliance*" (se você acha que o *compliance* é caro, tente o

---

[26] Marca.

não *compliance*). Em um mundo de comunicação intensa, de valorização recente da transparência, da postura ética e da qualidade dos serviços públicos, a discussão do *compliance* não pode deixar de fora as organizações públicas, que, aliás, não têm se furtado dessas iniciativas, ainda que sob outras nomenclaturas e estruturas.

Componente do sistema de integridade das organizações, o *compliance* fortalece aspectos preventivos da gestão, atuando na cultura e no cotidiano administrativo. Ainda que não seja condição suficiente para tornar a organização à prova de desvios de conduta e seus problemas decorrentes, é condição necessária para atingir a essa meta.

Uma administração pública mais aderente, mais íntegra, protegida de riscos, não pode dispensar os avanços trazidos pela discussão do *compliance*, que se materializa pela criação de normas, pela realização de treinamentos e pela criação de estruturas que promovam essas ideias, fugindo da ideia sedutora de tratar o *compliance* como um modismo administrativo e percebendo este como um mecanismo de promoção da integridade, necessidade básica dos grupos humanos.

Para essa opção política florescer, necessitamos cultivar a crença, como gestores, que o *compliance* agrega valor ao serviço público, de que é indissolúvel uma gestão eficaz e eficiente de uma gestão ética.

Não existe mágica! Se queremos o *compliance*, temos que valorizá-lo por medidas administrativas que permitam a essa discussão entrar no cotidiano das organizações, rompendo o paradigma de legislação *versus* punição, atuando por meio de elementos culturais na promoção da conformidade e todos os benefícios dela advindos.

O setor público, mais do que o privado, não pode enxergar o *compliance* como um pendurícalo que não agrega valor à sua missão. Deve o setor público perceber que ações de incentivo à integridade, no contexto democrático, como o *compliance*, a transparência, o controle social e os controles internos constituem vantagens competitivas de incremento da credibilidade e de aumento do valor da organização pública junto a seus *stakeholders*, que são, em última instância, a própria população.

Artigo original redigido em 2014.

Box síntese:

O compliance, como uma postura de aderência, para se evitarem danos regulatórios (multas) ou de imagem, é uma ideia que precisa permear as organizações, em especial pelo surgimento de uma nova regulação anticorrupção, que impõe obrigações ao setor privado na construção da probidade.

3.18 O equilíbrio entre a lebre e a tartaruga

Domingão de férias na ensolarada cidade do Rio de Janeiro. O fim do dia merece um cineminha. Ao começo de cada sessão, amenizado pelo esforço dos profissionais do *design*, um filminho reforça as regras de segurança na sala de cinema. Procedimento similar adotam *shows* e as comissárias de bordo, na lembrança cotidiana de regras úteis que julgamos saber, mas que, diante do perigo, são fundamentais.

Reclamamos de forma enfadonha, pois não saímos de casa para ir ao cinema para saber se ele vai pegar fogo. Nosso tempo é curto na correria da sociedade moderna e temos que cumprir nosso objetivo: assistir ao filme.

Entretanto, os riscos e ameaças subsistem à nossa insatisfação pela força das circunstâncias ou pela negligência dos homens, conduzindo belos passeios a tragédias terríveis ou, ainda, gestões renomadas em poços de corrupção. Como dizia o adágio, "tudo está bem quando tudo está bem".

Essa introdução metafórica nos permite analisar que os momentos recentes de discussão sobre a gestão pública nos colocam como clientes insatisfeitos que desejam ver o filme rapidamente, elegendo um vilão – a burocracia – sem saber bem quais os malefícios e benefícios dessa abordagem, no mantra que a responsabiliza por tudo.

Vivemos, gerencialmente, uma sanha de que qualquer forma de controle atrapalha, que a velocidade é a dimensão primordial da eficiência e que as ameaças e os riscos são purismos, invencionices de um período no qual o patrimonialismo supostamente se deu soterrado e as regras e controles apenas atrapalham, não contribuindo em nada para o atingimento dos objetivos.

Aí, reclamam alguns de mecanismos de verificação, de ações que procurem melhorar a responsabilização e a transparência como causa de todos os males. Entretanto, obviamente, ainda que os mecanismos de controle devam ser avaliados e sopesados à luz dos objetivos, importa, sim, a redução do fosso criado entre os mecanismos de eficácia e de controle e as discussões de gestão e de eficiência.

Existem exageros de ambos os lados. O discurso da eficiência empresta à autonomia e aos mecanismos concorrenciais um poder de garantia de sucesso absoluto, da mesma forma que os defensores da eficácia atribuem aos mecanismos garantistas uma capacidade absoluta de atingimento de objetivos.

Faz-se necessário um equilíbrio entre coisas que são relacionadas: a eficácia e a eficiência. A tartaruga é prudente, e a lebre é veloz. Não há como se falar em eficiência sem a eficácia. A pressa é inimiga da perfeição, mas o ótimo é o inimigo do bom. O controle, por si só, não substitui a gestão, mas o controle é uma das funções básicas da gestão.

Saint-Exupéry,[27] no livro *O pequeno príncipe*, dizia que o essencial é invisível aos olhos. O essencial e o acessório no processo de gestão necessitam ser identificados. No campo do discurso, quando confrontados, muitas vozes culpam o controle e a burocracia pelos atrasos e falhas. Nos escândalos, outras vozes se socorrem desses mesmos mecanismos,

Esse jogo de palavras, entre uma burocracia demonizada em situações peculiares e santificada à luz de desvios, atrapalha a integração de mecanismos de controle à gestão. Fruto das discussões reformistas, o gestor tem dificuldade de atuar no foco preventivo, no monitoramento, identificando práticas salutares nesse sentido.

A implementação e a dimensão da execução se tornaram mais robustas. Restou, no entanto, um compromisso de desenvolver tecnologias administrativas nos processos de monitoramento, nos controles, para avançar sobre as ameaças do mundo real.

Assim caminham os discursos, apresentando hoje o hospital carente de material, tendo como algoz a burocracia, em situação na qual o problema pode ser a falta de regulação, ou uma regulação ineficaz, que pode ter gerado o desvio, o superfaturamento ou, ainda, a ausência do profissional de saúde.

Uma burocracia ineficiente, ensimesmada, é um mal inútil, fornecendo uma falsa sensação preventiva. Mecanismos de controle e acompanhamento, em especial na linha da transparência, da gestão de riscos, da interação popular, podem trazer grandes benefícios à gestão pública, associados a mecanismos de otimização e de foco no beneficiário.

Fiscalizar o que é relevante, apresentando soluções possíveis, sistêmicas e pontuais, integrando a população pela transparência, retroalimentando a gestão com as lições aprendidas. Esses paradigmas

---

[27] Antoine de Saint-Exupéry, escritor francês.

inovadores, contingenciais dos novos, necessitam estar integrados às ações de melhorias de processos, de mapas estratégicos e outras ferramentas gerenciais discutidas e ensinadas a mancheias, na convergência para melhores serviços públicos, na materialização de direitos.

A discussão dos controles internos ficou muito restrita ao campo contábil, e a otimização, ao campo de estudo dos administradores. A gestão pública necessita integrar essas grandezas, de fazer bem feito, à hora certa, mas com mecanismos que garantam que a coisa ocorra. Falamos de um país de dimensões continentais, de múltiplas instâncias de delegação, de atores, tempos e valores diversos. Nesse emaranhado, necessitamos da política pública que atua sobre os problemas da sociedade.

Assim, aponta-se uma discussão contingencial fundamental no que tange à gestão pública. O assunto merece aprofundamento, mas, principalmente, a visão de que pressa e prudência são faces da mesma moeda.

Artigo original redigido em 2014.

Box síntese:

A eficácia precede a eficiência. A burocracia tem a sua medida certa, na garantia do atingimento dos objetivos, para dar conta ao risco, e a velocidade deve ser mediada pelo sucesso da missão, dado que pressa e prudência são faces da mesma moeda.

3.19 Indicadores para um mundo melhor

Dona Fátima, apesar do aparente sobrepeso, de forma quase religiosa verifica as suas taxas por meio de exames sanguíneos. A pressão, aferida à noite e matinalmente, seguia para um gráfico. A cada consulta periódica, o felizardo médico recebia dados precisos da paciente, que, de forma detalhada, permitia o balizamento da atuação do profissional na construção de um diagnóstico visando à prescrição correta.

A pequena historieta nos serve para perceber a importância da temática dos indicadores para a vida humana. Instrumento de governança de excelência, os indicadores possibilitam uma navegação segura diante das incertezas do mundo real, não só na vida cotidiana, mas também para as organizações, expondo informações úteis para os diagnósticos e para os processos decisórios.

Como todo instrumento de gestão, os indicadores merecem ser conhecidos, mas não superestimados, como solução miraculosa para todos os problemas da gestão. Neste breve artigo, pretende-se fornecer um panorama da temática dos indicadores na gestão pública, seus mitos, e de que forma eles podem contribuir para os avanços da gestão nas dimensões da eficácia e da eficiência.

I Indicadores – instrumentos de governança

A ideia dos indicadores vem da máxima administrativa muito divulgada, em especial nos tempos da gestão da qualidade total (GQT), de que é "impossível gerenciar sem medir". O indicador, nesse sentido, é um mecanismo dinâmico de avaliação que possibilita a mensuração de critérios importantes para o diagnóstico do modelo adotado, subsidiando o processo decisório.

O resultado, em determinado momento do indicador, o índice, descreve um aspecto da realidade de acordo com um critério e possibilita a quantificação, o planilhamento dessas informações de forma comparativa, na construção de uma percepção da realidade naquele momento.

Os indicadores são instrumentos que permitem identificar e medir aspectos relacionados a determinado conceito, fenômeno, problema ou resultado de uma intervenção na realidade. São ferramentas de medida que permitem extrair informações da realidade conforme a necessidade do processo de governança daquele sistema administrativo.

Os indicadores recebem diversas classificações pela sua abrangência (estratégicos, operacionais etc.) e pela sua localização no fluxo de trabalho (insumo, processo, produto, resultado, impacto, entre outras). Os diversos tipos destes nos ajudam a compor um sistema de indicadores, ou seja, um arranjo de informações que, consolidadas, nos apresentam um painel de determinada situação, que permite comparações, conclusões e tomadas de decisão.

II Limitações, mitos e possibilidades

A obsessão pela medida, pela informação confiável que permita a decisão acertada, elevou o patamar dos indicadores na gestão pública brasileira dos tempos recentes, sendo objeto de cursos, consultorias, auditorias e trabalhos científicos.

A primeira limitação observada no uso de indicadores é que estes, de *per si*, não resolvem as questões da gestão. Necessitam estar inseridos em um contexto de planejamento estratégico, de identificação da missão, das forças e fraquezas e das metas que se desdobrem na execução dessa missão. Aí, na questão da implementação, há que se falar em indicadores, mas, se nos ativermos somente a eles, caímos na inovação inútil, ensimesmada, que gasta recursos e pouco traz retorno.

Outra limitação é que a medida da gestão por meio de indicadores é uma simplificação da realidade, visto que qualquer sistema de coleta de dados tem imperfeições. Como o piloto de avião não confia cegamente no painel de controle, o gestor também necessita checar e atualizar o seu sistema de indicadores, reconstruindo este e utilizando de mecanismos de certificação de informações mais relevantes.

A alimentação de dados dos indicadores também é um processo sujeito a ruídos oriundos de diversas causas, como a falha humana, a fraude e a desídia, em situações que podem contaminar a nossa percepção da realidade. A literatura técnica fala do *iceberg* da gravidade, conceito que indica que a incerteza dos dados aumenta à medida que a gravidade das ocorrências diminui, ou seja, sabemos muito mais sobre grandes ocorrências do que sobre fatos cotidianos. Isso pode revelar fragilidades de nossos indicadores se não existir uma política de ajustes e cotejamentos.

Apesar das limitações, não podemos desconsiderar o papel relevante dos indicadores na gestão, ainda que seja necessária a percepção do gestor dessas limitações, e ressaltamos alguns cuidados necessários na gestão de sistemas de indicadores nos próximos tópicos.

III A régua e o alvo

Um dos cuidados na gestão de indicadores é a percepção de que o processo de medida, de avaliação, não substitui o processo de execução. É sabido que o ato de medir formata, influencia a gestão, a partir do momento em que dá a regra do jogo. Por exemplo, se as avaliações periódicas da política educacional valorizarem a matemática, esta disciplina merecerá maior atenção de alunos e professores e logo se estudará mais matemática, em termos concretos.

A situação extrema pode conduzir os alunos somente a estudar para os testes, e a política educacional passa a visar apenas o teste em si, e não o aprendizado para a vida cidadã e a vida no trabalho. É a famosa cultura dos testes, questionada hoje nos Estados Unidos, em termos educacionais.

A metáfora, bem realista, serve para ilustrar que, quando instalamos um sistema de indicadores em determinada gestão, as pessoas da organização vão ser direcionadas por estes. Isso pode trazer efeitos não previsíveis ou até indesejáveis à gestão. No ato de medir, gerimos! Não interessa o que manda o rei, e sim como é entendido pelo servo mais simples.

IV Sobre escopetas e borboletas

Nesse sentido, por vezes criamos "escopetas para matar borboletas" quando instalamos sistemas de indicadores robustos e complexos que consomem energia administrativa na sua alimentação, mas que pouco contribuem com o processo decisório e de melhoria contínua, descontextualizados do planejamento estratégico. Assim, tem-se uma série de medidas, onerosas e, por vezes, conflituosas, demandando mais tempo de gerência do indicador do que do sistema administrativo.

Da mesma forma, a alta gerência tem que ter em mente que criar mais um indicador ou, ainda, aumentar uma meta a ser atingida, tem um custo para o sistema. Esse esforço deve guardar correspondência com o atingimento de metas dentro do desenho estratégico da organização.

V O índice aos olhos do mundo

A gestão está inserida no ambiente, e a revelação de um índice afeto a um indicador tem impacto sobre a comunidade, sobre o mercado e sobre a própria organização.

Essa pressão social induz os sistemas a inflar os índices ou, ainda, a valorizar a construção do sistema de indicadores de um aspecto em detrimento de outros. Tal atitude mascara a realidade e afeta a credibilidade dos sistemas de medida à luz da inexorável realidade que se apresenta. Indicadores se convertem de instrumentos de governança para ferramentas de *marketing*.

O segredo dos indicadores são a simplicidade, a confiabilidade e o alinhamento com os objetivos da organização. Assim, servem de guia para o gestor de diversos níveis. Sinceramente, em minha opinião, o indicador diz muito mais respeito a um público interno do que a divulgações externas para que ele tenha o isolamento necessário que permita resguardar a confiabilidade das pressões naturais.

VI Indicadores para um mundo melhor?

Entre criticados e mitificados, penso que devemos guardar um lugar de destaque para esse instrumento de gestão. Ainda que seja impossível gerenciar sem medir, temos que ter em mente que é impossível medir tudo.

O fetiche das métricas é sedutor. É incrível a sensação de poder ao olharmos um portfólio de informações e termos na mão uma percepção fidedigna da realidade na nossa tomada de decisão. A vida real, contudo, é traiçoeira. Temos erros, interpretações e *players* nesse jogo, o que nos faz ter a preocupação de ter a fidedignidade razoável de nossos dados, checando o que for fundamental para as decisões relevantes.

Não creio ser possível um mundo melhor sem indicadores, sem instrumentos que permitam ao gestor ampliar a governança, assim como nós, na vida cotidiana, não dispensamos medidas periódicas, como a zelosa Dona Fátima da história inicial. Não está isenta de riscos, mas tem uma vida mais serena, sabendo onde está pisando.

Entretanto, devemos ter o cuidado de não cair na armadilha dos meios que se sobrepõem aos fins, supervalorizando medidas e ferramentas, esquecendo-se da intuição, das incertezas e do fator humano, no mundo subjetivo, que é inseparável da gestão.

Artigo original redigido em 2013.

Box síntese:

Os indicadores são um excelente instrumento de gestão, em especial no processo de implementação e monitoramento, mas não substituem a avaliação e o planejamento, e têm limitações de métrica, de coleta, de viés, de monopólio de uma visão, de se tornarem a finalidade da organização e, ainda, a pressão quando algum tipo de recompensa é associado a eles.

3.20 A curva CBA

Vilfredo Pareto (1848-1923) foi um cientista político, sociólogo e economista nascido na França, mas que fez carreira na Itália. A despeito de suas posições políticas, de sua aproximação teórica com o fascismo e das suas teorias elitistas, tem-se que as suas contribuições no campo da economia são relevantes, como o chamado *Ótimo de Pareto*, no qual é impossível melhorar a situação de um agente sem prejudicar outro, ou seja, para alguém ter vantagens, alguém tem que perder.

Porém, para o presente artigo, interessa outra contribuição de Pareto: a chamada Curva ABC ou "80/20". Trata-se de uma metodologia administrativa do estadunidense Joseph Juran,[28] teórico da Qualidade Total. Juran inspirou-se nas ideias do estudioso italiano, o qual observou que 80% das riquezas são concentradas nas mãos de 20% da população, conceito atual até hoje, tal qual os estudos de Thomas Piketty[29] sobre concentração de renda, que mostram que a desigualdade é uma realidade, não implicando necessariamente que esta deve ser naturalizada.

Essa abordagem metodológica de concentração de um atributo em uma parcela menor do universo analisado é muito usada na gestão de estoques, mas também na contabilidade de custos, bem como em diversos campos da gestão das empresas, nas quais se precisa identificar um conjunto de itens que demanda uma maior atenção por parte do gestor, inclusive na auditoria interna.

É comum aos auditores, diante da necessidade de realizar amostras para a construção de opiniões sobre a gestão, eleger um critério que se concentre, em especial, no valor financeiro para que os escassos recursos da auditoria se detenham sobre aquele grupo de transações que representem o maior valor financeiro. Auditar é fazer escolhas!

---

[28] Consultor de negócios famoso por seu trabalho com qualidade e gestão da qualidade.

[29] Economista francês.

Assim, diante de uma unidade com muitos contratos, é comum a auditoria deter a sua atuação estratégica naqueles 20% de maior valor. Diante de muitas filiais, aquelas que concentram a maior movimentação de transações. Para a realização de testes substantivos no estoque, buscam-se aqueles de maior valor. É um critério racional que busca otimizar a ação avaliativa e, ainda, blindar esta de questionamentos sobre a relevância das conclusões obtidas.

A curva ABC figura, assim, como um bom princípio da atividade de auditoria interna, seja no planejamento estratégico desta, seja na atuação operacional. Mas o que se vê, em casos que, por vezes, surgem na imprensa, é o contrário. Vê-se a utilização de uma curva CBA nas atividades de auditoria. Uma inversão dessa necessidade de se dar mais atenção ao prioritário.

Por conta da autonomia que existe na atividade de auditoria interna e, ainda, pelo medo de represálias, em um país de uma cultura avaliativa incipiente, a solução de se deter no que não é relevante surge como convidativa, ignorando o que concentra o maior número de transações, de valor, para se deter em profundas e complexas análises sobre coisas acessórias. Relega-se ao esquecimento o adágio de Peter Drucker: "Não há nada tão inútil quanto fazer eficientemente o que não deveria ser feito".

Outro vício comum, também nesse sentido, é uma análise superficial de todo o universo de transações da organização, na linha de que toda esta precisa ser verificada, tratando desiguais como iguais, em uma equidade que é prejudicial pela complexidade da organização e, ainda, por desconsiderar que a auditoria interna deve se vincular a agregar valor aos objetivos e que nem todos os setores contribuem de igual maneira para estes.

A fuga do relevante, do central, do mais significativo no campo da auditoria interna, é gastar energia administrativa em questões que não necessariamente protegem os objetivos organizacionais dos riscos, os quais se materializam independentemente do trabalho da auditoria. Esta perde, assim, uma oportunidade de produzir informação específica e qualificada que possa alterar os sistemas de controles internos, mitigando riscos. E também os problemas, diga-se de passagem!

O princípio auditorial da rotação de ênfase – que indica que o ciclo de auditorias deve perpassar por todos os processos da organização, posto que nenhum pode ser desconsiderado – é a mitigação teórica da Curva ABC, mas que, como princípio de equidade, não pode dissociar a atuação da auditoria interna do aspecto estratégico da organização, podendo gerar na auditoria um papel minimalista, de grande conferidor, o que ignora a dinâmica das transações na organização e na interação com o ambiente.

Um hospital que tenha nas cirurgias ortopédicas o carro-chefe, que tenha no estoque de órteses e prótese, grande parte do ativo – e que essas cirurgias sejam objeto de deslocamento de pessoas de outros estados para se beneficiar – deve ter, no planejamento de auditoria, os processos correlatos a esse tema com centralidade e presença constante. Caso contrário, corre o risco de emitir opiniões relevantes sobre temas não tão importantes, ocultando os problemas da alta gestão, com diagnósticos descolados da realidade, surpreendendo a auditoria e a alta administração com problemas futuros e fragilidades dos controles internos.

Muitos dirão que todos os setores são importantes e que a auditoria não pode permitir a ocorrência de irregularidades em nenhum deles. Exatamente essa ideia utópica que o princípio concentrador de Pareto vem mostrar: essa igualdade de condições e de valoração não existe. Em uma organização, alguns setores são, de fato, mais relevantes e merecem mais atenção na consecução da missão, ainda que os recursos auditorias sejam sempre limitados e que escolhas se façam necessárias.

Essa pseudodemocratização da escolha do escopo da auditoria interna pode, na verdade, revelar desídia, intimidação e falta de zelo profissional na realização da atividade, no sentido de se utilizar a preciosa auditoria, que envolve custos de planejamento, execução e monitoramento, para processos acessórios, sem relacionar, assim, a atividade de auditoria interna a um sentido estratégico, o que fere frontalmente a visão moderna dessa área de atuação.

Artigo original redigido em 2019.

Box síntese:

A Curva ABC é um bom princípio da atividade de auditoria interna, seja no planejamento estratégico desta, seja na atuação operacional, por concentrar o maior número de transações, de valor, para se deter em profundas e complexas análises sobre coisas acessórias, dado que, em termos de risco, as coisas nunca são iguais, no máximo equivalentes.

3.21 COVID-19: o apetite e a percepção

O presente texto busca, de forma singela, trazer reflexões relacionadas a dois conceitos não tão populares nas discussões de gestão de riscos: o apetite ao risco e o risco percebido, buscando vincular estes a alguns fenômenos que têm sido observados no mundo, na recente crise da COVID-19, ajudando a enriquecer a análise desse fenômeno.

O primeiro conceito, o apetite ao risco, é o quanto uma organização está disposta a aceitar exposição ao risco no processo de perseguição de seus objetivos, sendo uma questão estratégica, uma declaração do seu posicionamento para um grupo de atores, antecipando decisões, e que está diretamente relacionado à resiliência dessa organização no suporte dos impactos quando da materialização dos riscos aceitos.

No caso da COVID-19, o conceito se aplica ao evento recente de mudança de um paradigma de atuação do governo inglês, de "mitigação" para o de "supressão", após a apresentação de um modelo matemático pelo Imperial College de Londres, que indicou que o modelo menos restritivo poderia ocasionar um impacto maior do que o previsto anteriormente, demonstrando que o apetite ao risco tem um caráter de dinamismo, em especial em momentos de grandes crises.

Apesar do traço *top down* dessa ideia de apetite ao risco, esse posicionamento precisa ter um suporte de legitimidade pelos atores da organização e suas redes, dado que estes também pagarão os preços dos impactos da materialização dos riscos, o que demanda um alinhamento pactuado para que, quando os sacrifícios ou omissões cobrarem seus preços, isso seja claro para os envolvidos.

Somente para exemplificar, imagine uma usina nuclear na qual, para se reduzirem os custos, se adote um apetite ao risco mais agressivo na busca de maior lucratividade. Tal posicionamento geraria um desconforto no seu corpo funcional, assim como na comunidade em volta e nos reguladores (por isso existe a regulação estatal desse tipo de atividade), dado que o risco já não se torna tolerável pela comunidade, e se esta, em um acidente nuclear, venha a se manifestar, todos poderiam vir a ser contaminados, com consequências gravíssimas.

Esse traço *bottom up* do apetite ao risco, além de fonte de coesão, é alimentado pelo risco percebido pelos atores que têm relações com a organização, e o descasamento entre o apetite, estratégico, que sustenta decisões nesse nível, com a percepção do risco oriundo dessas decisões pelo conjunto da organização é fonte de conflitos, em especial em um momento histórico de globalização, profusão de redes sociais e de múltiplos emissores e receptores, com lógicas específicas do que é problema e do que é solução.

Um autor que se detém à questão do risco percebido é o inglês John Adams, no seu livro *Risco* (Ed. Senac, 2009), que indica que o risco objetivo é o domínio dos especialistas, dos estatísticos e atuários, e que o risco percebido é o que a população acredita, demonstrando que esses conceitos se misturam e se realimentam, dado que a crença e a imaginação suprem as lacunas de dados e que os dados são sempre objeto de interpretação, em uma visão de lidar com esses aspectos culturais ao invés de se caçar o unicórnio do pragmatismo dos atores.

Afinal, o risco é uma abstração que existe apenas na mente humana, pois lida com o futuro, com cenários, abstrações, influenciado e limitado pela nossa mente. O impacto é que é real. O isolamento social imposto pela COVID-19, como uma das estratégias utilizadas em diversos países, traz restrições às famílias, e o fato de ser uma ideia abstrata de se reduzir uma curva de contaminação frente às limitações de dado sistema de saúde e de não se verem resultados imediatos e perceptíveis afeta diretamente a percepção de risco e a adesão da população a essa prática.

Outro exemplo é a chegada de corpos de jovens estadunidenses oriundos da guerra do Vietnã embalados em sacos pretos na segunda metade do século passado, dado que essa visão abalou a adesão da população àquele conflito, incentivando movimentos pacifistas. A hermenêutica do risco é complexa, e a interação de fatos e atores muda essa percepção com rapidez, afetando o apetite ao risco, em especial se ele não é um valor discutido e pacificado, em políticas e planos de contingência, um preço que pagamos pela nossa ainda inicial trajetória na gestão de riscos.

São fatores que afetam a percepção dos riscos: exemplos de situações similares, narrativas pessoais, imagens fortes e humanizadas, explicações simplistas, técnicas utilizadas na publicidade, na imprensa e até na política. E no caso da COVID-19, imagens de caminhões com corpos na cidade de Bergamo, na Itália, a narrativa da morte do médico chinês Li Wenliang, um dos primeiros a identificar a existência do vírus, e a imagem do comércio todo fechado em grandes centros do mundo são exemplos recentes de como a percepção de risco da doença é influenciada por esses fatores, o que se acentua nesse novo mundo de comunicação em profusão.

O "apetite ao risco" e o "risco percebido" são conceitos da gestão de riscos que podem ilustrar a discussão de eventos dessa monta, como uma pandemia, e em tempos de debates nas redes sociais sobre curvas e probabilidades, em que o mundo se pauta no combate e nos efeitos desse evento, é possível se prever uma valorização bem grande desse tema da gestão de riscos quando tudo isso acabar. Não é uma panaceia, mas tem o potencial de oferecer grandes contribuições ainda para a humanidade.

Artigo original redigido em 2020.

Box síntese:

O apetite ao risco em uma organização é influenciado pela percepção do risco compartilhada pelos atores da organização, sendo esse apetite uma declaração que precisa, em certa medida, ser pactuada com a organização como um todo, dado que, quando os riscos se materializam, todos podem vir a sofrer o ônus dessa incidência.

3.22 A lógica do programa

Vamos iniciar com uma história fictícia para ilustrar a discussão. João Garboso, conhecido empreendedor, mediante convite do novo secretário municipal de cultura, assume como diretor de um grande museu da região, que conta com um número razoável de acervos, de valor histórico inestimável.

Na sua primeira entrevista à imprensa, João Garboso, diante da indagação de como conduzirá as suas funções, diz, de peito emplumado, que não precisa entender nada de acervo, apenas de gestão. Essa fala causa grande polêmica entre os servidores do museu, pesquisadores altamente qualificados.

Essa situação fictícia se repete em falas, solenes ou não, e se materializa em atos, em uma dicotomia falsa, entre técnica e gestão, e que coloca a gestão como algo neutro, dissociado da política que está sendo implementada. É como se bastasse a aplicação de um receituário de gestão padronizado, de fluxos e processos, de indicadores e de liderança, e assim se resolveria a gestão de qualquer área de atuação estatal.

A realidade, sempre nos confrontando, mostra que não é bem assim que essa banda toca. Nos mostra a casuística de sucessos e insucessos, que cada política tem uma lógica própria, que deriva de seu contexto, de seu conjunto de forças e de sua historicidade. Os problemas e soluções da cultura, como política pública, diferem da educação ou da saúde.

Impossível se gerenciar e se controlar tudo da mesma maneira. Tem-se tempos diferentes, perfis profissionais diversos, produtos mensurados e produzidos por mecanismos próprios. A distribuição em funções temáticas nas secretarias, ministérios, se dá também por questões operacionais, de visões, em uma segmentação que caracteriza o arranjo dos governos, trazendo alinhamento e direcionando as ferramentas.

A governança depende, assim, da lógica dos programas. Entender a que ele se propõe, seus contextos. Um programa de alimentação escolar é mais do que fornecer refeições a crianças. Ele tem externalidades de saúde, no ganho nutricional; pedagógicos, pelo momento de integração e de educação alimentar; e de diminuição da evasão escolar e da diminuição do trabalho infantil. Uma transversalidade intrínseca ao programa e que constrói a sua visão de objetivos atendidos.

Essa questão afeta também os avaliadores, os auditores que devem buscar o alinhamento de suas ações com a lógica do programa, para que emitam uma opinião que aprimore as salvaguardas, de forma a adicionar valor ao programa, sob o risco de gerar custos de transação pelo patrocínio de uma ação de controle que não comungue da mesma visão que a gestão, mas, para isso, o auditor tem que sair do seu "lugar de fala".

Essa cultura gerencial própria de cada área é fruto de um conhecimento científico e procedimental acumulado. Em um museu, os fatores ambientais que favorecem a deterioração das peças é uma preocupação constante. Em um órgão de saúde, a vida vale mais que o custo. Esses valores técnicos, da cultura da política, precisam ser mediados pela gestão, mas não colocados em oposição.

Diria um radical então: devo então abandonar a gestão e suas ferramentas. Em hipótese nenhuma, pois essas dimensões se equilibram. A gestão, nas suas funções clássicas de planejar, organizar, dirigir e controlar, é essencial para a eficácia e para a economicidade desse processo, mas a gestão, como função que permite o atingimento dos objetivos, precisa entender como se contextualizam esses objetivos para não os atingir parcialmente.

O trabalho do gestor e do controlador em ambientes altamente especializados precisa se revestir dessa humildade, de entender a lógica daqueles programas e daquelas pessoas. Elas têm seus motivos de pensar assim, mas, aliados a isso, a gestão e o controle podem ser o novo que aprimora, que torna mais efetivo e mais barato, sem perder o tom da área. Agindo assim, conquistam-se corações e mentes.

Artigo original redigido em 2020.

Box síntese:

Gestão e conhecimento técnico são duas grandezas que precisam se harmonizar nas organizações, em especial pelo fato de esse conhecimento trazer atrelado uma cultura organizacional específica, com saberes sedimentados, e que deve influenciar a discussão da gestão.

3.23 Por um risco *bottom up*

Na década de 1990, a sensação na gestão pública brasileira era a tal da Gestão pela Qualidade Total. Era uma febre. Todos discutiam conceitos como Controle Estatístico do Processo, 5S, e andavam com livros de Juran (1904-2008) e Deming (1900-1993) embaixo do braço, sendo um movimento que trouxe aspectos interessantes para a gestão, mas, como todo modismo, veio como uma tempestade, intensa, sendo repentinamente substituída pela bonança, mas com benefícios do legado.

Na década de 2010, cresceu o número dos que empunham a bandeira da "Gestão de Riscos" na administração pública, com um tal de COSO para cá, de ISO para lá. Não há dúvidas de que essa abordagem da gestão que considera a incerteza é importante... mas é tão importante, que o medo é que isso vire um modismo, vendido como uma capa superficial de cima para baixo, e que não consiga se enraizar na gestão, onde busca sua força.

Precisamos de uma gestão de riscos *"bottom up"* para que esse salutar movimento, quando esmaecido o *frenesi* inicial, mantenha-se nos seus princípios basilares para não ser um sonho de uma noite de verão. E, para que isso ocorra, o processo de implementação da gestão de riscos no setor público necessita ser revisado.

A implementação dessa abordagem *bottom up* não pode se dar somente pela imposição da alta direção, mas precisa aproveitar um movimento da base, do chão de fábrica, para que o risco seja um valor na organização pelo seu caráter instrumental, como uma forma menos onerosa de se evitarem problemas que, de alguma maneira, prejudiquem aos que estão na execução, ponderando essa questão com as dificuldades do setor público.

As estratégias clássicas de gestão de riscos, se não sofrerem adaptações, têm possibilidades relevantes de se tornarem práticas meramente formais e dissociadas dos problemas cotidianos das organizações públicas, assim como a adoção pura e simples de algum dos modelos existentes de gestão de riscos pode se tornar um receituário descontextualizado, um rito que vai apenas onerar as estruturas, trazendo ao risco, como abordagem, um descrédito, dado que a gestão de riscos não é a solução mágica de problemas políticos, estruturais e de gestão, e sim uma abordagem instrumental que permite ao gestor lidar de forma sistemática com a incerteza, as ameaças, vinculando essa ação aos objetivos da organização.

Por isso, advoga-se aqui que apenas a abordagem *top down*, ou seja, aquela vinda de cima para baixo, pode não ser a mais efetiva, posto que essa abordagem se vincula ao chamado comprometimento da alta gestão como fator indispensável ao sucesso de uma iniciativa, a esta vestir a camisa, abraçar a causa, quase que responsabilizando essa totalmente pelo avanço e também pelo fracasso, centrando não na estrutura real da organização, mas em uma visão a partir da novidade que tenta ser implantada, que deve ser comprada de uma vez só e ao todo para ser efetiva.

A abordagem exclusivamente *top down* da gestão de riscos esquece que a cúpula, daí se entenda diretoria ou qualquer outra estrutura que detenha o poder decisório de uma organização pública, é um agente daquela organização submetido a um contexto de forças, limitado pelas suas visões e motivado racionalmente por ações que deem conta do que os remunere de alguma forma, seja pela permanência no poder, seja pelo lucro, seja pela projeção, envolvidos aí os objetivos organizacionais, que tentam se harmonizar aos objetivos individuais nesse jogo de metas e retornos, com cenários de dirigentes estatais necessitando de soluções que apontem para essas demandas pelas quais eles são pressionados, ainda que a solução desses problemas casuísticos tenha a sua raiz em questões estruturais, objeto da gestão de riscos.

Faz-se necessário, então, fortalecer na implementação da gestão de riscos o aspecto *bottom up*, de atenção aos arranjos locais que vão validando e amadurecendo essas iniciativas, sendo então replicadas para toda a organização de forma mais efetiva, dado que a "virada de mesa" de um paradigma é fruto de forças que se organizam no tempo e que, por fim, forçam um ponto de inflexão, que se constrói em um novo normal, a se moldar aos poucos no cotidiano. É preciso saber fazer a revolução para se ter evolução!

Cabe ressaltar também que a implementação do processo de gestão de riscos exige certo grau de autonomia, de customização, de improviso e de adaptação dos agentes da ponta, em especial nos desenhos habituais de um corpo dirigente vinculado ao grupo eleito e de um corpo burocrático e técnico permanente, com interações que rompem a linearidade desses grupos na gestão, tendo-se no aspecto estratégico dirigentes que pensam com uma temporalidade própria e, na execução, burocratas que buscam soluções para os desafios que se apresentam, harmonizando pressões dos dirigentes e do público. Assim, somente criar políticas, normas, cursos, diretrizes, pode não ser o suficiente para dar conta da inclusão da gestão de riscos na pauta do setor público brasileiro por questões estruturais, do arranjo de forças em cada órgão no seu contexto, mas também de questões culturais, nas quais fatores como os objetivos e os sistemas administrativos, essenciais à gestão de riscos, também têm problemas de valorização e de recompensas.

Uma iniciativa que busque dialogar com as bases da gestão pública, identificar seus problemas e de como esses podem ser auxiliados por uma visão de riscos e de controles internos pode ser um complemento interessante, em especial porque, nas principais funções administrativas do setor público, as falhas são recorrentes, e pode ocorrer a aprendizagem organizacional com a realimentação de estruturas e com treinamentos que reduzam os problemas e a consequente responsabilização.

Uma visão de risco *bottom up* é tornar a gestão de riscos focada na base da gestão, no cotidiano, e dessa ação ir agregando e elevando o nível de determinadas discussões. Processos como aquisições, folha de pagamento, patrimônio, podem ser objeto de discussões de suas principais fragilidades, oriundas de falhas detectadas e de interação com as bases, e com isso alterar normas para que deem conta dos riscos e fortaleçam os sistemas administrativos.

Isso rompe com a ideia de apenas cumprir um programa calcado, por vezes, em objetivos genéricos e distantes do real para trazer os problemas reais para a mesa, mexendo na efetividade na ponta, dando valor ao que é relevante para a efetividade dos objetivos, outro aspecto da discussão de riscos.

Planejamento, implementação, monitoramento e avaliação das políticas públicas, desenvolvidas pelos diversos órgãos e entidades nos entes e esferas, têm muito a se beneficiarem de uma visão de riscos, mas não apenas como uma capa a ser inserida na organização, pendente das fragilidades de definições de objetivos e mapeamento de processos, mas como uma forma de pensar e atuar sobre a incerteza, na forma de preservar os objetivos, mediando o foco nos meios e nas finalidades, para que se tenham políticas mais efetivas, o que dará à gestão de riscos, como abordagem, uma relevância que a perpetuará, nos artefatos e nas mentes.

Artigo original redigido em 2020.

> *Box síntese:*
>
> *A gestão de riscos é tão importante para as organizações que a sua implementação não pode ser apenas um processo top down, necessitando de uma estratégia bottom up que seduza o gestor na ponta de que aquela visão é importante para proteger a gestão de suas atividades.*

3.24 Linha de segunda, sobrecarga para primeiros e terceiros

O IIA (*The Institute of Internal Auditors*), entidade profissional dos auditores internos de nível mundial, sintetizou, em sua declaração de posicionamento de 2013,[30] um arranjo, um paradigma de organização da estrutura de controle de uma organização, as chamadas três linhas de defesa.

Aqui nas *Terras Brasilis*, esse modelo floresceu, constando das normas da Controladoria-Geral da União,[31] no referencial básico de gestão de riscos (2018) do Tribunal de Contas da União, bem como no relatório final da comissão de juristas incumbida de elaborar propostas de aperfeiçoamento da gestão governamental e do sistema de controle da administração pública, do Poder Legislativo Federal, também de 2018, somente para citar os mais recentes e emblemáticos.

Essa modelagem – que tem sede na consagrada ideia de forças que se equilibram, se completam e se controlam, oriunda de Montesquieu e seus pesos e contrapesos – apresenta camadas, níveis nos quais a função controle se organiza. Um modelo de defesa composta contra a incerteza, como em um jogo de futebol no qual, antes do goleiro, existem os jogadores da defesa (zagueiros) para reforçar e apoiar a atuação do primeiro.

Uma ideia de que o gestor, no seu nível primário, tem seus controles e é apoiado por uma segunda camada, de atores especializados, seguida de uma terceira camada avaliativa, que age sobre essas duas primeiras, em um desenho de coordenação para reduzir conflitos e

---

[30] Disponível em: https://na.theiia.org/standards-guidance/Public%20Documents/PP%20The %20Three%20Lines%20of%20Defense%20in%20Effective%20Risk%20Management%20 and%20Control%20Portuguese.pdf.

[31] Constam explicitamente da Instrução Normativa Conjunta CGU/MP nº 01/2016 e da Instrução Normativa CGU nº 3/2017, que regulam a atividade de Gestão de Riscos e de Auditoria Governamental, respectivamente.

lacunas, e que se adapta, via de regra, às instituições de toda ordem, privilegiando a gestão de riscos e, consequentemente, o atingimento dos objetivos.

Daí surge a imaginação, na busca de adaptar esse modelo à realidade, tentando identificar atores já consagrados dentro desse desenho e, ainda, buscando enxergar quartas e quintas camadas para tornar essa discussão harmonizada a preceitos legais, como se importassem, nesse modelo, os atores e sua classificação, e não a ideia de organização, da busca de coordenar forças para, como linhas de defesa, proteger os objetivos dos riscos.

Isso se deve a uma herança formalista, em especial no Brasil, de aderência a modelos de forma acrítica, como se observa também com os modelos oriundos do *Committee of Sponsoring Organizations of the Treadway Commission*[32] (COSO) e da ISO 31000/2009, que tratam de gestão de riscos e controles internos, na qual buscamos adesão ao cânone, sem perceber os nossos problemas como organização no atingimento dos objetivos nem de qual será a melhor estratégia para tratarmos a incerteza.

Para embaralhar ainda mais o jogo, o *blog* de Richard F. Chambers, presidente e CEO[33] do *The Institute of Internal Auditors*, trouxe, em dezembro de 2018, um artigo intitulado *O The IIA redesenhará as linhas de defesa?*,[34] no qual, pelas suas palavras, aponta a necessidade de se flexibilizar um pouco esse modelo.

No entanto, nos últimos anos, os críticos vêm afirmando que as linhas fixas do modelo o tornam inflexível demais para os atuais desafios dinâmicos de governança e que seu foco sobre a defesa limita sua eficácia. Os cenários de risco complexos da atualidade evoluem continuamente e os rápidos avanços tecnológicos oferecem tanto rupturas quanto oportunidades. Além disso, conforme as organizações desenvolveram novas abordagens para lidar com os riscos, as linhas tornaram-se menos distintas, causando sobreposições frequentes das responsabilidades da primeira, segunda e terceira linhas.

---

[32] Comitê das Organizações Patrocinadoras da Comissão Treadway. O COSO é uma entidade sem fins lucrativos dedicada à melhoria dos relatórios financeiros através da ética, efetividade dos controles internos e governança corporativa. É patrocinado por cinco das principais associações de classe de profissionais ligados à área financeira nos Estados Unidos.

[33] Sigla inglesa para *Chief Executive Officer*. Tradução: diretor-geral, diretor-presidente.

[34] Vide https://global.theiia.org/knowledge/chambers-portuguese/Pages/O-The-IIA-Redesenhara-as-Linhas-de-Defesa.aspx.

Nesse sentido, após essa necessária contextualização, chega-se ao ponto do presente artigo: a incompreendida segunda linha de defesa e de como ela tem dificuldade de se materializar no setor público brasileiro, com seus múltiplos desenhos de órgãos e entidades, invisível no atual processo de implementação da pauta de riscos.

O posicionamento do IIA de 2013 assim trata essa segunda linha:

> Em um mundo perfeito, apenas uma linha de defesa talvez fosse necessária para garantir o gerenciamento eficaz dos riscos. No mundo real, no entanto, uma única linha de defesa pode, muitas vezes, se provar inadequada. A gerência estabelece diversas funções de gerenciamento de riscos e conformidade para ajudar a desenvolver e/ou monitorar os controles da primeira linha de defesa. (...) A gerência estabelece essas funções para garantir que a primeira linha de defesa seja apropriadamente desenvolvida e posta em prática e que opere conforme intencionado. Cada uma dessas funções tem seu nível de independência em relação à primeira linha de defesa, mas são, por natureza, funções de gestão. Como tais, podem intervir diretamente, de modo a modificar e desenvolver o controle interno e os sistemas de riscos.

Aí está o nó górdio. No setor público, essas funções de segunda linha têm se materializado raramente, com mais presença em empresas estatais, por vezes como unidades de *compliance,* por vezes de gestão de riscos e, ainda, bem raramente, de controles internos, além de algumas unidades de controle de qualidade. Mas o fato é que não existe a cultura de uma linha de supervisão de controles internos, de indução, de apoio ao gestor na implementação. Só existem dois atores perceptíveis: o que faz e o que avalia.

Com isso, muitas das iniciativas de gestão de riscos e controles internos terminam por onerar a chamada terceira camada, a auditoria interna, até pelo fato de essa pauta de riscos, no Brasil, ser oriunda dos órgãos de controle, assim como quando caem também essas ações todas na mão do gestor, a primeira camada, sem orientação ou apoio, que termina por adotar uma linha formalista nesse processo de gestão de riscos.

Na prática, percebem-se segundas linhas que competem com a terceira na função avaliadora pelas carências de uma cultura artesanal de indução ou, ainda, o diálogo do avaliador diretamente com a primeira linha, sem intermediários. São decorrências não só da falta de uma cultura de gestão de riscos, mas desse modelo triplo ser oneroso, envolvendo a existência de estruturas consideráveis no processo de implementação da gestão de riscos, o que demandará um amadurecimento dessa questão, de sua percepção, para que ela seja mais empoderada.

Como estimular que as organizações tenham e fortaleçam essa segunda linha no setor público? Pode-se arriscar que a visão pedagógica de se fortalecer a implementação da gestão de riscos, de se fazer um processo paulatino e efetivo, seria uma missão que dependeria mais do fortalecimento dessa segunda linha, tal como aríete que capitanearia esses processos afetos a riscos e controles internos, ensinando, fazendo manuais, coordenando ações e estratégias, como um ponto de materialização dessa abordagem.

Apenas cobrar e exigir pode decantar em ações formais, de prancheta. A segunda linha é que pode tornar a pauta de riscos algo efetivo e que tem o poder de mudar a organização. Faltam, porém, atores no setor público classicamente associados a esse papel.

O movimento do IIA de flexibilizar e adaptar esse modelo de três linhas a peculiaridades das organizações, natureza e dimensões é mais do que necessário, em especial no setor público, cheio de especificidades e, no caso brasileiro, em um processo ainda em curso de abraçar essa pauta de riscos, que tem dificuldades, por vezes, de dialogar com outras questões prementes, como o *compliance* e a corrupção.

No caso do setor público brasileiro, a agenda de gestão de riscos, em que pese o visível esforço dos órgãos de controle para empunhar essa bandeira – o que vem sendo acompanhado de esforços de dirigentes estatais – necessita de um técnico para esse time de futebol, alguém que, sem a prancheta de avaliador, tenha a batuta de maestro na organização e que consiga fazer desses conceitos realidade na gestão, como instâncias especializadas de apoio e indução.

Para esse próximo passo no setor público, urge que a segunda linha seja percebida – e também adaptada – como ferramenta que possibilitará uma pauta que valoriza os objetivos nas dimensões operacional, conformidade e financeira, revertendo em políticas públicas efetivas, aderentes e sustentáveis. Um desafio para os governos e que não podem ser superados apenas com os esforços da assoberbada primeira linha ou atrelados à visão cogente da terceira linha.

Artigo original redigido em 2018.

Box síntese:

A segunda linha de defesa, como área técnica de indução e aprendizado, é bem pouco presente na gestão pública brasileira, o que sobrecarrega a primeira e a terceira linha de defesa, como um reflexo do não enraizamento de uma visão de riscos-controles-objetivos na gestão, preso ainda ao ator que faz acontecer e ao que fiscaliza, como um reflexo de uma cultura legalista.

4
TÓPICOS ESPECIAIS EM CONTROLE

4.1 Diante das corrupções, um *mix* de soluções

A corrupção é um tema complexo. Podemos falar em "corrupções", dadas as suas motivações e formas múltiplas. Tem raízes sociológicas, econômicas e até psicológicas. Um fenômeno multifacetado, que envolve problemas de gestão, integridade dos atores, ganhos associados e até uma cultura patrimonialista, de confusão do público com o privado, que caracteriza nosso país em coisas comezinhas. Sempre presente na pauta nacional, relacionada a tudo e a todos, trata-se de um velho mal, crônico, cujas feridas insistem em vir à tona de vez em quando, nos lembrando de sua existência, na sociedade e em nós.

Para essas corrupções, propomos um *mix* de soluções. Vivemos um tempo, é fato, que, para esse mal, predominam visões mais legalistas da solução pela via do regramento. As soluções para esse problema, inclusive, surgem fortemente em momentos de crise pelo clamor popular e pela indignação, esquecidas essas manifestações da máxima que o controle da corrupção tem um custo, mas seu descontrole tem custos maiores e, ainda, paradoxalmente, sua emergência pode significar combate, e a sua ausência, omissão.

Neste breve espaço, nos arriscamos a assinalar que a solução deve passar pelo mnemônico P3F (prevenção, punição, participação e fiscalização). Qualificando esse *mix* de soluções, pensamos que ele deve estar dimensionado nestas linhas por uma questão de equilíbrio e eficiência, atingido as verdadeiras causas da corrupção.

Desse modo, percebemos que as "solucionáticas" passam forçosamente por essas quatro dimensões, que descreveremos sucintamente:

- *Prevenção* – o fortalecimento dos controles internos do gestor, nos moldes das regras internacionais do COSO, somado ao aprimoramento da transparência e do acesso à informação e ao fortalecimento da governança, por uma gestão mais eficaz e eficiente, tem o potencial de reduzir a corrupção de forma estrutural, pensando sempre no futuro, realimentado pelo passado, para que a situação encontrada tenha mais dificuldade de ocorrer novamente. É a vacina.

- *Punição* – preferidas no clamor popular, certamente, as medidas punitivas, sua efetividade e a criação de mecanismos que impeçam a sua burla são fundamentais como forma não somente de responsabilização, mas de mecanismos de inibição de novas ações. Podem, no entanto, ser apenas ações tópicas sobre efeitos e agentes e pouco sobre o sistema, mas há o ganho no sistema e no imaginário de ter um efeito pedagógico sobre as outras pessoas da comunidade. É o antitérmico.

- *Participação* – o acompanhamento da gestão pela população, verdadeiros titulares da ação estatal em uma democracia, robustecida pela cultura de transparência, é um caminho firme de combate à corrupção, ainda que isso demande um amadurecimento político. Permite realmente uma vigilância extensa e efetiva e muda a cultura patrimonialista. É o remédio homeopático.

- *Fiscalização* – o empoderamento das diversas instituições voltadas à fiscalização, como o novel controle interno e, ainda, o controle externo – exercido pelos legislativos com auxílio dos tribunais de contas –, as auditorias internas, os ministérios públicos e as organizações policiais, demandando estes corpos funcionais técnicos e boa estrutura administrativa. Esse fortalecimento institucional permite a atuação técnica e especializada diante dos desvios, essencial para a detecção, punição e a correção destes. É o antibiótico.

Como se vê por aí em textos e artigos jornalísticos, frutos de várias visões do fenômeno da corrupção, os remedinhos são vários, com seus custos e efetividades. Propomos aqui o uso de terapias associadas, pensando presente, passado e futuro, como ações mais recomendáveis, pois o problema não é de agora e transpassa o legal, com reflexos no político, no financeiro e no gerencial.

Fugir disso é procurar saídas simples para problemas complexos, sujeito aos sabores dos interesses e, ainda, das medidas superficiais, que não atacam as estruturas e não descem às raízes dos problemas. A corrupção está em nós e não será extirpada, e sim controlada, como defende um pesquisador sobre o tema, Robert Klitgaard.[35]

As soluções que surgirem nas práticas da administração pública devem pensar em incluir, de modo geral, essas quatro dimensões, que têm como benécia não perder de vista o equilíbrio entre o pontual e o

---

[35] Escritor e economista norte-americano.

sistêmico, o presente e o futuro, o cultural e o gerencial, para que façamos uma verdadeira política de saúde em relação à corrupção, com frutos a se colherem a longo prazo.

Artigo original redigido em 2015.

Box síntese:

A corrupção é um fenômeno múltiplo em suas causas e demanda um espectro amplo de soluções, passando pela prevenção, pela punição, pela participação e pela fiscalização.

4.2 Bebeto e a loteria da corrupção

Famoso samba de Tião Pelado, popularizado na interpretação do Grupo Fundo de Quintal, a canção *Bebeto loteria* narra a história de um suposto ganhador da loteca em uma comunidade carente e que sai esbanjando seu prêmio entre os amigos até ser levado pela polícia na madrugada, o que suscita naquela comunidade a dúvida sobre em que loteria o tal de Bebeto teria ganhado.

Mais que uma obra-prima do cancioneiro nacional nesse estilo, *Bebeto loteria* ilustra bem alguns aspectos do fenômeno da corrupção na sociedade brasileira. Mazelas que são dignas de nota e que nos levam a entender por que é tão complexo reduzir a corrupção a níveis aceitáveis em nosso país e, ainda, de que forma ela se manifesta no cotidiano.

Inicialmente, existe uma cultura de racionalização da corrupção. Como Robin Hood, que roubava dos ricos para dar aos pobres; o pistoleiro Zeca Diabo (da novela *O bem-amado*, de Dias Gomes), que alegava só matar homens maus; ou ainda os nazistas diante dos tribunais, que juravam somente cumprir ordens, a corrupção também padece da existência de explicações razoáveis utilizadas pelos seus autores para justificar os atos reprováveis diante daqueles mais próximos.

Assim, o corrupto habitual se justifica para os parentes e amigos íntimos pelos chavões "faço, mas quem não faz" ou, ainda, "se não for eu, outro vai levar". Artifícios para angariar adesão junto aos que se beneficiam, ainda que indiretamente, de seus ganhos, imputando que aquele ganho é natural. Em termos do processo político, no Brasil temos o nosso famoso bordão do "rouba, mas faz", cunhado em campanhas eleitorais da década de 1950 e ainda servindo à inspiração eleitoreira em vários lugares, seja no discurso, seja na prática.

Essa racionalização faz parte de um quadro de leniência social com a corrupção, ocorrendo um reducionismo desta em relação a outros delitos, situação comprovada pela aceitação social de sabidos corruptos ser diferenciada em relação a outros criminosos, quando do seu destaque público. Podemos encontrar várias explicações sociológicas para esses valores, seja pela escravidão, pelo patrimonialismo ou, ainda, pela estratégia de sobrevivência diante das desigualdades e da opressão.

Essa legitimação do delito, desde que ele não seja detectado, naturaliza a corrupção e a impunidade, estampados na clássica "banana" do personagem Marco Aurélio (interpretado Reginaldo Faria) no final da telenovela *Vale tudo* (1988), da autoria de Gilberto Braga, Aguinaldo Silva e Leonor Basséres. Marco Aurélio foge impunemente do Brasil, em um avião, após ter cometido uma série de irregularidades.

A solução corrupta acaba sendo vista como algo possível na resolução dos problemas imediatos, na esfera do jeitinho, que resolve o privado, mas prejudica o público. Aí se manifesta fortemente, ainda que disfarçado, o espírito dos fins que justificam os meios. Com a impunidade, cai a crença no combate à corrupção, diminuem as denúncias e se arranjam outros jeitinhos para se resolverem os problemas do jeitinho, em uma ciranda de irregularidades que, por vezes, funciona no caso concreto, mas que afeta, a médio prazo, a credibilidade do sistema.

Nesse sentido – caso curioso –, à feição do tal de Bebeto da música é que muitos rodeiam a esfera social do corrupto, se beneficiam da sua abastança, usufruindo sem fazer perguntas sobre aquela situação anormal. No dizer da música, "até quem não é de cheirar, cheirou", escondidos em desculpas e histórias de cobertura para a prosperidade, mas, quando a casa cai, quando o elefante não consegue mais se esconder atrás do biombo, ninguém sabe a loteria que o tal do Bebeto acertou.

John Kenneth Galbraith, economista e autor da obra *A era da incerteza*, indicava que o consumo tem um limite, e a pessoa passa pelo acréscimo da renda a um novo estágio: a ostentação. Aí, interessa o exclusivo, o típico, que possa ser exibido ao seu círculo social e adquirido em alardeados leilões. Essa lógica vale para o corrupto, que alterna no trabalho o clássico perfil centralizador sem férias e discreto para ser, no ambiente social, um exibidor de seus bens, na lógica do Bebeto, de consumo e ostentação em comunidade. Tal característica, por vezes, é a chave de queda de muitos, confiantes na impunidade.

Essa legitimação da corrupção, um atraso de vida para o nosso país, ignora os efeitos dessa no tecido social, na gestão pública e na materialização de direitos sociais. Enxergamos a corrupção como distante, não relacionando essa à ineficiência de serviços públicos e a prejuízos diretos à nossa vida cotidiana.

A corrupção afeta a orientação da gestão das políticas públicas, direcionando as ações que beneficiariam o cidadão para situações que permitem um maior desvio de recursos de forma imperceptível. Assim, fazem-se obras inúteis, adquirem-se itens em maior quantidade, contratam-se pessoas com qualificações inadequadas por meios escusos e salários exacerbados, em uma série de tipologias que desviam para fins privados, em última instância, os escassos recursos que viriam ao encontro dos problemas e demandas da comunidade.

Robert Klitgaard, no clássico *A corrupção sob controle*, apresenta essa como uma transgressão de um dever pelo agente público, na busca de se obter um benefício. Consequência: quebra da credibilidade do sistema, enfraquecendo o atingimento de metas da organização pública pela sobreposição dos interesses pecuniários próprios dos corruptos, ratificando os prejuízos que essa prática gera à atividade estatal.

Impossível calcular os desvios de uma administração oriundos da corrupção, dado que esta ocorre de forma insidiosa, oculta, tendo custo elevado para a sua detecção integral. Entretanto, essa impossibilidade de um dimensionamento exato não exclui a existência de danos, sejam patrimoniais ou na cultura organizacional daquela entidade pública.

Tem-se, então, que a corrupção é uma discussão da gestão pública para além da integridade dos servidores somente. Encontra espaço também na probabilidade de detecção da ação e, ainda, no benefício a ser obtido pelo ato corrupto. Essa trinca – integridade, fragilidade dos controles e benefício – permeia a discussão da corrupção, na qual o nosso personagem principal, o tal de Bebeto, figura apenas em um vértice, demandando fraquezas nos sistemas de controle para a sua atuação e, ainda, que o ganho seja maior que o risco de ser pego.

Desse modo, a questão cultural da legitimação se soma a um quadro de controles internos pouco amadurecidos nas administrações públicas em geral, com mecanismos preventivos e de mitigação de riscos pouco enraizados nas práticas de gestão, presentes em vieses cartoriais e documentais que apresentam, na mais das vezes, pouca eficácia. Com esse binômio operando, basta ter uma vantajosa oportunidade para se materializar a corrupção.

O desafio de combate à corrupção, já entendida como um fator de entrave para a gestão pública eficaz e eficiente, é combinar ações de adesão, de fortalecimento de um *ethos* que valorize o coletivo, a institucionalização, com ações de melhorias gerenciais, de aprimoramento dos controles e da transparência, de medidas preventivas diante dos riscos de cada sistema administrativo.

A questão da impunidade é importante? Claro! O crime, se detectado, deve ser punido. Na máxima de Beccaria,[36] o que inibe o

---

[36] Cesare Beccaria, aristocrata italiano. É considerado o principal representante do iluminismo penal e da Escola Clássica do Direito Penal.

crime é a certeza de ser punido. Se nada ocorre, outras tentativas virão, o pessoal se anima, mas a punibilidade só afeta diretamente os casos detectados, esquecendo-se do manto de ações realizadas de forma oculta, que passam longos períodos sem detecção, nas ondas do conluio, causando prejuízos inestimáveis.

As limitações deste artigo indicam que ele não pretende ser um tratado sobre o corrupto ou sobre a corrupção. Pretende simplesmente tratar a questão por outros olhares, da cultura e da gestão. Felizmente, na música, o tal de Bebeto é pego pela polícia, ainda que isso signifique apenas uma parte da história.

A corrupção não é uma loteria, fruto do acaso. É uma ação inteligente, integrada em um contexto social e gerencial. Seu grande alimento são os extremos, do tabu que ignora e do denuncismo que a vê em tudo. Como fenômeno humano, surge em determinadas condições que nos exigem atenção, como gestores públicos e cidadãos, para que a miséria oriunda dela realmente vá para a "casa do chapéu".

Artigo original redigido em 2013.

Box síntese:

A corrupção é objeto de uma racionalização pelo corrupto, uma lógica interna para aceitar aqueles atos, e para ser aceito pela comunidade, mesmo em momentos de ostentação, nos quais se beneficiam seus familiares e amigos, uma história de fundo é necessária para aplacar a consciência dos envolvidos.

4.3 Cavalos, conflitos e o controle

Muito se discute o papel dos órgãos de controle em relação à gestão pública. Uns veem estes como apoiadores e orientadores dos indefesos gestores, em especial nos órgãos de controle interno, dado que, para pressionar e cobrar, a fila de atores é longa, e ninguém quer mais uma chibata, como dizem jocosamente os gestores.

Outros ainda, menos confiantes nos governos, mais imediatistas, acreditam que os órgãos de controle devem ser implacáveis fiscais e sancionadores dos gestores, que se não forem devidamente vigiados, farão coisas reprováveis, e a solução dos problemas governamentais tem centralidade na questão da punição efetiva, que inibe novos malfeitos, na velha lição do escritor italiano Cesare Beccaria.

A orientação que avoca o papel do gestor e a vigilância que o imobiliza são extremos complicados, distantes do papel moderno que se propõe a esta função, de garantir de forma razoável que as políticas se materializem, dando conta das ameaças e dos riscos, dentre eles, o desperdício e a corrupção.

Para fins das reflexões propostas nestas linhas, uma metáfora pode ser bem útil, de um cavaleiro que cuida de uma manada de cavalos montado ele em seu próprio animal. Conduzi-los é muito oneroso, não é o seu papel. Os cavalos devem andar livres, seguir seu desiderato, entre consensos e lideranças, mas sob balizas que os protejam. O importante é ir tocando em frente.

Para sua tarefa, não pode o solitário cavaleiro, no seu papel de apoio àquela forma de governança, entrar na frente dos cavalos, obstar seu caminho. Corre o risco de ser atropelado ou reduzir a marcha da tropa, trazendo prejuízo para si e para os animais que deve proteger. São animais velozes e intrépidos.

Para manter o grupo coeso, para resgatar os desviantes, para buscar o alinhamento da manada, deve o cavaleiro, antes de tudo, andar também alinhado a ela, correndo junto e, com pequenos toques, levar aquela força da natureza para os caminhos a serem seguidos, já previamente definidos, mas que podem sofrer desvios pelas incertezas no caminho.

Mantendo a autonomia dos cavalos, mas mediando essa com a direção geral, preserva assim a iniciativa e o movimento, sem perder-se em filigranas que padronizam. Afinal, não são cavalos de circo... mas também não são cavalos selvagens. São cavalos que têm dono, mas que, para melhorem, se desenvolverem, precisam de um grau de autonomia e liberdade.

O órgão de controle que corre atrás, sempre reativo, ou que entra na frente, impeditivo, desconhece a lição do cavaleiro. O órgão de controle se maximiza quando corre junto com a gestão, como instrumento de governança que apoia o crescimento e a eficiência da máquina administrativa. Sabe não ser ele o principal, sabe não ser ele o dono da agenda, e sim um agente para que essa agenda se faça presente.

Órgão de controle *"cowboy"*, alegre por laçar o que sai da manada, pode se esquecer de que essa sua atuação é episódica e que, ao fim do dia, receberá a sua paga por acompanhar a manada segura ao pasto, ao riacho e à fazenda. O senso de grupo e a visão sistêmica são as chaves das tarefas na pecuária equina, dado que o cavalo é um animal forte, que simboliza a liberdade na livre cavalgada, mas também a disciplina, no garboso trote, elementos essenciais na construção da gestão pública de qualidade.

O órgão de controle não é comandante do gestor nem seu juiz. São estruturas de governança, apartadas, que têm mecanismos avaliativos e, às vezes, sancionatórios que induzem os avanços da gestão. São mecanismos presentes em todas as sociedades modernas e democráticas, mas precisam esses atores saber como orquestrar a sua ação, nessa mescla de autonomias, suas, necessárias, mas que devem respeitar a autonomia dos gestores, que também precisam desta para correr mais velozes na busca de campos novos do que encilhados em subalternas charretes.

Artigo original redigido em 2020.

Box síntese:

O órgão de controle se assemelha ao homem que conduz uma manada de cavalos. Não se porta à frente deles, obstando seu caminho, nem fica correndo atrás sem conseguir alcançar. Esse cavaleiro corre ao lado dos cavalos, buscando conduzi-los pelo seu caminho, com ajustes que se fizerem necessários.

4.4 O patrimonialismo nosso de cada dia

Uma das doces ilusões sobre a condição humana é aquela que imagina a extirpação total do patrimonialismo, seja pela via gerencial, do foco por resultados, seja por uma reforma ética, de comportamentos ou, ainda, por um conjunto de normas, na visão burocrática. O presente texto busca nos levar a refletir sobre o famoso, mas também próximo patrimonialismo e suas mutações, adaptando-se às mudanças da sociedade e de como ele se faz presente na prática, ainda que rechaçado no discurso.

Detemo-nos nas lamentações da atuação governamental, da qual desejamos um tratamento isonômico, sem privilégios, quando nos vemos prejudicados pelos famosos apadrinhamentos que burlam regras, mas, residindo em município de menor porte, reclamamos com autoridade à enxurrada de pessoas, oriundas de outras localidades, para serem empossadas nos concursos da prefeitura de nossa cidade, roubando os "nossos" cargos.

Reclamamos e clamamos pela meritocracia como princípio basilar do serviço público quando somos vítimas de promoções alheias, por critérios subjetivos, que nos subtraem oportunidades merecidas, pelo nosso esforço diuturno no labor. Porém, somos os primeiros a se opor quando o nosso órgão promove concursos internos para cargos em comissão, entre os servidores concursados, alegando, em bom tom, que é uma prerrogativa do chefe escolher com quem ele quer trabalhar, pelos critérios que lhe convierem.

Exaltamos diante dos colegas, no horário do cafezinho, artigos em periódicos que reforçam a necessidade de profissionalização dos servidores públicos como um instrumento de incremento na qualidade dos serviços prestados. Todavia, ao surgir um curso em aprazível cidade litorânea, estranho à nossa atuação profissional, invocamos os critérios de antiguidade e de merecimento para receber esse pretenso prêmio, opondo-se à ideia da ida do novato que atua em área afeta à temática do curso.

Ambicionamos a transparência nos prazos de tramitação em processo judicial de nosso interesse para obtenção de ressarcimento devido. Contudo, diante da situação dos pagamentos de nossas parcelas indenizatórias de diárias reveladas em portal da internet, tendo a sua legitimidade questionada pelos colegas de serviço, exigimos respeito à privacidade de nossas informações pessoais.

Cotidianamente, seja na condição de servidores públicos ou de beneficiários das políticas públicas, invocamos o respeito aos princípios da administração pública insculpidos na Constituição Federal, desejando uma gestão mais eficiente e serviços mais transparentes, com a participação da população, no ideário da democracia. Desejamos, por vezes, no discurso, mas nos vemos ainda imersos em hábitos e pensamentos patrimonialistas, herdados de gerações a fio.

O patrimonialismo é um tipo de dominação política em que não existe a divisão entre a esfera pública e a privada na atividade estatal. Prioriza a administração pública, nesse viés, às necessidades puramente pessoais, privadas. Caracteriza-se pela confusão entre o público, aquilo que existe para atender ao interesse coletivo e ao privado, o que serve para atender a um interesse individual. Nesse contexto, o representante da coletividade toma como seus os cargos, os recursos, os servidores e os utiliza de forma a atender aos seus interesses e à sua vontade.

Max Weber,[37] no estudo da sociedade burguesa nascente, que superou a sociedade feudal, concebeu a burocracia como um remédio para o patrimonialismo. Um remédio que prezava a impessoalidade e a objetividade, como bases justas das estruturas organizacionais, coibindo o atendimento pelo Estado de interesses pessoais. Entretanto, o patrimonialismo se reorganiza e, no desenho da sociedade baseada em normas, estabeleceu-se uma nova forma de domínio, agora pela burocracia como classe política, no chamado "neopatrimonialismo", no qual o poder de classes ligadas à tradição, ao poder feudal, é substituído pela atuação com fins privados daqueles escolhidos objetivamente, demonstrando que a satisfação dos interesses privados se oculta e se reorganiza.

Como reflexo da nossa imaturidade democrática, esse *Homo patrimonialis* está por aí, no cidadão comum, no servidor público. Em cada troca de favores, em cada ação do "jeitinho brasileiro", esse homem se materializa, em falas, textos e gestos, propagando a injustiça social como subproduto principal do patrimonialismo.

---

[37] Jurista e economista alemão. É considerado um dos fundadores da sociologia.

Assim, quanto ao patrimonialismo, exterminá-lo é impossível. Negá-lo é prover-lhe crescimento no momento em que ignoramos o problema. Como gestores públicos, importa-nos identificar seus traços em nós e nos outros como um primeiro passo para se estabelecerem medidas concretas de combate a suas manifestações. Sem conhecer as expressões do patrimonialismo, não há como estabelecer respostas aos seus males.

Não acredito, sinceramente, em um sonho weberiano de consertar o mundo, anular as suas contradições históricas e sociais, mas, na gestão, é preciso ferramental para atingir nossos objetivos de forma razoável, enfrentando essas incertezas físicas e psicossociais. Faz-se necessário exaltar, em práticas e normas, alguns valores, como a eficiência, o foco nos serviços prestados ao cidadão, a transparência, a isonomia e a participação popular. São atitudes que funcionam como um remédio que nos permite minimizar o fantasma do patrimonialismo na gestão.

Fugir disso é se esconder em castelos dourados, em um discurso de melhoria que nega a realidade e se rende, na prática, a uma visão tradicional de privilégios e favorecimentos, que descambam, de forma inexorável, em prejuízos aos serviços prestados ao cidadão.

O desafio de combater o patrimonialismo na gestão pública foi enfrentado por Max Weber na idealização da burocracia pelo *New Deal*[38] estadunidense no seu combate à corrupção, pela administração gerencial do contexto da reforma do Estado e, ainda, na recente visão da administração societal. Cada abordagem dessas trouxe avanços. O patrimonialismo, entretanto, segue imbricado na condição humana, reinventando-se em formas e estratégias.

Após séculos de impérios, feudos, reis e rainhas, a democracia ainda busca encontrar seu espaço nas atividades estatais, construindo e reconstruindo a sua credibilidade. A democracia é um exercício permanente, que nos convida à prática constante, em um compromisso de cada cidadão e gestor. Construir uma gestão pública eficiente não é só aplicar os mecanismos de mercado, e sim atuar com os pressupostos da participação popular, da visão de cidadania, no sentido profundo dessa palavra, sob pena de aflorar o patrimonialismo nosso de cada dia, sendo este causa de nossas próprias lamentações.

Artigo original redigido em 2012.

---

[38] Série de programas implementados nos Estados Unidos entre 1933 e 1937, sob o governo do presidente Franklin Delano Roosevelt, com o objetivo de recuperar e reformar a economia norte-americana e assistir os prejudicados pela Grande Depressão.

> **Box síntese:**
>
> O patrimonialismo é um valor arraigado na sociedade brasileira, e o seu combate ainda se detém muito na esfera do discurso, com dificuldades de se materializar como uma prática sólida e vulgarizada.

4.5 Os antibenefícios do controle

Anda na moda nas discussões da qualidade dos trabalhos dos órgãos de controle externo, como os tribunais de contas, bem como os de controle interno, como as controladorias e auditorias gerais, a ideia de se mensurarem os benefícios à sociedade advindos do desenvolvimento de suas atividades como uma medida de sua eficiência e até de justificativa de sua existência.

Trata-se de uma forma de meta-avaliação desses órgãos, com metodologias e conceitos próprios, como os benefícios financeiros, traduzidos pela recuperação de recursos oriundos de multas, impedimento de transações irregulares ou ressarcimento de despesas impugnadas; ou ainda os chamados benefícios não financeiros, nos quais a ação dos órgãos de controle resulta na melhoria da eficácia e da eficiência da gestão. No presente texto, a abordagem será outra, ainda que não seja oposta a essa, mas tão somente complementar.

Interessa no presente texto, em uma discussão oriunda da Tese de Doutorado defendida pelo autor em 2019, no Programa de Pós--Graduação em Políticas Públicas, Estratégias e Desenvolvimento (PPED/IE/UFRJ), de que forma a atividade dos órgãos de controle impacta negativamente a gestão. Uma discussão relevante, em especial pela centralidade dessa função pela recente ascensão do tema da corrupção, na esteira da chamada Operação Lava Jato, em um contexto no qual o combate aos desvios deixa de ser uma discussão segmentada, esquecida nas reformas gerenciais da década de 1990, para ocupar um espaço de destaque, oscilando entre os conceitos extremos de "salvação da lavoura" e o de "apagão das canetas".

Um bom controle, um controle adequado, é um pouco mais do que reaver recursos alocados ou propor salvaguardas. É medido também pela forma como ele impacta a implementação das políticas públicas, em uma tensão de um controlar que protege o atingimento dos objetivos, mas que também afeta esse mesmo processo de implementação, tornando-o mais oneroso pelo acréscimo de rotinas, normativos, emergindo assim uma relação a ser cuidada da rede de implementação das políticas com a rede de *accountability* destas, que tem em si lógicas diversas.

Para tal, a pesquisa se serviu da teoria dos custos de transação, em especial das ideias do vencedor do Prêmio Nobel de Economia em 2009, Oliver Williamson (1932-), e aplicou esse referencial na atuação da Controladoria-Geral da União (CGU) na política educacional descentralizada para os municípios no período de 2005 a 2014, dentro do contexto federalista brasileiro, buscando identificar de que forma essa ação de promoção da *accountability* possa ser mais ou menos onerosa em relação ao processo de implementação.

Os custos de transação são os custos de coordenação da atividade econômica, oriundos, no caso em estudo, do arranjo adotado em determinada política, e são custos invisíveis, diluídos temporalmente, mas que importam no processo de implementação, em especial pela presença de atores que têm o poder de, pelas suas recomendações, imputar salvaguardas que aumentam esses custos, como são os órgãos da chamada *accountability* horizontal (controladorias, tribunais de contas, ministérios públicos etc.).

Essa teoria apresenta ainda os contratos no processo de implementação como incompletos por conta de fatores como a racionalidade limitada dos agentes, o que exige ações de governança tanto em uma dimensão *ex ante* como *ex post*, ou seja, não basta desenhar a política, necessitando-se de ações para monitorar e ajustar, o que se torna mais relevante em sistemas como o federalismo, no qual a autonomia dos atores é fundamental, o que demanda uma *accountability* que preveja a combinação de ações hierárquicas, com ações de ajuste autônomo, para que esses processos de desenho e monitoramento sejam menos onerosos.

A visão da teoria dos custos de transação tem como central o fenômeno do oportunismo, ou seja, a manipulação de informações por uma das partes com a finalidade de se obterem vantagens em função das dificuldades de monitoramento ou definição das regras da outra parte. Uma ressignificação da ideia de corrupção trazida pela pesquisa, vista essa como um desvio de finalidade oriundo dessa atuação oportunista e que tem a sua prevenção e seu combate por ações que limitam esses agentes, mas que geram também custos de transação, podendo nessa atuação adotar uma visão ensimesmada e descolada dos objetivos da política pública.

Esse oportunismo se faz mais preponderante por conta de determinados fatores, como a racionalidade limitada dos agentes, que não conseguem antever e processar todas as possibilidades, bem como pela incerteza e complexidade do ambiente e, ainda, pela possibilidade de aprisionamento da relação entre as partes, resultante da dificuldade de substituição. A presença desses elementos aumenta a possibilidade de oportunismo e impacta os custos de transação do arranjo da política, e a questão trazida na pesquisa é de que forma a ação do controle na promoção de salvaguardas para reduzir o oportunismo pode reforçar ou diminuir esse impacto ao propor soluções concretas a serem inseridas nesse contexto.

A pesquisa se deteve em analisar as ações de auditoria governamental no período, bem como as de promoção da transparência e do controle social, detendo-se a relatórios e normativos, em especial na forma como os problemas são considerados pela CGU e a natureza das soluções propostas como mecanismos de caráter corretivo e pontual, mas também em um viés sistêmico e estratégico.

A pesquisa concluiu que o órgão de controle tem o potencial de impactar desnecessariamente os custos de transação da implementação das políticas quando:

i) atua na detecção de problemas e na proposição de soluções de forma desalinhada com a lógica do programa;

ii) não contribui na sua interação com a coordenação entre os diversos atores da rede de *accountability*;

iii) tem o seu foco em aspectos procedimentais e detalhes específicos, de forma descontextualizada com o espírito do programa, sem possibilidades de ajustes no decorrer da avaliação;

iv) não promove a circulação de boas práticas e soluções inovadoras que fortalecem o arranjo de implementação e reforçam o aspecto preventivo;

v) não considera na raiz dos problemas a deficiência de capacidades estatais dos atores na implementação e a consequente dependência gerada;

vi) reduz a solução dos problemas para a orientação genérica dos atores, fundamentando esses problemas apenas no desconhecimento dos agentes no processo de implementação, e não na carência de outras salvaguardas;

vii) não estimula a transparência e o controle social de forma sintonizada com os problemas detectados na gestão da política pública;

viii) exalta as irregularidades sem relacionar estas a uma dimensão estratégica e gerencial do programa, ocultando os problemas centrais do programa;

ix) não delimita as responsabilidades dos atores avaliados no processo de implementação, desorientando o controle social no seu papel de cobrança dos implementadores da política.

A discussão da pesquisa, que tem como mote a municipalização da política educacional, promove a reflexão sobre as atividades de *accountability* de forma geral, ao indicar a necessidade de se articular o uso de incentivos, mormente aqueles pelos processos de transparência, com ações mais diretivas, como recomendações frente a auditorias, alinhado aos objetivos da política, não em uma tentativa de autocontenção da função controle frente ao ativismo dos agentes controladores apenas, mas, sim, na proposta de uma integração, mantida a autonomia necessária, desta função ao processo de implementação, de forma complementar e equilibrada, considerando os impactos dessas ações.

Sem desconsiderar a importância de se medirem os benefícios oriundos da atividade de controle, o que muitas vezes se dá apenas pela ótica desses órgãos, em uma lógica similar à ideia de retorno sobre os investimentos, tem-se, pela discussão posta, que um ressarcimento de recursos pode gerar outros custos esparsos e não identificados, com reflexos nas políticas, em um contexto que precisa ser considerado na valorização ou não do "bom controle", demandando uma visão mais integral da questão da probidade da gestão pública, e das estratégias adotadas.

O fato é que a corrupção, como o desperdício, é mais um dos entraves à gestão das políticas públicas, políticas estas que promovem o desenvolvimento e os direitos sociais na medida da sua efetividade. Não é uma apologia ao "rouba, mas faz", e sim uma ponderação de que a prevenção do delito importa também pelo seu impacto na gestão, evitando-se assim a autonomização da *accountability*, pois esses custos de transação gerados por esta são maiores ou menores, dependendo das estratégias adotadas, e esse ponto pode ser considerado no processo decisório de atuação dos órgãos de controle.

Artigo original redigido em 2019.

Box síntese:

A atuação dos órgãos de controle imputa aos gestores custos de transação pela implementação de controles e pela mudança de rotinas e normativos. Os benefícios proporcionados pelos órgãos de controle não podem ser mensurados apenas pela ótica destes, devendo ser mensurados também pelos efeitos na gestão.

4.6 A receita da conformidade das despesas

Podemos dizer, para fins didáticos, que a despesa pública tem duas dimensões. Uma relativa ao aspecto operacional, contextualizado, envolvendo questões de economicidade, de eficiência, em uma visão gerencial maior, na qual não só não podemos olhar o gasto pelo gasto. No entanto, é impossível fazê-lo sem analisar a política pública relacionada, a população beneficiária e os impactos esperados. Trabalho robusto analisar a despesa por esse viés, nem sempre possível ou viável.

A outra dimensão da despesa pública, mas conhecida dos profissionais do controle, é a sua dimensão de conformidade, de aderência a normativos e princípios, envolvendo a sua análise ao processo de compra originador da despesa e atingindo os processos de pagamento e liquidação, processos esses amparados basicamente pelas Leis nº 8.666/93 e nº 4.320/64, além de toda uma gama e normativos infralegais e entendimentos diversos nesse segmento da gestão pública.

Como garantir, de forma razoável, a conformidade dessa despesa? Como se defender do direcionamento, do superfaturamento, das compras fictícias? Para tal, propomos, neste singelo artigo, uma tríade na linha da normatização/orientação, da sanção e da fiscalização.

A norma tem que ser clara, objetiva e deve ser levada ao conhecimento de todos os atores de forma simples e aplicada. Um emaranhado de normas, a inconsistência de princípios, tudo isso fragiliza o processo de despesa pública a se realizar cotidianamente nas diversas organizações governamentais, oferecendo uma insegurança jurídica que dificulta, inclusive, o processo de orientação e de julgamento de questões correlatas.

Da mesma forma, é preciso que existam sancionamentos proporcionais ao descumprimento dessas normas e que ocorram de forma efetiva. Aí, falamos das ações clássicas no campo penal e administrativo, mas também de inovadores mecanismos de exposição na esfera política, fomentados pela transparência crescente. Certamente, necessitamos punir o corrupto e o corruptor, lados de uma mesma mesa, consoante com as recentes discussões da Lei da Empresa Limpa.

Por fim, necessita-se de uma fiscalização eficiente, sistemática e que conte com elementos de inteligência para a maximização da ação com o menor esforço. A fiscalização, a verificação dos procedimentos no cotidiano por um agente credenciado, é o que permite identificar atuações individuais irregulares, contribuindo para a reparação individual, mas trazendo também um legado para a gestão na produção de informações gerenciais que melhorem os sistemas administrativos e seus controles. Fiscalizar, um ato que nunca será dispensável!

Não tem mágica! Essa é a receita de uma boa despesa no que tange à conformidade! O atendimento das normas é uma dimensão importantíssima para a gestão de pública de qualidade. Nela reside o respeito a princípios que garantem a boa e regular aplicação dos recursos públicos. Custo a crer que possamos ter uma gestão eficiente e de resultados em um ambiente onde impere a ilegalidade.

Gestores reclamam da legalidade no dia a dia. Invocam-na, todavia, diante de acusações sobre a sua gestão. A norma os guia e os protege! Se bem construída e difundida, com sanções claras e sendo objeto de fiscalização corrente, resulta, fatalmente, em uma gestão mais proba e com mais agregação de valor à sociedade. O problema é que, quando pensamos na norma, vem à mente apenas o seu aspecto detalhístico, ensimesmado, esquecendo-se de toda uma discussão de princípios que a regem.

Os escândalos que ilustram os periódicos, analisados amiúde, indicam que suas causas residem nas fragilidades das leis, que têm brechas e contradições; nas falhas de sancionamento – dado que muitos dos envolvidos de hoje já figuraram anteriormente no banco dos réus –; e, ainda, nas auguras da fiscalização pelas carências das atividades de auditoria, pela baixa estruturação dos chamados controles primários e pela atuação deficiente do controle social.

Legisladores, julgadores, auditores, gestores, cidadãos… todos nós temos um compromisso com a aplicação regular e legítima dos recursos de nossos tributos para que se revertam nos seus objetivos, respeitados os princípios. As regras e a manutenção dessa tríade sustentam, de forma simples, essa qualidade do gasto público.

Para tanto, basta seguir a receita sanção-fiscalização-normatização para que tenhamos uma boa despesa como condição prévia de uma boa atuação dos órgãos governamentais. Quanto aos resultados da gestão, importantíssimos. Só que isso é uma discussão ainda mais complexa.

Artigo original redigido em 2015.

Box síntese:

Uma norma clara e um processo fiscalizador eficiente e que redunde em sanções são as chaves para boas despesas no que se refere à conformidade, mas, para isso, é preciso um grau de simplificação desses mecanismos para que essa busca da conformidade não se converta em entrave inútil a essas mesmas despesas.

4.7 Os danos da qualidade presumida

Dizemos com frequência: "o sabonete 'A' é maravilhoso, sempre usei!", "o refrigerante 'B' lembra a minha infância!". Frases que usamos habitualmente! Podemos, contudo, em um viés público, dizer também: "o órgão 'X' é um exemplo de excelência", "o prefeito 'Y' é um grande gestor". Percebemos, portanto, que a tradição é uma força poderosíssima. Por meio dela, pela ação reiterada das ações e do tempo, constrói-se o conceito das coisas. O que é bom, o que é ruim... isso, no mundo da gestão pública, é uma verdade inconteste.

Esse "efeito de halo", inferência da parte pelo todo, em um país como o Brasil, com uma baixa cultura avaliativa e uma grande imaturidade política, contamina a opinião pública na fossilização de chamadas "qualidades presumidas". Nela, determinados órgãos e estruturas gozam de uma boa imagem construída. Em contrapartida, outros, apesar do esforço de melhoria, não conseguem romper a aura sombria.

Assim, seguimos com órgãos que são ineficientes ou poderiam ser mais eficientes, mas que, pela imagem junto ao público, deitam em "berço esplêndido", inertes para qualquer melhoria de seus serviços junto aos beneficiários. Outros, talvez açodados por anos de má gestão, diante de um gestor empreendedor, veem seus avanços ser eliminados pela imagem negativa.

Em um contexto público, no qual o chamado "lucro político" alimenta os agentes de alto escalão, e a relevância, fruto da importância percebida, subsidia aumentos salariais e verbas orçamentárias, no contexto público muitos fazem a fama e deitam na cama, na falta de referências sistêmicas que indiquem realmente como anda aquela gestão e suas entregas.

Todo órgão, é claro, tem uma cultura organizacional, valores, servidores que acumulam talentos. Isso é um patrimônio que contribui com o desempenho real e percebido. O mundo, no entanto, é dinâmico. Os órgãos públicos necessitam ser avaliados, de forma periódica, seja por especialistas e suas metodologias, seja pelo público beneficiário, para garantir um padrão crescente de excelência.

Essa chamada crise da qualidade não é um privilégio do setor público. É um momento da pós-modernidade, do próprio desenho do sistema capitalista em seu estado atual e da própria cultura das pessoas, na qual a etiqueta, o simbólico, vale mais do que a qualidade intrínseca. Temos uma dificuldade, hoje enraizada, de dizer o que é o bom.

Durante o dia, somos bombardeados de ofertas de produtos de baixa qualidade, alguns caros, atrasados, com mau atendimento... temos dificuldade de avaliar isso por restrições de diversas ordens, como a mercadológica e a técnica.

Pela falta de uma referência no mercado, por deficiências de um padrão e de uma dificuldade de aferi-lo, julgamos aquele serviço ofertado adequado sem saber se ele realmente poderia ser melhor. Para termos essa noção, seria preciso uma cultura avaliativa de perceber, mensurar e comparar e, ainda, uma maturidade política que transforme essa informação em uma ação efetiva no processo decisório.

A qualidade presumida, porém, é mais cômoda. Achamos bom, e o sistema se acomoda até o dia em que um fato novo oriundo de um *benchmarking*,[39] a entrada de um *player* no sistema, um escândalo de corrupção ou as reiteradas insatisfações rompam esse frágil equilíbrio.

Apenas os mecanismos mercadológicos não dão conta da qualidade das políticas públicas e suas estruturas. É preciso regulação para que, de forma técnica, a discussão da eficácia e da eficiência compareça de outra forma, mais parametrizada. O cidadão pode e deve exercer a sua vontade, mas o contexto democrático exige que ele receba informações que o permitam aprimorar esse processo.

Em um ambiente de miséria material, de baixa escolaridade, de clientelismo, como querer que esse cidadão cliente perceba o melhor? A cultura avaliativa pode ajudá-lo a romper a visão superficial da "qualidade presumida" e pode, de forma independente, gerar informação para consumo interno, da própria gestão pública, desfazendo mitos.

Assim, para uma governança democrática, não pode ser dissociada a cultura avaliativa da autoavaliação e da avaliação independente que permita romper órgãos de seus tronos, trazendo-os para o foco no cidadão. Da mesma forma, mecanismos regulatórios formais se fazem necessários para evitar a captura pela assimetria informacional do cidadão em relação aos seus administradores.

---

[39] Processo de busca das melhores práticas.

A auditoria governamental, entre outros, figura como um instrumento interessante para essa atividade avaliativa, compartilhada por outras formas de atuação que, em conjunto com as inovações tecnológicas, permitem melhor interação do cidadão com a construção cotidiana da gestão pública.

Por maior que seja a idoneidade e confiança depositada em uma instituição, a avaliação contínua é a certeza de que estaremos sempre enxergando a organização em uma dimensão presente-futuro, e não perdidos em fábulas de um passado glorioso.

Artigo original redigido em 2019.

Box síntese:

No processo avaliativo, tradicional da auditoria interna, a imagem da unidade tem muito peso, seja pelo aspecto positivo, de órgãos acima do bem e do mal, seja pelo aspecto negativo, de órgãos que, não importa o que se faça, são sempre mal vistos. A avaliação da auditoria interna, pela sua independência, busca romper esses mitos e trazer diagnósticos pautados na realidade, em evidências.

4.8 A gravidade da governança do fruto futuro

Colhemos em nossa vida, diariamente, frutos que não plantamos. Plantamos, da mesma forma, frutos que não veremos amadurecer. Semeamos, às vezes sem intenção explícita, por vezes bem conscientes do significado daquilo para gerações futuras. Plantamos e colhemos...

A interdependência não tem apenas uma dimensão geográfica, exaltada diante das questões ambientais, mas também uma dimensão temporal. Somos frutos de ações de gerações passadas e influenciamos as vindouras. Na carruagem da história, no vir a ser eterno, somos e fazemos ser influenciados, mas não determinados.

Essa verdade inconteste tem seus reflexos no campo da gestão das políticas públicas. Dessa interdependência geracional, da necessidade de fazermos coisas que se materializarão apenas no futuro distante, quando não estivermos mais aqui, há efeitos na governança das políticas públicas, em especial aquelas de efeitos percebidos pelas gerações futuras e que trazem em si a dificuldade imanente de relacionar, de forma causal, as ações a esses efeitos.

Chamaremos essas áreas de atuação, para fins didáticos, de frutos futuros. A discussão posta é a sua governança presente, dado que a sua materialização se dá no futuro, distante demais para realimentar ou mesmo afetar, de alguma forma, os seus implementadores.

Para melhor exemplificação, podemos citar alguns exemplos. A primeira é a função previdência, uma função de proteção social que concentra grande quantidade de recursos a serem resgatados décadas à frente e que se rege pelos princípios da contributividade e da solidariedade. Como poupança forçada de caráter securitário, para manter seu valor real, suporta investimentos de médio-longo prazo. Sua gestão ruinosa pode ser percebida apenas em momentos futuros.

A segunda exemplificação que merece destaque são pesquisa e inovação, funções essenciais na conjuntura econômica atual, envolvendo alto risco de fracasso e prazos imprevisíveis. Charles Darwin[40]

---

[40] Naturalista, geólogo e biólogo britânico.

demorou dez anos navegando no navio Beagle para escrever a sua basilar obra *A origem das espécies*. Investimentos essenciais, mas de retorno distante, difuso e incerto, e que necessitam de uma governança que os proteja do desvio de finalidade.

A terceira atuação digna de nota é a proteção do meio ambiente. Ainda que figure na agenda estatal dos países desde a década de 1990, tem seu nó no difícil enfrentamento de interesses imediatistas e a sustentabilidade de um futuro que virá, merecendo uma governança que permita mensurar ações de hoje e seu impacto no decorrer do tempo.

Outras funções estatais podem ser citadas por trazerem em si um pouco dessas características de frutos futuros, como a educação, a capacitação da burocracia e a defesa nacional, o que demanda um novo olhar de governança, que trabalhe com autonomia, mas que não cai no extremo *laissez faire*.[41] Uma construção complexa e customizada.

Sem avaliações objetivas, com dificuldades de incentivos positivos e negativos, sem relações de causa e efeito, com produtos imponderáveis e imprevisíveis, essas ações governamentais (sim, pois o ambiente privado evita essas ações pela incerteza imanente) são indispensáveis para a sociedade necessária. Por isso, sua governança deve ser pensada e elaborada com carinho.

Como promover, então, essa governança? A transparência é uma boa medida; a verificação da harmonia do investimento com a finalidade é outro princípio. Segregação de funções, rotatividade de equipes de apoio, evitar a concentração de recursos em grupos, competições estimuladas, relatórios parciais, *peer review*,[42] avaliação de conflitos de interesses... as tecnologias de governança precisam ser adaptadas e desenvolvidas nesse segmento.

A concentração de recursos, no caso da função previdência, demanda transparência aliada a controle social. O investimento deve considerar avaliações independentes de riscos e opções conservadoras, já estabelecidas. Apesar dessas dicas e apontamentos, reconheço, o assunto é complexo e tem muito ainda a se desenvolver.

O tempo é inexorável, mas também um desafio nos caminhos da governança. Eis um desafio para os órgãos de gestão e de supervisão, a governança do fruto futuro, que deve ser valorizada antes da colheita dos frutos podres, e sim no momento da semente lançada,

---

[41] Expressão francesa cuja tradução literal é "deixe fazer". Simboliza, no liberalismo econômico, que o mercado deve funcionar livremente, sem interferência, taxas nem subsídios, apenas com regulamentos suficientes para proteger os direitos de propriedade.

[42] Revisão por pares.

acrescentando ao adágio que, se o futuro a Deus pertence, ele será entregue aos nossos filhos.

Artigo original redigido em 2015.

Box síntese:

A governança de funções cujo retorno se dê em tempo muito distante do futuro, em outra geração, precisa de uma accountability específica, pois a avaliação de eficácia a cada etapa não será reforçada por uma percepção de efetividade.

4.9 Entre a direta e a indireta

❂

Seguindo tranquilo pela estrada, conduzindo o meu automóvel na viagem de férias sem me preocupar com os pedágios, passo pelo perímetro urbano e observo viaturas policiais com a placa de fundo cinza e letras pretas, típicas de veículos particulares. Indicam, à primeira vista, que se trata de uma frota terceirizada. Ao volante, me pergunto, diante dessa cena, os limites e as possibilidades da terceirização de serviços públicos, um debate acalorado na década de 1990, mas que hoje se faz presente, de forma velada, nas contratações e soluções governamentais. A Lei nº 8.666/93, o Estatuto das Licitações, indica no art. 6º que "VII – Execução direta – a que é feita pelos órgãos e entidades da Administração, pelos próprios meios" e que "VIII – Execução indireta – a que o órgão ou entidade contrata com terceiros sob qualquer dos seguintes regimes: a) empreitada por preço global – quando se contrata a execução da obra ou do serviço por preço certo e total; e b) empreitada por preço unitário – quando se contrata a execução da obra ou do serviço por preço certo de unidades determinadas". Apresenta o normativo duas opções de execução das tarefas que dão suporte à prestação de serviços públicos à população em que existe a intervenção do Estado.

Na execução indireta, existe a figura de um acordo bilateral entre o poder público e o prestador de serviços. Tal acordo rege a transferência às organizações privadas (sociedades empresariais, associações ou fundações) de recursos financeiros oriundos dos orçamentos públicos para remunerar a execução dessas atividades, de acordo com regras preestabelecidas. Não é uma questão simples a definição do que deve ter a execução pela via direta ou indireta. Essa decisão é precedida da questão do que o Estado deve financiar/subsidiar ou o que deve ser transferido para exploração da atividade econômica pelo mercado. Em suma, onde ele atuará como indutor. Uma vez que haja a execução pelo Estado, se essa será pela sua estrutura própria ou pela terceirização para empresas ou ONGs.

A discussão do que deve ser executado diretamente pelos servidores e empregados públicos e do que deve ser realizado por terceiros é polarizada e extremamente ideologizada, de forma que, na prática, transferimos ao privado a execução de tarefas impróprias e mantemos no âmbito estatal outras de igual qualidade por força de grupos de interesse e injunções políticas, configurando-se essa questão do papel do Estado, na nossa humilde opinião, como uma das mais relevantes nas discussões sobre gestão pública no momento atual, considerando, ainda, os atrativos volumes de recursos dos fundos públicos.

Tem-se observado nos discursos que a transferência a terceiros se pauta, de modo geral, pelo pressuposto de que o público é ineficiente e o privado funciona, em especial pela possibilidade de demissão ou troca de fornecedores ineficientes em um desenho de execução indireta. Esse axioma é sujeito a questionamentos pelos eventos do mundo real, na prestação precária de serviços terceirizados e na ação com excelência de outros de execução direta, na presença de "cisnes negros" que nos levam a questionar essa visão absoluta da questão. A competitividade não é a única forma de se sustentarem as relações com ganhos mútuos. Os estudos de arranjos em rede indicam que temos desenhos cooperativos e competitivos convivendo entre si nas organizações.

Quando o privado se faz eficiente? Não é simplesmente por ser privado! A competitividade, com certeza, é um fator, mas a existência de metas e a inserção de um sistema de avaliação são outros fatores de indução da eficiência mais próximos da realidade do serviço público. A execução direta pode importar modelos de competitividade. Isso, no entanto, não pode desconsiderar a utilização de metas e sistemas de avaliação que mirem não apenas no suposto concorrente, mas também no passado, como indicativo de melhoria.

A análise da eficácia e da eficiência na execução de tarefas no serviço público pode ser relacionada a algumas categorias que exploraremos ao longo destas breves linhas para fins didáticos: a estrutura do mercado, os mecanismos de avaliação, os instrumentos de pressão popular e a relevância dessa atividade no contexto estratégico.

No que tange à estrutura do mercado, as aulas de economia nos mostram que um mercado concorrencial com poucos atores ou dominado por um ator rompe a lei de oferta e procura. Motivo: falta de opções dos consumidores de troca de fornecedores que atendam às suas necessidades. Tal fato gera submissão nos quesitos de preço, atendimento e qualidade, tornando os clientes escravos de organizações que lucram de forma exorbitante.

Cabe aos mecanismos de regulação estabelecer a normatização desses mercados. Perguntamo-nos, no entanto: seria o Estado e seus mecanismos de regulação suficientes? Temos o mito da normatização, no qual apenas a regra estabelecida resolve o problema, mas, no campo dos serviços prestados, a população, por meio de execução indireta, observa a fragilidade desses dispositivos, principalmente diante das peculiaridades do nosso sistema jurisdicional e da falta crônica de associativismo entre nossos cidadãos.

Assim, seja pela execução direta ou pela indireta, dependendo das dimensões e da peculiaridade do serviço, os governos se veem em mercados monopolísticos ou cartéis, com serviços essenciais nas mãos dos seus órgãos ou de empresas. Ambos os casos, no entanto, em desenhos de dependência, o que se agrava no caso privado pelos interesses ligados à lucratividade e aos dividendos dos acionistas.

Por seu turno, os processos de execução da ação estatal carecem de mecanismos avaliativos. Vivemos no Brasil uma incipiente cultura de avaliação da ação estatal, seja a autoavaliação, a avaliação externa ou a avaliação rotineira. Crescemos em uma gestão sem cultura de diagnósticos preventivos e corretivos. Em processos muito específicos, com grande carga de conhecimento tecnológico agregado, a atividade de avaliação e monitoramento se torna tão complexa quanto a atividade objeto de análise, exigindo corpo técnico e *expertise*. Assim, direta ou indiretamente, o Estado não pode abrir mão do seu papel de acompanhar a execução pelos resultados, mas de olho nos processos para não ser surpreendido em situações que, pela sua tendência, conduzam a prejuízos plenamente evitáveis.

O descrédito com a atuação estatal leva as comunidades a terem um baixo nível de exigência do que lhes é ofertado pelas políticas públicas, envolvendo-se e contribuindo pouco com as tarefas ligadas a essas políticas. A transparência, nesse sentido, permite que as informações sobre os serviços prestados, seja pela execução direta ou indireta, circulem e que os cidadãos possam avaliar se a realidade coaduna com o planejado, retroalimentando os sistemas administrativos, sejam os de controle, sejam os de regulação.

A avaliação necessita de dados consistentes, em especial no que tange ao custo. Na exaltação das fenecias da execução indireta, quando falamos da merenda terceirizada, do hospital repassado para uma organização social (OS), exaltamos os fatores de qualidade percebidos como justificativa para aquela opção. Por raras vezes, porém, analisamos os custos, em especial os de longo prazo, daquela opção diante da execução direta, especialmente pela falta de uma cultura de custos na administração pública, o que faz essas comparações incompletas. Para fins de avaliação, o mantra de que o privado é eficiente deve ser rompido, identificando junto a cada tarefa as peculiaridades de se adotar um modelo de execução direta ou indireta, considerando-se, ainda, que a avaliação que fornecerá subsídios sobre a coerência de se adotar uma ou outra opção frente a um problema na política pública. Indicadores não são exclusividade do público ou do privado, e a atividade avaliativa deve olhar as tarefas como um todo, executadas em ambas as modalidades, como subsídio para a construção de modelos de atuação.

Destarte, os instrumentos de pressão da população beneficiária dos serviços públicos devem ser considerados no processo de escolha entre a execução direta e indireta. Afinal, eles permitem que os clientes interajam com os serviços prestados. Fica a questão: a população tem mais poder, mais ingerência em uma atividade por execução direta ou indireta? Bem, existem casos e casos, pois o executor privado se ampara em um contrato cuja formalidade o mantém mais alheio a pressões. Entretanto, o público pode estar em uma situação de capitalização política que o permita ignorar as pressões de determinados segmentos, mesmo estando inserido no jogo eleitoral. Por vezes, o privado utiliza-se da própria pressão popular para agir junto ao governo para atender seus pleitos, utilizando o fantasma da descontinuidade dos serviços, o que, aliado à baixíssima elasticidade do consumidor-governo, torna refém a desamparada população, dependendo do frágil e polêmico mecanismo da encampação.

Terceirizar serviços típicos, ou seja, que não são ofertados normalmente no mercado a outras organizações e que tenham relação com atividades contínuas essenciais à coletividade, representa um grande risco na terceirização, pois empresas e contratos se quebram e a improbidade não é exclusiva do público ou do privado. Falamos, às vezes, em terceirizar para induzir o mercado, mas este busca também diminuir riscos e maximizar lucros em uma equação de objetivos por vezes dissonantes. Trata-se do chamado *conflito de agência*, fato que é esquecido quando esse assunto da execução indireta vem à baila.

Assim, quanto maiores as dimensões do processo de terceirização, mais fácil alimentamos um monstro e por ele somos devorados devido à dificuldade de relação da qualidade dos serviços com a remuneração da organização. Aí já conhecemos o filme: procure a ouvidoria, o serviço de atendimento ao consumidor (SAC), fale com nossos atendentes, anote a senha. Partimos para o Estado, na sua atividade de regulação, ou procuramos as prestações jurisdicionais, amargando a burocracia mesmo diante do privado. Isso tudo não consegue abalar a relação contratual desse monopólio que, ainda que seja privado, guarda todas as mazelas que atribuímos ao público.

Por fim, a opção de execução deve considerar o papel estratégico do Estado. Estratégico no sentido de romper a visão minimalista de enxergar apenas aquele momento na construção da solução, levando-se em conta o futuro e o contexto nas relações transversais de cada ação.

A ação indutora do Estado gera empregos e externalidades, sendo demandada em diversos setores por algum tempo. O mesmo setor privado que diz que o Estado atrapalha pede socorro a este nos momentos de crise. Da mesma forma, outras tarefas que envolvem o poder de império são historicamente executadas pela via direta, o que não inibe a sua terceirização em uma ou outra ação que demande *expertise*, mas que seja um *know-how* que venha da experiência similar no privado, e não o privado com o manto da eficiência inventando a roda quando contratado pelo setor público.

Infelizmente, a discussão da execução indireta e direta não tem um gabarito, uma resposta padrão, sendo permeada de interesses privados de dentro e de fora do aparelho do Estado, em discursos falaciosos. Ainda que o gerencialismo indique que o Estado não deve remar, e sim navegar, fica a questão das dificuldades de um comandante de conduzir a sua embarcação quando seu poder sobre ela é restrito, nos temidos motins e nas imprevisíveis tempestades.

A qualidade do serviço público, em qualquer modalidade de execução, deve ser aferida em indicadores de insumos e de produtos, na percepção dos beneficiários, contando com a ferramenta diferencial do setor público, a participação da população em diversos fóruns, opinando e fiscalizando, rompendo a máxima reducionista de que tudo pela via privada é bom, mas também superando as forças corporativas que ocultam as fragilidades da execução direta.

Seguindo de férias pela estrada, diga-se de passagem, de boa qualidade e sem pedágio, continuo nessa reflexão sem solução aparente no plano abstrato. Pergunto-me se os mecanismos jurídicos e administrativos existentes dariam conta no caso da quebra da empresa prestadora de serviços à força policial, que parâmetros de comparação temos para saber a justeza daquele preço e quantas empresas no mercado poderiam opor-lhe resistência em um mercado concorrencial. Perguntas práticas, mas que indicam que a análise dessa opção, direta e indireta, merece considerar o futuro e o contexto e que a natureza de determinadas atividades é complexa, exigindo soluções de igual natureza.

Artigo original redigido em 2012.

Box síntese:

A discussão de transferência de serviços a terceiros na administração pública se pauta, de modo geral, pelo pressuposto de que o público é ineficiente e o privado funciona, em uma visão simplista. Importa saber se, ao delegar a função, os mecanismos de governança e salvaguardas serão eficientes frente aos riscos, de modo a preservar a função pública, mesmo que desempenhada com o apoio de atores privados.

4.10 Pobre Lei de Licitações

❶ A Lei de Licitações, a famosa Lei nº 8.666, de 21 de junho de 1993, que já completou a sua maioridade e deixou filhos na forma de decretos e outras leis sobre a temática, domina de forma negativa qualquer roda de conversa na qual tenham assento aqueles que dela dependem para a consecução de seus ofícios. Figura em alguns discursos essa pobre legislação como bode expiatório das mazelas da administração pública pátria. Cabe a ela, nas afirmativas propaladas, a culpa de toda a morosidade e ineficiência atribuída ao Estado, em especial nos momentos em que a população se confronta com situações desagradáveis provocadas por essa mesma administração pública.

Representantes de empresas que atuam em obras públicas criticam na imprensa a Lei nº 8.666 pelos seus mecanismos em relação à interrupção de obras com irregularidades. Pesquisadores a indicam como um dos maiores entraves para a pesquisa no país. Depois de tantos anos, nascida sob os auspícios de um governo democrático, a Lei de Licitações invoca a insatisfação de diversos segmentos como causa de mazelas de origem muito mais complexa do que um conjunto de normas que regula os processos de aquisição e contratação no país. Seria realmente o princípio da licitação tão malévolo para a administração?

A licitação como forma de proceder às aquisições públicas é antiquíssima e tem como significado oferecer preço, concorrer. É o instrumento de que dispõe a administração pública para receber as propostas a determinado serviço e escolher a mais vantajosa. Existe em nossas terras desde as Ordenações Filipinas de 1592, sendo reproduzida pelas legislações do Brasil Colônia, Império e República, nas mais diversas roupagens. Chegamos à atual Lei nº 8.666/93 e à Lei nº 10.520/2002, a Lei do Pregão, um filhote mais elaborado da primeira. Agora, neste momento, vivenciamos as discussões do Regime Diferenciado de Compras (RDC), Lei nº 12.462/2011, com novos mecanismos nesses processos de aquisição.

Não é, então, a licitação uma invenção recente que permita atribuir a esta tamanha carga de problemas decorrentes nem figura como exclusividade pública, dado que grandes organismos internacionais, como o Bird[43] e o BID,[44] e corporações privadas se veem diante do desafio das grandes compras. Não pensem ingenuamente que, mesmo no setor privado, podemos comprar o que quiser com quem desejarmos, pois os parâmetros de preço, qualidade e riscos de fornecimento valem para todos. Isso não implica dizer que o atual ordenamento jurídico nesse campo é perfeito. Pelo contrário, existem mecanismos que devem ser revisados urgentemente, alguns por serem extremamente burocráticos e outros por permitirem, pelas brechas, fraudes e direcionamentos. Sem dúvida, uma lei dessas, que atinge tantos setores e valores, é fruto de disputas enormes nos campos de debates e não tem o condão de impedir totalmente as ações de pessoas interessadas em lesar o erário.

A legislação em matéria de licitações é complexa por força de um sem número de acórdãos de tribunais de contas, súmulas do Poder Judiciário, decretos, instruções normativas e volumosos livros de doutrinadores que lhes dão entendimentos, concretos e abstratos, muitas vezes conflitantes, e que tornam atribulada a vida de quem executa, participa ou audita licitações. A problemática é muito maior e exige mais do que reclamar da Lei nº 8.666 nas mesas de bar!

A lei atual, por exemplo, demanda revisões interessantes, tais como trazer um rito comum para adquirir um alfinete e um foguete, com poucas variações procedimentais. Tem excesso de descrição na contratação de obras de engenharia, mas carece de subsídios em outras contratações costumeiras, como as contratações de serviços técnicos de consultoria. Além disso, inclui poucos mecanismos preventivos de controle e valoriza pouco a função do fiscal do contrato.

Traz, ainda, penduricalhos nas exigências na fase de habilitação que servem para atender outros mecanismos de fiscalização do Estado e que pouco acrescentam à qualidade da compra em questão. Rompe a primazia de uma atividade complexa, que é atuar em nome do Estado, o maior comprador do país, que faz fortunas e desequilibra mercados com apenas uma decisão.

Entretanto, as oportunidades de melhoria da hoje em voga Lei nº 8.666 não podem alterar os princípios das compras no setor público

---

[43] Banco Internacional para a Reconstrução e Desenvolvimento.
[44] Banco Interamericano de Desenvolvimento.

como fatores preponderantes para o sucesso da atuação estatal. Ela tem peculiaridades e, ainda que aprenda com o privado, não se iguala a ele.

A licitação, a despeito desse emaranhado jurídico, tem princípios como o da livre concorrência, o da igualdade entre os concorrentes, o estrito cumprimento do edital, a publicidade, o sigilo das propostas, o julgamento objetivo, a adjudicação compulsória e outros que a doutrina nos apresenta e que devem balizar as compras do Estado não apenas por um imperativo legal, mas pela natureza das coisas, sempre com as mitigações necessárias. O fim é a boa compra, mas devemos entender o que é isso para o setor público!

Por se tratar de um recurso público, de todos, e por sua utilização se fazer no interesse coletivo – mas que naturalmente traz ao beneficiado o lucro –, alguns desses princípios, como a igualdade de oportunidades, se fazem necessários de modo a evitar que alguns se beneficiem da concentração de recursos oriundos das mãos do Estado e, ainda, que este gere desigualdade em excesso.

De modo a proteger o Estado, por exemplo, o princípio da vinculação ao estabelecido no edital, que se destinará a um serviço público, além da publicidade, permite que os recursos do erário sejam acompanhados no seu fim para a coletividade, evitando que se locupletem servidores e particulares em detrimento da coisa pública.

Em síntese, o que se deseja com a licitação é que os recursos públicos, oriundos dos impostos da coletividade, com um fim público, sejam utilizados na contratação mais vantajosa, que essa realmente reverta para o fim público e que isso seja feito às claras para que essa mesma coletividade possa acompanhar o uso desse recurso. É uma garantia do interesse público, e não um mero instrumento formal para onerar a atividade do Estado.

Algumas garantias e cuidados visam atuar sobre as imprevisibilidades, como a quebra de empresas. Da mesma forma, a isonomia, como questão programática, deve se converter em uma ação concreta e realista, na qual o preço e as peculiaridades do mercado devam ser considerados como elementos de ponderação. O objetivismo, por sua vez, pode trazer perdas, mas tenta minimizar as dificuldades de escolhas direcionadas por critérios patrimonialistas. Vê-se que não se trata de uma tarefa simples.

Por isso, temo quando ouço vozes atacando a Lei de Licitações, a não ser que seja para fins corretivos, o que é louvável, mas atacar o instituto das licitações é desprover o setor público de mecanismos razoáveis e robustos para a contratação de bens e serviços necessários à sua missão. Isso tem peculiaridades.

Imagine uma cidade administrada sem os princípios da licitação estampados no nosso ordenamento jurídico, inclusive na Lei nº 8.666. As aquisições se dariam pela escolha fortuita de fornecedores ou, ainda, motivadas por interesses privados. Ninguém saberia o que a municipalidade estava comprando, a que preço e a que finalidade. O município compraria uma coisa e receberia outra e ficaria ao bel-prazer da situação econômica e financeira de seus fornecedores, rompendo, assim, com a continuidade de seus serviços.

Além disso, deve-se considerar que a licitação é muito mais do que uma discussão jurídica. Muitos dos problemas reais detectados em licitações são limitações de mercado, cartelizações, problemas logísticos e outros que fogem às imposições da lei, dificultando compras em qualquer setor, até porque determinadas atividades desenvolvidas pelo setor público são deveras complexas. Por vezes, faltam setores de compras qualificados e robustos, além do já famoso planejamento.

Pobre Lei de Licitações! Termina por receber a culpa da nossa dificuldade de materializar esses princípios na gestão. O debate é se o ataque se dá ao texto da lei, às suas falhas conjunturais ou ao princípio de se licitar. Será que estamos questionando a isonomia entre os licitantes – daí o favorecimento – que pode desandar em corrupção? O problema é a publicidade, que resulta na ocultação e que dificulta o controle social das despesas públicas? A crítica precisa ser propositiva e romper um mantra de colocar na lei, seja essa ou em uma próxima, as mazelas de se gerir a coisa pública.

O governo não é uma empresa, não visa ao lucro a qualquer preço e tem princípios basilares no respeito aos direitos dos cidadãos. Dizer que é possível ser eficaz e eficiente com a lei é perguntar se essas eficácia e eficiência atropelam direitos. Os fins não justificam os meios no Estado Democrático de Direito, pois o meio tem consequências que alteram os fins. Estamos falando de recursos públicos, ou seja, de todos para todos. É preciso respeitar a peculiaridade em sua gestão, tendo, claramente, a humildade de enxergar as problemáticas advindas de nossos burocratismos e a necessidade de serviços públicos de qualidade.

Culpar a Lei de Licitações tão somente é simplificar os problemas. Não enxergar que a legislação precisa ser aprimorada também é outra simplificação nociva. Necessitamos olhar essa questão de vários pontos de vista, entendendo que medidas rápidas e pretensamente eficientes de hoje podem se converter em prejuízos e problemas no futuro.

Artigo original redigido em 2014.

Box síntese:

O fato da Lei de licitações e os processos desenvolvidos pelos órgãos públicos terem problemas burocráticos não invalida a necessidade de se ter um rito formal e isonômico para compras no setor público que contribua para aquisições a bom preço, com entrega do item requerido com qualidade para suportar a complexidade das políticas públicas.

4.11 A pistola e o peixe

Quando eu era bem jovem, nos idos da década de 1980, em um país com uma democracia ainda mais em construção do que agora, ouvia, na conversa dos adultos, a preocupação constante com a necessidade de se ter um "pistolão", uma "peixada" para se conseguirem as coisas junto ao governo ou às concessionárias de serviço público. À mesma época, o cantor Eduardo Dusek (agora Dussek) cantava, na música *Barrados no baile*, que "quem não for peixinho não nada", traduzindo essa realidade.

Por razões diversas, a nossa sociedade guarda em sua estrutura, de forma ainda muito acentuada, a questão cultural da supervalorização da indicação, do uso dos critérios pessoais para a solução de problemas, com relações entre cidadão e Estado reguladas pela necessidade de se ter um conhecimento com alguém da organização executora para se obter algum benefício. Temos em nós a crença arraigada de que é preciso um pistolão para a "coisa" andar. Isso é fruto de um longo processo de construção de nossa relação com o poder público, nos fenômenos do coronelismo, da escravidão, do "jeitinho brasileiro", entre outros.

A famosa sentença "conhecimento é poder" assume, nesse contexto, significado diferente da valorização do saber. Mais vale um amigo no lugar certo do que ter nascido esperto! Assim, o círculo de amizades, a participação em outros grupos, como a religião, o clube, o partido político etc., se torna um mecanismo de favorecimento em concursos, contratações, benefícios, concessões de serviços públicos ou, ainda, admissão em empregos ou cargos, públicos ou não. Sim, esse não é um caso presente somente no setor público!

Esse fenômeno tem um nome na ciência política. Como uma das proles do patrimonialismo, o clientelismo traduz-se na característica de uma sociedade na qual os direitos que deveriam ser promovidos pelo Estado de forma universal são objeto de negociação e favorecimento de um pequeno grupo pela ação do governante ou de seus prepostos, valorizando as vias informais. Sérgio Buarque de Holanda já nos lembrava dessa característica brasileira ao discutir, na magistral obra *Raízes do Brasil*, o conceito do "homem cordial" na cultura brasileira, que se caracteriza, entre outras coisas, pela aversão ao formalismo. A prática corrente de filas nos hospitais públicos, de busca de vagas em creches, de problemas técnicos no atendimento de serviços, demoras para a obtenção de licenças e documentos e, ainda, toda a gama de entraves que chamamos informalmente de burocracia criam um portal de facilidades pela via do clientelismo, seja pelo conhecimento pessoal e troca de favores, seja pela prática corrupta do suborno. O monstro burocrático kafkaniano cria a necessidade de um atravessador de direitos, uma questão de promover dificuldades para se obterem facilidades.

Entretanto, posto que o fenômeno seja real, como combater práticas dessa natureza, tão arraigadas no nosso cotidiano? A promoção de concursos públicos, a profissionalização do funcionalismo, a publicidade em compras e contratações, o uso de processos informatizados para se monitorarem atendimentos de forma centralizada, promoção da transparência em critérios e beneficiados, entre outras práticas, são elementos que se desenvolveram na última década na gestão pública, nas diversas esferas e entes, e que reduzem em muito o medo de não se resolver um problema pela falta de um pistolão.

Com certeza, o processamento de dados aliado à internet tornou-se o maior trunfo desse combate, se utilizado sabiamente. Hoje, os governos podem disponibilizar as regras de acesso a um programa governamental na internet e, ainda, divulgar os beneficiados e os prazos de atendimento, o que reduz os favorecimentos pela facilidade de detecção e pela clareza nas normas que regem a ação. É preciso mais que isso, no entanto! Necessita-se de uma mudança na cultura das pessoas em relação à subjetividade no trato da coisa pública!

Por seu turno, não tenhamos a ingenuidade de negar a subjetividade na vida social e na gestão pública. Entendamos que a objetividade pregada pela burocratização de Max Weber era um tipo ideal, uma construção programática, como uma meta a ser atingida. A indicação e os fatores subjetivos são critérios ainda fortes nos setores público e privado de qualquer lugar do mundo. Afinal, regras e documentos são insuficientes para municiar o gestor de informações de que ele necessita nas suas escolhas. Impessoalidade não é negar nosso aspecto humano.

Entretanto, isso deve ter limites bem claros, pautados pela busca de uma sociedade justa e equânime. Outro objetivo maior e de difícil atingimento. Concursos públicos, contratações, concessões e outras relações do governo com a população devem ser regidos pela objetividade máxima possível e, ainda, pelo universalismo que permita a ampliação máxima de oportunidades aos interessados habilitados. Curiosamente, o excesso de objetividade e de regras que protegem a sociedade do clientelismo pode se converter em um entrave burocrático de tal forma manipulável que não favoreça o interesse público e abra brechas para os atravessadores.

Como prejuízos do clientelismo, temos que a predominância da subjetividade na gestão pública reforça a contratação do amigo, e não do formalmente mais preparado; a compra no conhecido, e não no melhor custo-benefício; e, ainda, a troca de favores para obtenção de direitos sociais, em especial nas áreas da saúde, educação e assistência. Essas práticas trazem danos às políticas públicas no atendimento de pessoas não elegíveis e também na subordinação do atendimento de necessidades a critérios pessoais, reforçando a ineficiência e a corrupção, fazendo o recurso público não se transformar em benefícios sociais.

Colecionamos reportagens de serviços públicos fornecidos a grupos específicos em detrimento do coletivo e, ainda, a famosa contratação de parentes – nepotismo –, outra faceta do clientelismo. Sob a justificativa de se manter na esfera familiar de máxima confiança, vemos a prática da nomeação para pastas municipais de grande vulto orçamentário (como a educação), de irmãos e esposas de prefeitos, ainda que tenham uma vida profissional e formação bem distantes dessa área do conhecimento.

Uma das características do patrimonialismo é se reinventar. E o clientelismo, dele originário, encontra novas formas de se sobrepor nas relações entre público e privado, mascarando subjetividades em formas de objetividade. Para isso, é preciso olhar sempre para além das aparências. Nos concursos com bancas julgadoras, há de se olhar a relação da banca com os ganhadores. Nas compras governamentais vultosas, deve se olhar a relação da empresa com os prepostos dos governantes e, ainda, nos benefícios concedidos, deve se ter acesso a todos os atendidos e em que ordem para se detectar o "fura-fila" e concessões não elegíveis.

Eis aí o desafio. Parte desses dados, dessas articulações entre os sistemas administrativos e os cidadãos foge ao conhecimento geral, até por questões de privacidade ou, ainda, de dados espalhados em diversas instâncias. Como saber se existe relação do contratado ou concursado com o poder público? Pela fofoca do botequim? Pelo sobrenome? Como saber que uma pessoa não foi atendida antes do previsto se somente temos acessos aos nossos dados, e não ao processo de atendimento em uma visão integral? Nesse ponto, em especial, a forma de se dar transparência à atuação estatal e, ainda, a maneira de o cidadão acompanhar a gestão pública necessitam avançar nas nuanças que impeçam essas práticas, contando sempre que possível com o apoio dos órgãos de controle, do Ministério Público e até da imprensa.

Essa luta necessita romper outra cultura existente em nossa sociedade: a do "deixa disso". Nós somos lesados em direitos e ficamos calados diante de questões que até não envolvem o Estado, como o indivíduo que fura a fila no banco ou usa de subterfúgios para obter uma vaga melhor no restaurante. A objetividade como elemento promotor da justiça é uma construção social, e não uma realidade natural do mundo. Isso implica encontrar resistências na implementação de mecanismos de equidade nas organizações e sem a força dos prejudicados. Essa tarefa é quase impossível.

Romper a regra pela via do pistolão resolve os problemas pontuais de alguns, mas traz como malefício a demora ou a ausência de benefício para quem segue a regra. Isso, em médio prazo, enfraquece a própria regra! Mais do que uma questão ética, essa é uma discussão de funcionalidade, de gerência, pois não há como uma ação de governo funcionar a contento se o seu público-alvo prioritário é desmontado por injunções e influências pessoais. Para o coletivo, o clientelismo é extremamente danoso. Afinal, ele desmobiliza a sociedade nas lutas por direitos, na instalação de um, digamos, tráfico de direitos sociais.

Desse modo, temos, na gestão pública nacional, ainda o espectro do clientelismo nos rondando, sabotando regras e mecanismos universais, dando a quem não precisa o que falta a quem necessita. Como um filho do patrimonialismo, cresce o clientelismo nas regras e na falta delas. Ademais, esconde a sua contribuição para os problemas da fila do hospital e da ineficiência dos serviços públicos. De difícil combate, necessita de uma transparência global nos processos e de informações que transcendem essas relações, dado que as relações de parentesco e amizade nem sempre se encontram mapeadas e registradas, à exceção dos fictícios seriados policiais da TV por assinatura.

O fato de se pensar no clientelismo como uma realidade é o primeiro grande passo para combatê-lo na gestão pública (e privada). Não adianta termos vergonha de nós mesmos. Temos que enxergar essas marcas patrimonialistas em nossa sociedade e utilizar da criatividade para combatê-la no seu processo de reinvenção. Os recentes ventos de acesso à informação podem ser grandes ferramentas para auxiliar esse combate, mas, sem mobilização, sem demanda popular que se oponha culturalmente a essa prática, apenas a transparência e outros mecanismos terão, ainda, um efeito tímido.

Artigo original redigido em 2013.

Box síntese:

A nossa sociedade guarda em sua estrutura a questão cultural da supervalorização da indicação, do uso dos critérios pessoais para a solução de problemas, com relações entre cidadão e Estado reguladas pela necessidade de se ter um conhecimento com alguém da organização executora para se obter algum benefício, o que precisa ser combatido pela profissionalização nas bases da burocracia prevista por Max Weber e pelo uso da tecnologia da informação e da transparência como mecanismos de redução do favorecimento pessoal nas relações, uma forma específica de corrupção.

4.12 O fosso imaginário

Certa feita, no elevador, conversando com um colega, tecendo comentários matinais sobre os escândalos na gestão de recursos públicos que assolam o Estado desde os romanos, este asseverou, enfático, que, se tivesse poder absoluto, trocaria todos os cargos políticos por técnicos como solução para as mazelas da administração pública.

De pronto, assertiva tão contundente teve a minha resposta. Disse eu que esses mesmos técnicos, ao assumirem as suas funções, converter-se-iam naturalmente em políticos. O amigo se espantou e rimos antes de nos despedirmos à saída do elevador.

Os textos jornalísticos, as mesas de bares, a hora do almoço... em diversos fóruns, confrontamos a dimensão política e a técnica como antagônicas esferas separadas por um fosso imaginário, tendo no político o estigma do negativo, do sujo. E no técnico, a aura neutra, certinha, alinhada. Na luta de mundos retos e tortos, somos forçados a escolher um lado nessa polarização. Nessa escolha, colocamos a fé messiânica na salvação da gestão estatal.

Esse fosso não existe. Essas duas dimensões coexistem na gestão pública, no aspecto político que abarca os processos decisórios, a acomodação das forças e as demandas do jogo do poder, inerente ao ser humano desde os tempos tribais, bem como no lado técnico, que envolve o saber, o procedimental, o normatizado, na busca racional por uma solução viável e eficiente, por meios impessoais.

Uma ação pública envolve essas duas facetas, imbricadas. Uma relação dialética entre a forma de executar e a forma de decidir, entre o certo e o legítimo, entre o pensado e o construído. E uma interfere na outra. A forma de gerir afeta os processos decisórios no *feedback* dos resultados, assim como os caminhos escolhidos têm efeito sobre a forma de gestão das políticas no mundo real. A política, com a sua aura de politicagem, e a técnica, com a sua fama de neutralidade, apesar de ambas se digladiarem nas discussões sobre a solução para a gestão pública, atuam de forma complementar no cotidiano da vida prática.

O lado político, por exemplo, floresce na vida pública, como nas recentes manifestações do outono de 2013, no Brasil. Nelas, trocou-se Geraldo Vandré por Renato Russo, cravos por vinagre e liberdade por melhores serviços públicos. Segmentos da população buscaram interferir na gestão pública. Para além do momento do voto, as pessoas pressionam governos e parlamentos, na dimensão política que aproxima o cidadão da gestão, em uma interação permanente que rompe as barreiras da burocracia.

Da mesma forma, o aspecto técnico das soluções mirabolantes comparece vinculado ao político nas tecnologias sociais como a Carta Sistema Único de Saúde (SUS), que integram a população na melhoria das políticas públicas materializadas. Soluções racionais podem contar com o auxílio da manifestação popular para atingir seus objetivos. A apropriação da população se faz necessária, mesmo nas mais elaboradas soluções técnicas, quando falamos de governo, posto que a democracia prevê essa interação popular contínua, de forma organizada ou não, para a construção de suas eficácias e eficiências.

O que não podemos é cair na armadilha de extremos, achando que o gerencialismo puro ou uma democratização utópica darão conta das questões sociais. Curiosamente, essa pseudotensão nós importamos, como de costume, de modelos estrangeiros, sem as devidas correções de latitude. Veem-se, então, na literatura, modelos que temem a captura do Estado pela burocracia e valorizam o representante eleito, nas lentes da doutrina do neopatrimonialismo. Entretanto, o senso comum pátrio despreza o potencial de representantes eleitos e valoriza o técnico--burocrático, na linha similar ao colega do elevador. Variamos em um jogo de vilões que se alternam ao sabor das ondas.

No nosso país, o burocrata é o salvador, como o clássico filme *Tropa de elite*, com o Capitão Nascimento, concursado, de carreira, figurando como o herói solitário. Ao mesmo tempo, o representante popular, o deputado estadual do filme, é o vilão a engendrar as negociatas. A tradição estadunidense valoriza mais seus representantes eleitos em detrimento da fria burocracia. São visões diferentes, fruto de processos históricos.

No Brasil, ainda carecemos de uma burocracia fortalecida e profissionalizada nas diversas atuações estatais, mormente na gestão de pequenos e médios municípios. De toda sorte, no nosso cenário de imaturidade política, uma herança da nossa história e da falta de lutas, arrastamos também uma baixa *expertise* na escolha de nossas representações nos ciclos eleitorais. Pior, no acompanhamento diuturno da vida pública. Carentes, vemo-nos em ambas as dimensões quando falamos do trato das questões coletivas.

O caso brasileiro reclama um fortalecimento duplo, dos processos de profissionalização da atividade estatal, por meio das clássicas medidas de concurso público, encarreiramento, capacitação no âmbito estratégico e da meritocracia. Da mesma forma, o robustecimento do viés político demanda um incremento da qualidade na participação popular, do controle social, do envolvimento com a gestão pública, da transparência e no assento ativo em conselhos e espaços similares.

Muito avançamos nas últimas décadas nos quesitos citados. No entanto, para nos tornarmos o "país do futuro", além do mantra do investimento em educação, necessitamos crescer na esfera pública no quesito da institucionalização que possibilite a profissionalização da burocracia e incremente a participação popular.

Uma ação governamental não é um papel em um gabinete. É uma ação viva, que se materializa nas interações do governo com diversos atores, entre soluções e participações, entre planejadores e executores. A tensão entre o político e o técnico, arremedo da oposição entre o público e o privado, precisa ser superada em processos de integração.

O conselho e o concurso, as avaliações e a passeata, esses e outros mecanismos do moderno Estado Democrático são bandeiras. Se forem bem empunhadas, nos dirão onde nos encontraremos como nação nos próximos 20 anos. O fosso precisa ser rompido para que, entre soluções exatas e legítimas, construamos a ponte que permita erigir, cada vez mais, um país, com projeto e futuro.

Artigo original redigido em 2013.

Box síntese:

A pseudotensão entre a técnica e a política é irreal, pois essas dimensões convivem de forma complementar, sendo que demonizar a política e endeusar os burocratas é uma visão que dissocia o processo da realidade, terminando por ter política de forma disfarçada, pois esta sempre existirá.

4.13 O fantasminha camarada

Vira e mexe, surge, em algum periódico, a notícia de um fantasma. Não se trata, porém, de uma notícia da esfera do sobrenatural, um X-files,[45] mas, sim, de um fato bem materializado no mundo real: o famoso funcionário-fantasma.

Retrocesso patrimonialista, a casuística indica, em algumas administrações públicas, a ocorrência desse fenômeno, que se caracteriza pelo titular de um cargo ou emprego público receber seus proventos sem ele mesmo se materializar no próprio ambiente de trabalho, no exercício de suas funções previstas.

As tipologias dessa fraude fantasmagórica assumem diversos matizes. Temos os "fantasmas" clássicos, que são nomeados e nunca compareceram no ofício para a labuta. Existem os "fantasmas parciais", os "quase-mortos", que recebem por uma carga horária que não cumprem. Podemos citar também os aposentados incluídos de forma fraudulenta nas folhas e, ainda, os plantonistas das diversas colocações profissionais que, quando escalados, não se fazem presentes em seus plantões.

Nessa verdadeira "zumbilândia", essas tipologias, presentes nas conversas e nos jornais, denúncias e relatórios de auditoria, não constituem uma lista exaustiva, e sim um conjunto de possibilidades nos desafios da gestão de pessoal, na qual a criatividade sempre nos surpreende com novas atuações. No ambiente público e privado, colhemos a casuística daqueles que conseguem driblar o exercício de suas atividades, lesando pontos biométricos, câmeras, chefes, seguranças e supervisores, motivados pela preguiça, pelo outro emprego ou, ainda, pelo simples prazer de se dar bem.

A "fantasminha camarada" se origina na fragilidade dos controles que possibilitam assegurar que o detentor do cargo ou emprego

---

[45] Nome original da série televisiva norte-americana batizada no Brasil de *Arquivo X*.

público tenha sido corretamente investido, que execute as suas tarefas e que tenha a remuneração estipulada para aquele enquadramento. Obviamente, tratando-se de volumes grandiosos de funcionários, espalhados em uma larga base territorial, com uma diversidade de funções e horários, dificulta-se sobremaneira esse controle por conta dessas variáveis, demandando ferramentas complexas para a sua realização.

Mais do que uma situação vergonhosa, o funcionário-fantasma afeta a credibilidade do sistema de gestão de pessoal para dentro e para fora da organização, além de gerar inequidade no ambiente de trabalho e, por fim, desviar horas de trabalho que seriam úteis na condução de políticas públicas. Aí, faltam o médico, o professor e tantos outros, essenciais em um serviço público no qual o capital humano é intensivo.

Certamente que isso não indica que apenas o cumprimento de horas de forma taylorista resulta em produtividade. Pode-se ser um "zumbi" profissional estando de corpo presente no trabalho, mas sem produzir nada, principalmente em ambientes gerenciais que não valorizem o atingimento de metas, a eficácia e a eficiência. Entretanto, devemos considerar que a presença física é um fator essencial para a eficácia na maioria das ocupações, respeitando-se os avanços na discussão do "teletrabalho" e do *home office*[46] nos tempos atuais.

O presente artigo não intenciona apenas discutir a tipologia do funcionário-fantasma, mas apontar também as medidas que o gestor público (e também o privado), bem como o controle social, pode adotar no sentido de coibir a ocorrência dessa situação infeliz. Medidas simples e de baixo custo organizacional que podem ter um efeito preventivo razoável, partindo-se do princípio de que a questão do "fantasma" é real e provável e que os prejuízos transcendem a folha de pessoal, afetando o clima organizacional e a motivação daqueles que realmente produzem.

Assim, podemos indicar algumas medidas preventivas a serem adotadas na gestão e que podem coibir ou trazer a níveis aceitáveis – pelo custo-benefício – o fenômeno patrimonialista dos funcionários-fantasmas. Cabe registrar que o fim das medidas de controle primário não é a presença do funcionário em si, e sim a adesão, a conformidade e que isso reverta, obviamente, em eficácia e eficiência à organização.

I Denúncia

Mais eficiente que qualquer sistema moderno e tecnológico, o acompanhamento por parte dos colegas de trabalho e dos cidadãos

---

[46] Trabalho realizado em casa.

beneficiários é um meio eficaz de controle de postos de trabalho. Para isso, é necessário um canal de credibilidade para a recepção e o processamento de denúncias, dando a essas informações a importância que elas merecem na governança de atividades, em especial aquelas realizadas distantes dos órgãos gestores.

II Cruzamento de dados

O cruzamento de banco de dados, em especial aqueles que indiquem a carga horária de funcionários e o seu local de residência, é um bom instrumento para a verificação da incompatibilidade que pode denotar a atuação de fantasmas. Geralmente, fantasmas acumulam cargos cuja carga horária é factualmente inviável, de modo que a razoabilidade indica que uma carga horária acima de 60 horas semanais já merece atenção especial.

III Transparência

A publicação na internet dos titulares de determinados postos de trabalho, em especial aqueles que envolvem o atendimento ao público e, ainda, a publicação dos servidores lotados nos órgãos, é uma ferramenta para municiar o controle social na detecção de situações anômalas, que podem estar envolvendo a ausência crônica dos funcionários.

IV Momentos críticos – entrada, saída, aposentadoria

Os momentos de admissão e dispensa de um funcionário são críticos para possibilitar a existência de fraudes, devendo ser revestidos de uma análise mais acurada e mais detalhada, envolvendo diligências, se possível. Atuam hoje, assim, os órgãos de controle, como o caso do TCU, dado que o inciso III do art. 71 da Constituição Federal estabelece que compete àquele Tribunal de Contas apreciar, para fins de registro, a legalidade dos atos de admissão de pessoal na administração direta e indireta.

V Recadastramento aposentado e pensionista

O recadastramento, ainda que rotativo, é uma excelente ferramenta quando as questões de folha de pessoal envolvem inativos, ou seja, pessoas que já não realizam atividades laborais, o que dificulta a sua localização física. Os recadastramentos devem prever as situações de pessoas com problemas de locomoção e, ainda, dispositivos que permitam a efetiva identificação do beneficiário no momento do recadastramento.

VI Aferições de produtividade, metas e indicadores

A verificação do desempenho de equipes pode revelar indícios de ausências crônicas nestas. Ainda que as pessoas tenham a sua subjetividade e nem todo trabalho seja reduzido a questões tayloristas, é possível se estabelecerem parâmetros que indiquem que, com aquela quantidade de pessoal, é possível fazer determinado número de atividades. Fugir muito disso é um indicativo de que algo está errado.

VII Rotatividade

A rotatividade de pessoal rompe acordos informais e permite que as concessões e as facilidades que alimentam os fantasmas tenham que ser reconstruídas, sendo muito salutar para toda a organização. Ao se rodarem chefes e funcionários, o "fantasma" vai ter que conquistar a confiança daquele novo grupo, e a chance de denúncias aumenta, inibindo a prática.

Diz o ditado: *"Yo no creo en brujas, pero que las hay, las hay"*.[47] No caso do funcionário-fantasma, é sempre bom crer que essa situação é factível e que merece a nossa atenção e consideração. Os efeitos sobre a produtividade e sobre o clima organizacional são danosos, além de trazerem prejuízos à imagem da gestão, dado que os vizinhos sempre veem aquele que não trabalha. Cabe registra, ainda, que se trata de uma situação de dano ao erário, dado que o servidor recebe sem ofertar a contrapartida laboral.

De uma pequena brecha, da falta de controles, surgem essas situações que se alastram pela organização, sendo difícil o seu rompimento nos hábitos já instalados e no discurso de vitimização que pretensamente tudo justifica. Medidas simples, às vezes alvos de resistências, mas que, se adotadas de forma cotidiana, afastam de nós, gestores, esse "fantasma". Bem, nos assuntos dessa ordem, é melhor prevenir do que depois sair caçando "fantasmas" por aí.

Artigo original redigido em 2013.

---

[47] "Eu não creio em bruxas, mas que elas existem, existem" – ditado espanhol.

> *Box síntese:*
>
> *O fenômeno do funcionário-fantasma é sempre um risco relevante na gestão pública, e algumas medidas específicas de controle interno podem ser úteis para mitigar esse risco, em especial antes que ele se materialize.*

4.14 O mito de Procusto e a neura da padronização

Narra a tradição grega que Procusto era um meliante que assaltava os viajantes e que, nesse ofício, submetia as suas vítimas a um sofrimento no mínimo curioso. Ao serem colocados em um leito, os que eram menores que a cama eram esticados por cabos para que ali coubessem perfeitamente. Os maiores tinham as partes excedentes de seus membros decepadas.

Apenas com a ação do herói ateniense Teseu cessou tamanha barbárie, quando o algoz se viu preso lateralmente em sua própria cama, tendo sua cabeça e pés cortados pela espada de Teseu, experimentando a sua própria loucura.

Apesar de bárbara, como os contos de fadas da Idade Média, traz grande aprendizado a lenda, principalmente nas reflexões sobre a gestão das tarefas na administração pública. Assim como o sanguinário Procusto, por vezes somos açodados pela neura da padronização, em uma tentativa desmedida de padronizar tudo e todos, sob a desculpa da beleza, da ordem ou da justiça, enredados em um patológico transtorno obsessivo-compulsivo (TOC) na vertente administrativa.

Não avaliamos as metas, os custos, os resultados na nossa sanha de padronização quando, nesse estágio, partimos em uma busca militar de olhar de forma enfileirada nossos funcionários, documentos, mesas e tudo mais que esteja ao alcance de nossos olhos, onde confundimos padronizar com qualidade, em qualquer caso ou situação. Abusamos do virtuosismo da burocracia antevisto por Max Weber e esquecemos que padronizar tem um custo, às vezes não mensurável. Por vezes, apenas padronizar não resulta em melhores serviços prestados, mas na satisfação do personalismo puro e simples, oriundo do bom e velho patrimonialismo.

A origem dos processos padronizados na execução de tarefas na gestão perde-se nos tempos, mas o modelo taylorista-fordista[48] os

---

[48] Modo de produção em massa criado pelo engenheiro americano Henry Ford, fundador das Indústrias Automobilísticas Ford. Constituía-se em linhas de montagem semiautomáticas,

aplicou com maestria na racionalização do trabalho, na chamada administração científica, em um mundo de ebulição de processos industriais que exigiam repetição, padronização e divisão de tarefas, na construção de um modelo fabril que se fez e sempre se fará necessário, construindo o mundo assim como o conhecemos.

A padronização tem grandes virtudes, como a replicação de modelos de forma plural, o controle do padrão de qualidade dos procedimentos e dos produtos, a otimização e especialização dos envolvidos, entre outros, mas também traz em si perdas. É uma abordagem, que tem seu momento próprio de utilização.

Ao padronizar, inibimos as vantagens da diversidade e da pluralidade, sufocando a subjetividade imanente de cada indivíduo e a sua capacidade de pensar e criar soluções. Padronizamos na aparência e ocultamos as essências de nossas equipes, a sua capacidade de mostrar seus talentos, diferentes e úteis, em um mundo repleto de incertezas e de novidades. Caímos nas armadilhas de tornar a padronização um fim, e não um meio.

Ao contrário do salteador Procusto, que buscava padronizar o mundo à base da força, temos de entender que o mundo é o igual e, ao mesmo tempo, o diferente. E isso se aplica à gestão. Temos estruturas que se repetem, mas temos peculiaridades de pessoa a pessoa, e tanto a padronização das estruturas quanto a peculiaridade dos sujeitos têm as suas vantagens, cabendo aos dirigentes, pela magia de sua atitude, saber explorar o potencial de cada uma delas diante dos desafios concretos para que não sejam sacrificados na cama criada por si, pelo herói da realidade.

Artigo original redigido em 2012.

Box síntese:

Em que pesem os benefícios da padronização em termos de custos, de produção, o outro extremo é a paranoia por tudo ser padronizado sem se saber bem o porquê, de forma que a realidade é diversa, e a necessidade de se customizar deve sempre mediar as necessidades de padronização.

---

possibilitadas pelos pesados investimentos para o desenvolvimento de maquinários e instalações industriais. Ao mesmo tempo, tornou esses produtos acessíveis ao mercado consumidor em massa à medida que reduziu o custo da produção e barateou os artigos produzidos.

4.15 Três ou quatro reflexões sobre compras governamentais

Um dos processos críticos da gestão pública é o das aquisições, envolvendo-se nesse universo a compra de bens e insumos, bem como a contratação de serviços. Considera-se este um processo crítico, pois, além de o governo ser (e sempre foi) o maior comprador do país, as regras que regem esses processos são rígidas e detalhistas em alguns aspectos, além de repletas de lacunas em outros. Sofre, ainda, toda sorte de influências, oriundas de decisões de cortes de contas, normas infralegais, súmulas do Judiciário e volumosos opúsculos de doutrinadores, em um emaranhado de regras que se modificam velozmente e, às vezes, se contrapõem, causando insegurança ao profissional de compras do serviço público, sempre premido pelas demandas urgentes na falta crônica de planejamento nos órgãos públicos do Brasil.

Somam-se a esse cenário as peculiaridades da relação do setor público e o privado, materializada pelos atrasos frequentes de pagamentos de faturas; o desenvolvimento de produtos de segunda linha para atender as concorrências públicas; a exigência de certidões e quitações estranhas à necessidade de contratação; e, ainda, a falta de definição clara das necessidades da administração, entre outros problemas, o que dificulta a importação de boas práticas do setor privado para o setor público.

Por fim, as atividades de aquisição pelo setor público são motivo de evidência e desconfiança por conta das questões de corrupção envolverem, em sua casuística, de modo geral, os processos de escolha de fornecedores e a execução contratual, com o histórico de favorecimentos de empresas, superfaturamentos, aquisições de bens e serviços fantasmas ou sem serventia e recebimento de propina e agrados, como exemplo de tipologias mais frequentes, encontradas a mancheias nas páginas dos periódicos.

Por seu turno, nesse contexto de criticidade, os processos de aquisição merecem reflexões que possibilitem o seu aperfeiçoamento, na certeza de que o bom insumo possibilita um serviço público prestado de qualidade, eficaz e eficiente, trazendo benefício à população e lucro político aos governantes, na escola bem construída, no medicamento de bom preço e na polícia bem equipada.

A reflexão se faz necessária, pois esse ponto da gestão pública possui uma literatura abundante no aspecto jurídico comparado à ínfima quantidade de obras produzidas sobre seu caráter gerencial, em uma lacuna de manuais e treinamentos na profissionalização do serviço público. Esse aspecto operacional é um fator crítico de sucesso das aquisições, a despeito da importância da discussão jurídica.

Desse modo, o artigo elegeu alguns tópicos a serem abordados e que podem suscitar a reflexão do leitor nesse sentido, seja ele profissional da área de compras governamentais ou não. Eles permitem que o planejamento, a execução e a avaliação das atividades da função compras sejam pensados para além do enquadramento nas normas legais.

1) *O mito da centralização*: a centralização de compras é envolta em uma aura de que é uma opção sempre benéfica. Como todo paradigma de gestão, no entanto, possui ganhos e riscos. Nesse caso, a possibilidade de reduzir os preços pela economia de escala e a padronização de itens adquiridos apresentam-se como grandes vantagens no processo de compras centralizadas.

Da mesma maneira, a existência de um polo central de compras possibilita um monitoramento e uma transparência maior das aquisições, pela regra básica de que monitorar um órgão somente simplifica o trabalho dos mecanismos de controle social e institucional. Além do exposto, cabe registrar que a centralização permite melhor especialização dos profissionais de compras, o que aumenta sua *expertise* e a possibilidade de inovação na gestão.

Os riscos da centralização se materializam na possibilidade de surgirem cartéis ou de se reduzir consideravelmente o número de fornecedores possíveis pelo volume envolvido e pela padronização de itens, adicionada às dificuldades de se aplicar o estatuto do parcelamento previsto na Lei de Licitações (Lei nº 8.666/93), na especificidade da definição de critério para formação de lotes em quantas partes necessárias para garantir o alcance dos resultados pela exigência de conhecimento das características do mercado.

Por seu turno, a economia de escala reduz, em tese, o preço unitário, mas inibe tentativas de comparação dos valores praticados no mercado, dada a carência de compras nesse volume como referência, impossibilitando o dimensionamento da economia realmente obtida.

Por fim, a concentração de muitos recursos (ou do poder de compra equivalente) nas mãos de um único órgão comprador aumenta de forma geométrica o volume de recursos envolvidos, o que pode aumentar o chamamento para a corrupção por parte de agentes públicos atuantes no sistema de compras.

2) *O mito da descentralização*: assim como a decisão administrativa de se centralizar tem riscos que invalidam essa solução como uma panaceia universal, demandando ao gestor atenção aos riscos e às devidas respostas, o ato de descentralizar processos de aquisição também tem aspectos positivos e negativos, devendo ser sopesados no caso concreto, já que não existe um modelo perfeito.

A ideia de se descentralizarem as aquisições, pulverizando os processos burocráticos, visa, em tese, conceder mais autonomia aos executores da rede e, ainda, aproximar o processo de aquisição daqueles que auferem os seus benefícios, fomentando um processo bem típico de controle social, pela ligação direta da qualidade da gestão de compras com os efeitos colhidos por aqueles que circundam e convivem com os gestores.

A descentralização também traz agilidade aos processos, pois reduz a burocracia que existe em uma grande compra, além dos riscos de recursos e ações judiciais, favorecendo também a questão da logística das entregas, sujeita a problemas de toda ordem e falhas de comunicação em um modelo centralizado.

Entretanto, a descentralização tem seus riscos. Como antítese da centralização, tem como desvantagens a impossibilidade de se reduzirem preços pela economia de escala. Pode ainda trazer dificuldades de manutenção e padronização. Além disso, a descentralização reduz a transparência e o monitoramento dos processos de aquisição, já que estes se fazem distribuídos em diversos polos, podendo trazer prejuízos à imagem do sistema pelas falhas de apenas um polo descentralizado, exigindo complexos mecanismos de governança.

A descentralização também enfrenta um limite na estrutura de logística de compras dos polos da rede envolvida, relativa aos que recebem recursos por delegação. Quanto maior o valor envolvido, maior a necessidade de uma estrutura para processar aquisições, que envolve vários subsistemas, como o de pagamento, de armazenagem, de levantamento de preços e de delineamento de especificações.

Além do binômio centralização e descentralização, outra dicotomia que merece análise é a necessidade ou não de um processo licitatório preceder a aquisição, como mecanismo formal de escolha de um fornecedor.

3) As armadilhas da contratação direta: a licitação goza de um *status* de bode expiatório das mazelas da administração pública, lembrada, em determinados momentos, como um estorvo, que, pela sua morosidade e ineficiência, causa a negação de benefícios, sendo também impotente na coibição das falcatruas já conhecidas das páginas dos periódicos.

Essa abordagem enviesada esquece que a licitação, como princípio, almeja a transparência e a isonomia nas contratações governamentais na busca de se obter a proposta mais vantajosa, protegendo o Estado, o gestor e o interesse público. Como instituto antiquíssimo e comum a outros países e também à esfera privada, com suas devidas peculiaridades, é uma proteção que, se bem utilizada, inibe a dominação das compras por processos ocultos e preços exorbitantes.

A visão de que a compra direta, sem licitação, será sempre menos burocrática e permitirá um serviço de melhor qualidade desconsidera os benefícios de um processo licitatório bem feito, prendendo-se aos problemas casuísticos ou a situações que exigem o aperfeiçoamento das normas legais.

Cabe a reflexão de que muitas empresas adotam a linha da oferta de serviços específicos e customizados, com ares de panaceia para a solução de problemas por vezes inexistentes. São verdadeiros ovos de Colombo, que, pela sua peculiaridade, driblam a necessidade de licitação, no campo de consultorias, altas tecnologias, assessorias, eventos e capacitações.

Essas soluções, por vezes já pensadas em um desenho de contratação direta, merecem, além da verificação da necessidade da contratação, uma atenção especial do gestor no que tange aos custos dos insumos unitários que compõem o preço ofertado, dada as dificuldades de comparação com o valor global no mercado, necessitando de uma análise da pertinência dos custos e quantidades desagregadas.

A legislação preconiza e preconizou a execução da licitação como mecanismo guardião do interesse público, mas o ato de licitar demanda uma atenção especial do gestor para tirar o melhor desse procedimento.

4) A regra é licitar: apesar da doutrina e da legislação asseverarem a necessidade de licitar, esse processo é complexo, o que exige uma visão estratégica e capacitação técnica dos envolvidos. Podem-se citar vários processos críticos em uma licitação, como a definição do objeto ou a determinação de necessidades, mas, na presente reflexão, o ponto crítico analisado será o processo de divulgação da licitação.

O processo de divulgação da licitação é fundamental, de forma a romper a exigência burocrática de se divulgar em lugares determinados para um paradigma de enxergar o público-alvo, que são as empresas possíveis de fornecer aqueles produtos e serviços nos requisitos necessários, ampliando a quantidade de potenciais candidatos.

Não pode se partir do pressuposto de que todas as empresas possíveis interessadas – conjunto que contém aquelas que são boas fornecedoras – estão atentas e vigilantes a todas as licitações. É preciso entender a divulgação de uma licitação como um processo de comunicação, utilizando-se os instrumentos adequados para se atingir o público-alvo. Assim, divulgar não é jogar milhos aos pombos aleatoriamente. Publicar na internet não significa que todos estarão vendo. Divulgar é uma estratégia de potencialização de um fator crítico de sucesso ao processo, direcionando a divulgação para a faixa de mercado que pode nos atender, ampliando o leque de opções desejáveis e protegendo a lisura do processo.

Cada um desses tópicos indica situações absolutas, extremas, mostrando que cada uma delas tem riscos a mitigar, mas apresentam também vantagens. Cabe ao gestor adaptar-se ao contexto do objeto a ser contratado pela organização, criar modelos próprios para os cenários que se apresentarem e construir respostas ao risco no processo de compras. Não adianta uma visão da questão das licitações e das contratações no governo apenas pelo viés jurídico, da operacionalização administrativa ou, ainda, do controle e da gestão de riscos. Essas visões têm que se complementar, pois o ato concreto da aquisição envolve todas as questões e em várias dimensões.

Além das reflexões elencadas, temos problemas que advêm de fatores culturais da administração pátria, como a falta crônica de planejamento, que inibe possibilidades de se gerenciarem as incertezas do processo; e o raro hábito de punir fornecedores que descumprem regras, o que afeta, pela impunidade, a credibilidade do sistema, mas esses assuntos demandam um novo artigo no seu aprofundamento.

Assim, as limitações do presente artigo não nos permitem aprofundar ou discorrer sobre outros tópicos. O pouco tratado aqui, entretanto, indica a necessidade de fóruns de discussão na elaboração de mecanismos e procedimentos, como foi o advento do pregão eletrônico e do sistema de registro de preços, que permite a melhoria contínua dos processos, com preços menores, de forma transparente e sustentável.

Por fim, é preciso resgatar a força do lado gerencial das compras, estudando e exaltando as boas práticas, aprendendo com os problemas, pois os governos continuarão a comprar e a depender de preços mais razoáveis e produtos de boa qualidade para exercer as suas tarefas. E nós, como cidadãos, dependemos dessas tarefas.

Artigo original redigido em 2012.

Box síntese:

As compras têm um aspecto gerencial, que precisa ser resgatado, na percepção de quando é melhor centralizar ou descentralizar ou, ainda, das armadilhas envolvidas em uma contratação direta, pois contratar é uma função que exige aprimoramento contínuo e a discussão constante diante da realidade.

4.16 Debruçando-se sobre a questão da qualidade do gasto público

A qualidade do gasto público é o assunto da moda. Tema de congressos e discussões, citada em falas e artigos, apresenta-se como o caminho a ser seguido na solução dos problemas de gestão da máquina estatal, mas o que realmente quer dizer esse conceito de qualidade do gasto púbico? A ideia deste artigo é fazer uma breve reflexão sobre essa questão no âmbito da gestão pública, suas possibilidades e limitações.

Inicialmente, nos deteremos ao verbete "gasto", um conceito contábil que se prende à ideia de um dispêndio financeiro que a organização arca para a obtenção de um produto ou benefício, ou seja, trata-se do desembolso de recursos para o financiamento de uma aquisição ou contratação, o que, no caso da adjetivação "gasto público", envolve recursos para que o aparelho do Estado cumpra suas funções, dentre elas, a oferta de serviços públicos de qualidade à população beneficiária.

Então, partimos para a questão da qualidade. Qualidade é um conceito complexo, que, em linhas gerais, envolve algo de bom, algum produto ou serviço que atenda plenamente às necessidades do cliente--destinatário. Nesse sentido, um gasto público de qualidade seria aquele que permitiria, com o menor desembolso, atender ao cidadão da melhor maneira possível. Em um desenho de demandas sociais crescentes, a equação qualidade *versus* custo se apresenta como central para a garantia do financiamento dos serviços públicos sem causar grande impacto tributário à população.

De fato, o que tem sido escrito na literatura sobre o assunto não foge a essa interpretação. De forma geral, tem-se o conceito de qualidade do gasto público relacionado à melhoria da eficiência do gasto, no retorno de benefícios mensuráveis diante de cada real aplicado em uma política pública, bem na linha lógica de investimentos, em uma visão econômica.

Desse modo, a questão de se dispor de um sistema de custos adequado é fundamental. Afinal, este permitirá que se meça o custo que será cotejado em relação ao benefício, possibilitando a comparação, na ótica do custo de oportunidade, com outras opções de aplicação dos recursos para se obter aquele fim, seja pela via privada ou do terceiro setor, permitindo uma visão de portfólio de opções fundamentadas no custo-benefício.

Com o custo, sabemos o quanto foi gasto em que em uma política pública. Apesar, no entanto, das dificuldades históricas de apropriação de custos em um sistema público, somadas às resistências culturais e políticas, o problema da qualidade do gasto não está somente vinculado em medir o quanto custa, e sim em mensurar o benefício de uma política, visto que a quantificação de determinados benefícios de serviços públicos é complexa. Por vezes, aparecem soluções sedutoras, algumas quase mágicas, que ignoram a transversalidade, a subjetividade e a temporalidade, indicando um benefício que é muito menos do que é realmente ou buscando quantificações que não espelham a realidade. As externalidades de uma política pública avançam no espaço e no tempo e nem sempre conseguimos delimitá-las.

Outra questão é a dificuldade inerente nas políticas públicas de relacionar determinado benefício ou impacto a determinada ação de governo. Por vezes, investe-se muito em uma política. Por fatores complexos, entretanto, ela não se traduz em impacto para a população. Essa dificuldade atrapalha a mensuração de eficiência e efetividade nas políticas suportadas pelo gasto público, compondo o nó na questão da qualidade do gasto público, que é a dificuldade de se mensurar o benefício de um gasto, bem como a sua relação direta desse gasto com o próprio benefício.

A discussão da eficácia e da eficiência, desse modo, é fundamental também para a construção do conceito de qualidade do gasto público. Um gasto público de qualidade deve ser realizado em um objeto útil, a preço razoável e que seja comprado nas quantidades e especificações adequadas. Sem uma boa despesa pública, não é possível gasto efetivo e eficiente. Esquecer-se de gerir bem a despesa é uma armadilha que pode surgir nessa discussão.

O exposto, contudo, não diminui a importância da temática das restrições na implementação de um sistema de custos no setor público e de como isso afeta a qualidade dos gastos. Tem-se que a atividade pública enfrenta dificuldades no campo da contabilidade, em um sistema contábil focado na questão do ciclo orçamentário, do gastar o que se tem no que está planejado e pouco na identificação desses gastos com os objetivos. Parece fácil, mas é mais que uma questão de corpo técnico e cultural, que demanda a inserção de uma lógica de objetivos, do orçamento-

-programa, que tem dificuldades de adaptação não só ao múnus público propriamente dito, mas também ao desenho político do jogo eleitoral. Uma empresa é medida pelo seu benefício financeiro aos acionistas – os dividendos – e pela sua sustentabilidade, a sua capacidade de sobrevivência diante dos desafios do ambiente que a cerca. Os benefícios da empresa são advindos da equação simples da receita menos o custo, como resultado a acrescer seu patrimônio, a ser dividido ou reinvestido. No setor público, a despesa é fixada em cima de objetivos estatuídos no orçamento, que apresentam naturais dificuldades de mensuração financeira. O resultado envolve a aceitação e legitimidade diante do público que elege os governantes, o famoso lucro político. Gestões desastrosas se reelegem. Outras, austeras e conservadoras, chafurdam em fracasso, em um jogo que não segue regras tão simples quanto os retornos da economia de mercado.

Diante dessas incógnitas, vê-se que a questão de um gasto público de qualidade não é tão simples assim. Obviamente que, na avaliação prévia ou posterior de programas, devemos mensurar o quanto foi aplicado e procurar comparar isso com outras opções, na avaliação do custo de oportunidade em relação à outra situação factível ("com esse dinheiro faríamos x casas populares"). Claro que devemos avaliar se o gasto está atingindo seu objetivo e a que custo. Importa, no entanto, que nos debrucemos sobre o como chegamos a isso, ou seja, não estacionemos apenas no retorno de cada investimento.

O que quero dizer é que a discussão da qualidade do gasto público não pode se esquecer dos caminhos da gestão, supervalorizando a priorização dos instrumentos de medida. É importante sabermos como se constrói uma gestão pública de qualidade a um custo razoável. Não é só uma questão de se aplicar no investimento A ou no B em relação ao retorno. Se a demanda popular é investir em educação, temos que estudar como produzir uma educação de qualidade, com a população e para a população. Não adianta apenas dizer "construir escola não vale a pena, pois investimos tanto e só atendeu a tantos alunos". Vamos investir, então, em praça, pois dá mais retorno. Temos que estudar como investir na escola a um custo menor, com transparência e participação popular, propiciando benefícios à comunidade vinculada.

O que se propõe é que a lógica não seja a qualidade do gasto, uma medida para escolha, e sim uma medida para a melhoria. Melhora-se comparando para que o foco sejam os serviços públicos, e não a economia pela economia, no discurso do Estado que atrapalha. Atrapalhando ou não, ele é uma realidade necessária e tem que ser medido para ser melhorado naquilo que é sua finalidade. O eixo de um país, de um estado, de uma comunidade, não pode ser economizar, e sim prover serviços e externalidades que proporcionem a garantia de direitos e o crescimento econômico para aquele grupo. A economia de recursos é um meio, e não um fim. Nesse foco, a redução de desperdícios, a otimização de processos e o desenvolvimento de técnicas conduzem a melhores resultados. Focar nos resultados não é abandonar os processos, desprezando a equação indissociável que indica que os fins sofrem, inexoravelmente, a influência dos meios. Nesse contexto, a transparência, a gestão de riscos e o controle social, associados a uma gestão qualificada, são elementos primordiais para o serviço público de qualidade, rompendo a ilusão de que um paradigma de execução pelo privado ou, ainda, pelas regras dos quase mercados daria conta das peculiaridades das demandas coletivas.

A questão da qualidade do gasto público é complexa, ainda que surjam, por vezes, soluções simples de aplicação de mecanismos de mercado pura e simplesmente nas questões da gestão pública. Isso não quer dizer que não podemos aprender no setor público com a gestão privada e, ainda, aplicarmos em segmentos específicos os paradigmas desse setor. O adjetivo "público" implica peculiaridades que devem ser observadas, combinando arranjos cooperativos e competitivos.

Enxergar a subjetividade nos benefícios da ação pública, as limitações da relação dessa ação com esses benefícios e, ainda, as dificuldades de se apropriarem custos nas atividades estatais é condicionante na construção da ideia de qualidade do gasto público, mas que não reduz a importância de fazermos mais, melhor e a custos decrescentes. A questão é se debruçar no como! É preciso navegar na máxima da economia, dos recursos escassos contrapostos às necessidades infinitas, mesclando a visão política, que indica o papel do Estado diante dos cidadãos.

Artigo original redigido em 2012.

Box síntese:

A qualidade do gasto público assume, por vezes, uma visão minimalista, de forma que foca na entrega confrontada ao custo, esquecendo-se das peculiaridades do setor público que afetam o contexto desse gasto, que é insumo de uma política pública que tem uma lógica e que não pode ser sempre substituída ou mensurada em um dado momento, com benefícios espraiados no decorrer do tempo.

4.17 O fascínio do poder, o controle e a sustentabilidade

O poder, como categoria, sempre fascinou os estudiosos. Apresentado como exercício de uma classe sobre outra por Marx, imbricado nas microrrelações nos estudos de Foucault, objeto de atenção em relação aos seus abusos frente ao cidadão em autores de linhagem liberal, estudado em suas diversas formas por Max Weber, o poder de homens sobre os outros povoa desde sempre as linhas das ciências como um enigma necessário, mas ao mesmo tempo destruidor das relações humanas.

Retratado com maestria por J. R. R. Tolkien[49] (1892-1973) como um anel que a todos seduz, tem-se, nas palavras de Montesquieu (1689-1755), que apenas o poder freia o poder, na gênese das ideias modernas de *accountability*, que traz a discussão de formas de se prevenir o abuso de poder, tornando os agentes públicos responsáveis pelo seu desempenho e passíveis de serem sancionados diante dos desvios.

Essa *accountability* se vê instrumentalizada por uma função político-administrativa chamada de controle, presente nos normativos nacionais com mais ênfase a partir da Lei nº 4.320/1964, saída do mundo contábil e inserida nas diversas áreas da administração pública. Nela se vê mesclada a atuação do gestor, na ponta, mas também especializada na ação de auditores internos, controladores e tribunais de contas, como mecanismos integrados para a garantia razoável de que os governos atinjam seus objetivos, de forma aderente às regras e princípios estabelecidos.

Nesse contexto, a presente discussão se debruça sobre três conceitos essenciais na atuação do controle, seja pelo gestor, seja pelos controladores: a autonomia, o conflito de interesses e a segregação de funções como balizadores para que o controle se faça de forma sustentável, contribuindo com o equilíbrio das relações entre os atores.

---

[49] Escritor, professor e filólogo britânico, autor da obra *O senhor dos anéis*.

A autonomia é uma necessidade dos avaliadores para que estes tenham o afastamento necessário da gestão que permita a emissão de uma opinião isenta, chave para a construção da eficiência, evitando os dissabores da chamada cogestão quando o auditor se mistura às atividades do gestor, perdendo seu papel em função da suposta debilidade daquele que executa.

A autonomia é, sem dúvida, uma ferramenta necessária aos controladores, mas que exige equilíbrio para que não se tenha um insulamento da agenda do controle em relação à gestão a fim de que esse requisito não se torne, assim, um abuso de poder, ensimesmado em suas visões, descolado do real e das entregas necessárias das políticas públicas.

A ideia de conflito de interesses surge positivada no âmbito federal pela Lei nº 12.813, de 16 de maio de 2013. Apresenta-se, ainda, de forma incipiente nas discussões, detendo-se à questão de em que medida os diversos papéis desempenhados no âmbito privado podem afetar a atuação do agente público, prejudicando esta, o que demanda uma regulação dessas diversas dimensões da vida humana e as suas possibilidades de ocorrência em uma gestão preventiva.

Aplicada a controladores e gestores e tratada de forma circunstancial, como não podia deixar de ser, a discussão do conflito de interesses precisa de uma regulação que entenda a complexidade da vida, mas que perceba o que pode realmente afetar o múnus público para que não vire uma inquisição à vida cotidiana de servidores, o que é contrário ao espírito democrático desse conceito.

Por fim, a chamada segregação de funções se aplica mais amiúde à realidade da gestão, na formalização de regras que buscam que os agentes não concentrem competências, concentração esta que pode impedir que seja percebida a atuação em práticas que contrariem os objetivos da organização, como a corrupção.

Esse princípio que sustenta comissões de toda ordem, a impossibilidade de acúmulo de funções em uma desconcentração de poder que visa reduzir o desvio de finalidades, o abuso de poder, deve ter considerado, em sua aplicação, a efetividade desses mecanismos frente aos custos de transação envolvidos, dado o seu potencial burocratizador por fracionar ações e decisões.

O ato de controlar a busca pela eficácia e pela eficiência se faz pautado em diversos princípios, que buscam limitar o poder por outras formas de exercício de poder, na lição já citada de Montesquieu. Os princípios da autonomia necessária aos avaliadores, a gestão dos conflitos de interesses que protegem a atividade pública e a segregação de poder (que evita a concentração de competências) podem, como mecanismos de controle, também redundar em abuso de poder,

A autonomia deve estar associada a uma ideia de prestação de contas, o conflito de interesses deve observar o limite do prejuízo à função pública, e a segregação de funções precisa ter como norte que não se burocratize a gestão desnecessariamente. Esses princípios clássicos e consagrados devem ser sopesados diante dos limites e dos contextos para que o controle, como função, seja uma fonte de sustentabilidade e equilíbrio, e não um empecilho que onera sem trazer benefícios coletivos.

Artigo original redigido em 2019.

Box síntese:

A autonomia, a segregação de funções e o conflito de interesses são aspectos da gestão e da avaliação ligados ao exercício do poder, necessário, mas que precisa ser mediado por limites claros e bem definidos.

4.18 Estresse pós-traumático de corrupção

Joaquim era gestor de pagamento de uma grande organização pública. Servidor cioso e dedicado, ele terminava por ter que delegar muito frente ao volume da folha de servidores. Apesar de suas conferências, não se sentia confiante das impropriedades, temendo todos os dias, na hora de dormir, ser responsabilizado por alguma irregularidade que ele não conseguisse detectar.

Seus temores, um dia, se realizaram. Fruto de uma denúncia, descobriu-se um esquema fraudulento capitaneado por um de seus funcionários, o que gerou um processo de investigação policial e condenações. Após esse moroso e desgastante caminho, provou-se a inocência de Joaquim na condição de chefe do setor.

Sem clima para continuar naquela organização, Joaquim obtém a sua movimentação para outra unidade, de tamanho menor, intensiva em aquisições, localizada em outra cidade. Ao chegar lá, escaldado das situações sofridas em sua última ocupação, Joaquim passa a se deter nas conversas, do cafezinho ao almoço, em convencer os colegas dos riscos do processo de pagamento de pessoal. Estava traumatizado pelo ocorrido, esquecido de que, na nova unidade, a folha era diminuta, mas o volume de compras era considerável. Agindo dessa forma, contaminou muitos incautos com a sua paranoia.

Joaquim não é uma exceção. Escândalos, investigações, auditorias, ações decorrentes de irregularidades sistêmicas e que vêm à tona traumatizam os agentes públicos, de dentro e de fora da organização, alterando a chamada percepção de riscos, saindo de uma racionalidade mais pragmática para uma linha mais subjetiva, focada em apenas alguns aspectos da gestão.

Estudiosos da chamada economia comportamental indicam que nosso cérebro tem um lado subjetivo, que reage de forma imediata, que nos serviu como mecanismo de defesa diante de situações que não podíamos parar para pensar e analisar, como um ataque iminente de animais. Há também outro lado, que decompõe e analisa antes de decidir, em competências que se tornam a cada dia mais à sociedade.

Esse lado intuitivo, quando se trata da percepção do que é risco, é permeado pelo medo, pelos traumas, pelas situações ocorridas e que causaram danos, enquanto o outro busca medir, sopesar e olhar os riscos pelas suas dimensões clássicas, de probabilidade e de impacto nos objetivos.

Os gestores, decisores de toda ordem, operam nessas duas frequências, recorrendo a mecanismos sistemáticos para a identificação e avaliação dos riscos à gestão, mas também sintonizando com aspectos mais intuitivos, que não são de todo negativos, mas que não podem tomar conta do processo pelas deficiências que se apresentam nessa abordagem.

A análise intuitiva de forma predominante é prejudicial à medida que se dissocia da realidade, vinculando uma matriz de fontes de riscos que se materializaram em outros contextos para aquela nova organização. Isso a sistematização permite blindar pela possibilidade de decompor e analisar os fatores de risco de cada processo.

O Joaquim, do exemplo, tenta, pelo "estresse pós-traumático",[50] transmutar os riscos de uma gestão intensiva de pagamento de pessoal – com transações afetas a pessoas físicas e parcelas vinculadas a normativos específicos – para uma organização intensiva em aquisições, com outros fatores que podem afetar o atingimento de objetivos.

A falta de uma gestão sistemática de riscos, de conhecimento dos processos da organização e da melhor maneira de lidar com eles quando o assunto é risco conduz a percepções errôneas, a autoenganos que terminam por onerar controles desnecessários e a não impedir a manifestação de problemas, em uma sensação de segurança derivada da falta de conhecimento da organização em seus múltiplos aspectos.

A intuição, como característica humana, é desejável. Já nos salvou no passado e continua nos ajudando em nossos desafios cotidianos, mas precisa ser sopesada por análises sistemáticas, com uma racionalidade de decomposição e valoração, frente a evidências, o que é um fator de força na implementação e na avaliação da gestão de riscos de uma organização para que visões pessoais não distorçam, sobremaneira, esse processo.

Auditores, gestores... todos estão sujeitos às agruras desse estresse pós-traumático diante de ações no combate à corrupção. Dores que devem conduzir a lições de todos, mas lições que sejam objeto de

---

[50] O presente artigo pega uma carona no conceito de transtorno do estresse pós-traumático (TEPT), que se caracteriza por sintomas físicos, psíquicos e emocionais derivados do fato de o paciente ter sido vítima de atos violentos ou tê-los presenciado.

um entendimento mais aprofundado do que aconteceu e o que se deve fazer doravante para que aquelas coisas não aconteçam mais, observado sempre o contexto de cada organização.

Artigo original redigido em 2019.

Box síntese:

Um fato muito grave ocorrido pode trazer mudanças à percepção de risco dos atores, retirando estes de análises sistemáticas sobre o impacto e a probabilidade desses riscos, presos a questões emocionais, distorcerem a percepção.

4.19 Corrupção é o novo cramulhão

A teledramaturgia por meio de novelas é uma marca na sociedade brasileira. Tomemos por exemplo a novela *Renascer*, exibida no ano de 1993, que traz um personagem que logo ganhou o gosto do público. Tião Galinha era uma pessoa simplória e ingênua, vivida pelo ator Osmar Prado, que achava que a riqueza alcançada pelo Coronel José Inocêncio (vivido por Antônio Fagundes) se devia ao fato de ele ter criado um diabinho dentro de uma garrafa, o famoso Cramulhão, amuleto de seu sucesso.

Uma visão simplista, baseada no pensamento mágico, que omitia que, por trás daquela prosperidade, existia um intricado processo histórico, um sistema político, de forças sociais e econômicas, que passa pela reforma agrária, pelas políticas agrárias, entre outras discussões. Mas era essa a resposta que Tião conseguia absorver em suas limitações e que o impulsionava em sua dura jornada cotidiana.

Pode-se dizer que esse mesmo pensamento mágico converteu, nesta segunda década do século XXI no Brasil, o fenômeno da corrupção em um novo "Cramulhão", uma causa primária e simplista de todos os males e que define a raiz de todos os problemas sociais. Epidemias, desastres naturais, índices sociais deficientes, aumento da criminalidade, tudo cai no grande balaio da corrupção.

Não resta dúvida de que a corrupção, entendida como um tipo de abuso de poder, de desvio de finalidade das políticas para fins privados, com a quebra das relações estabelecidas, perpassa pelos problemas afetos à gestão das políticas públicas, mas é necessário um aprofundamento nessa discussão para que surjam percepções do fenômeno razoáveis, que rompam a superficialidade do senso comum.

Sim, pois uma visão superficial dessa questão nos conduz ao moralismo de achar que o problema da corrupção nas relações entre os atores públicos e privados, nas grandes contratações e nas atividades de regulação, se resolve com campanhas educativas de estímulo a não jogar o lixo no chão ou a não furar fila. A questão é bem mais complexa e, por isso, nos assola como grupo social desde os tempos iniciais do que entendemos por sociedade.

Essa visão mais moralista, voltada para a atuação de agentes, suas tendências de caráter, em classificação de grupos como confiáveis ou não, gera uma percepção messiânica da corrupção como se ele fosse localizada, delimitada, e pudesse assim ser eliminada como em um passe de mágica ou, ainda, como se fosse uma entidade sobrenatural que pudesse ser exorcizada e que reside na causa de todos os problemas, corrompendo os incautos.

Ao se interpretar que a corrupção assume a centralidade da problemática da gestão pública, vê-se uma demonstração de desconhecimento da sua natureza, deixando de ser causa para ser consequência. A corrupção precisa ser, essencialmente, valorada pelo prejuízo que causa as entregas das políticas públicas, pois existe, sim, a grande e a pequena corrupção. Há diferença estrutural entre o pequeno desvio e as grandes negociatas, ao contrário do que se vê no senso comum, mais moralista, que prega que "roubo é sempre roubo".

Isso não quer dizer que as entregas não precisam de integridade, mas que a integridade deve proteger as entregas. No entanto, quando a corrupção se autonomiza, a regra suplanta os objetivos e a burocracia emerge como um risco. A auditoria governamental se converte então em investigação sobre pessoas, a ouvidoria se transforma em canal de denúncias sobre pessoas, e a conduta dos agentes como objeto de punição e vigilância é o mote principal. Não se pode segregar corrupção da gestão.

A corrupção é derivada das relações humanas, da delegação entre os atores e a possibilidade de agir sem ser detectado, quebrando essas regras, o que se estimula, inclusive, por regras demasiadamente draconianas. A ética, como a transparência, a fiscalização, os normativos são mecanismos que buscam preservar essas relações para que elas não se corrompam e devem ser mecanismos que se apliquem a todos, estruturais, para que o subjetivismo não impere.

Sobre esse assunto, o conhecido Triângulo da Fraude, pensado nos Estados Unidos na década de 1950 pelo estudioso Donald Ray Cressey (1919-1987), traz os três elementos essenciais para que um indivíduo cometa a fraude: i) oportunidade, que é o conjunto de circunstâncias ambientais que facilitam a ação do indivíduo; ii) motivação, ou seja, o estímulo, tendo como o mais comum o desejo por ganhos financeiros; e iii) a racionalização, que é uma justificativa pela conduta ilícita como moralmente aceitável.

Como se vê, questões da personalidade são apenas uma das pernas do triângulo, tendo os mecanismos estruturais de limitação um papel essencial na prevenção da corrupção. O desvio tem questões de caráter, mas tem questões estruturais. Ele não pode ser visto pela ótica pessoal do "eu não cometeria nunca um ato de corrupção" para ser visto pela sentença "como limitar que qualquer um cometa um ato corrupto nessas circunstâncias". A segunda opção é mais complexa, mas desce a radicalidade do fenômeno.

A causa da corrupção transcende apenas uma questão do bem contra o mal. É fruto de mecanismos estruturais que possibilitam esse tipo de atuação. Não basta punir e banir os atores corruptos, mas, sim, criar um ambiente de controles e de transparência que seja convergente para a eficiência e que a integridade seja mais um elemento para agregar valor, em especial no que se refere à sustentabilidade. Sim, a integridade se refere a relações sustentáveis no decorrer do tempo por respeito a um conjunto de regras.

Faz-se necessário olhar a corrupção como mais um risco para a gestão, e não como uma luta épica do bem contra o mal, resgatando-se assim uma racionalidade mais estrutural e amadurecida nessa questão. Um risco que precisa ser tratado e que nunca será extirpado, pois reside nas próprias relações humanas. Olhar a corrupção como uma entidade sobrenatural, um "Cramulhão", fonte do mal e que precisa ser exorcizado, é uma visão deturpada desse fenômeno e da natureza humana, e não sobrevive a um teste de realidade.

Artigo original redigido em 2020.

Box síntese:

A corrupção passou a ser vista como causa primária de todos os problemas, em uma visão messiânica que oculta que a corrupção é, na verdade, mais um risco à gestão e que precisa ser mitigada.

4.20 A estranha oposição do "rouba, mas faz"

A dissertação de mestrado defendida em 2008 na Universidade de São Paulo-USP pela pesquisadora Luiza Cristina Villaméa Cotta indica que a expressão "rouba, mas faz" surge nos embates políticos para a campanha presidencial de 1955, quando o político paulista Adhemar de Barros (1901-1969) utilizava essa expressão para se defender dos que o acusavam de corrupção em suas gestões anteriores, respondendo ele e seus correligionários, de forma jocosa e defensiva, que ele roubava, mas fazia, ressaltando a concretude de suas entregas.

Passado mais de meio século, essa expressão incorpora-se na discussão política, na qual a opinião pública, nos momentos prévios às eleições, se digladia entre essas visões, de oposições entre os que roubam e fazem em relação aos que roubam e nada fazem. E ainda tem o grupo dos que não roubam. Uma visão que centraliza a opção pelos governantes na urna em dois eixos, o "roubar" e o "fazer", ou seja, a entrega e a integridade, e como essas se complementam ou se opõem é a discussão desse artigo.

A corrupção, que é ao que se refere a expressão roubo, é um fenômeno da gestão pública de difícil detecção e que se insere em relações entre os atores na busca de romper acordos com a obtenção de benefício pessoal. É uma medida de avaliação da gestão de um governante, em que pese seja difícil a sua percepção por se tratar de um crime oculto percebido apenas quando ele eclode em um escândalo.

O fato é que a corrupção funciona como um elemento relevante na discussão do processo eleitoral, sendo capaz de afetar a credibilidade de um governante, positiva ou negativamente, mas a expressão mestre deste artigo se fundamenta em uma falta generalizada de confiança na visão de que todos roubam e nos importa quem pelo menos algo faça. Um traço do senso comum da discussão eleitoral no Brasil.

Os eventos decorrentes da chamada Operação Lava Jato, que tem a sua gênese em 2014, invertem um pouco essa lógica e trazem a questão da probidade, mesmo que no discurso, para uma centralidade no processo eleitoral, de forma que a corrupção se transforma no problema hegemônico percebido, e isso traz uma lógica de não aceitar nenhum candidato com máculas, o que favorece, inclusive, a vitória de vários *outsiders* na eleição de 2018.

A corrupção, nessa visão hegemônica, se torna um valor desmedido. Nessa abordagem, para a percepção do eleitor, não importa se o candidato foi acusado de roubar cinco mil ou cinco milhões. Roubo é roubo, e a tolerância é zero. O roubo deixa de ser importante na medida do que se deixa de fazer, dimensões de materialidade relevância, para ser algo absoluto e binário, vinculado ao caráter do agente, por vezes com traços lombrosianos, de grupos honestos *a priori*.

Logicamente que uma visão dessas, de extremo moralismo, vai buscar pessoas vestais, irreais, que seduzem em um momento para decepcionar no outro. Esse positivismo não compreende que a tolerância zero é irreal e utópica e que temos que dar conta do que é possível. Uma afirmativa indigesta, mas esse é o mundo real, não só pela natureza das pessoas, como pelo desenho do sistema, e os jogos políticos que se impõem.

Fugir disso é demonizar a política como instrumento de coordenação dos grupos e forças em nossa sociedade em outra oposição ilusória, de que a instância técnica é pura e correta, e a política a tudo subverte. Mais positivista impossível.

A corrupção zero é impossível, e o seu combate como centralidade da ação pública tem o potencial de afetar as políticas públicas pelo aumento dos custos de transação, tornando a gestão mais onerosa, com um retorno questionável. Por isso, a hegemonia da corrupção nos processos de *accountability*, seja a horizontal (ação dos órgãos de controle) ou a vertical (controle social e eleitoral), pode se converter em uma caça de unicórnios que pode servir mais para a disputa de grupos políticos do que para a entrega de serviços públicos de qualidade.

A corrupção é mais um dos riscos da gestão, como são a má gestão, a falta de coordenação, fatores ambientais, desperdício, entre outros, e quando esses riscos se materializam nas políticas públicas, tem-se como resultado a fome, a doença e a desigualdade. Não pode se dissociar a gestão da corrupção das políticas públicas, enxergando-a de forma autônoma e exclusiva, em uma visão monocular.

Por isso, essa oposição do "rouba, mas faz" traz em si dois traços do processo político e eleitoral brasileiro que terminam por enfraquecer esse processo. O descrédito do processo e da classe política, que redunda em uma percepção generalizada de que todos roubam, faz o eleitor pensar: "vou votar em quem faz mais". Ou, mais recentemente, uma linha de não tolero roubo de nenhuma espécie e, diante de qualquer indício de corrupção, não voto, independentemente do que se fez.

A primeira abordagem ignora a importância da integridade, em relação à entrega, como elemento de garantia de eficácia e eficiência desta. A segunda supervaloriza a integridade em relação à entrega, colocando-a como ator principal, e não coadjuvante e dependente. A integridade é um elemento de asseguração da entrega mediante regras e princípios, de sustentabilidade das relações, e tem sentido pelo desvio que pode proporcionar, e não pelos aspectos típicos e folclóricos, em um moralismo minimalista que não enxerga a questão estrategicamente.

Então devemos votar nos corruptos? Não, não é isso. A probidade é uma das medidas no processo eleitoral, mas precisa ser combinada com a concretude de propostas, de uma combinação do binômio de entrega com integridade, perguntando ao candidato o que fará e o como fará, vinculando o discurso à realidade, uma visão amadurecida e que ainda é muito distante em um país com deficiências perceptíveis na vivência democrática.

Além das promessas de mais saúde, segurança e educação (a tríade do século XXI), é preciso cobrar dos candidatos providências em relação às medidas que melhorem o controle da gestão, que eles incluam nos seus discursos a questão da integridade. As estruturas de controle interno ainda são modestas, mesmo em municípios de maior porte, não parecendo ser um investimento que "dê camisa", mesmo diante da ascensão do combate à corrupção na pauta nacional nesta década que finda. Exigimos, assim, a probidade em um sentido personalista, e não estrutural, ainda na busca de unicórnios vestais.

É preciso romper o paradigma da década de 1950 para que as eleições não discutam os homens bons, e sim as boas propostas, e de que forma serão implementadas e, ainda, como garantiremos que ocorram de forma íntegra. Uma discussão menos personalista, menos messiânica, e que fomenta uma liderança mais contextualizada e menos carismática. Um sonho da gaiola de ferro weberiana, talvez? Mas talvez a chave dessa discussão seja o pragmatismo da entrega e, ainda, o que consideramos integridade.

Artigo original redigido em 2020.

> *Box síntese:*
>
> *A entrega e a integridade não deveriam ser vistas como opostas. A integridade é a garantia da sustentabilidade da entrega, que se dá em um conjunto de atores que precisa de coordenação, e a entrega é que auxilia a materialização das políticas públicas. As duas necessitam coexistir e se fortalecer.*

4.21 Corrupção sistêmica e o possível de se fazer

A cidade virou o caos... cinzas oriundas de intervenções externas frente ao escândalo que eclodiu. Políticos presos, funcionários afastados, empresários sob custódia, recursos desviados motivando onerosos grupos de trabalho para promover a recuperação destes. Danos à imagem, e a população imersa no descrédito total nas instituições e na classe política.

Após dois mandatos de determinado grupo no governo, a relação patrimonialista e corrupta entre políticos, funcionários públicos, órgãos de fiscalização, policiais e Ministério Público chegou a um ápice sistêmico. Todos os envolvidos se locupletando de forma orquestrada na obtenção de vantagens diversas, na rica cidade de porte médio de "Tiê Azul", terra abençoada por Deus, por viver à beira de uma valiosa jazida de minérios e ter grande fluxo de turistas por conta de suas águas termais.

No auge da corrupção sistêmica, qualquer serviço público, licença, só era concretizado mediante propina. Em "Tiê Azul", multas eram aplicadas a mancheias para serem canceladas após o famoso arrego. Os investimentos públicos, as normas, eram direcionados para conceder vantagens tributárias às empresas que exploravam o minério na troca de polpudas contribuições, e vinte por cento era a tabela para se conseguir um contrato nos órgãos locais.

Cadeia levava quem não queria participar do esquema, que afastou da cidade muitos comerciantes, achacados pelas taxas crescentes de propina, e isso fez subir o preço dos que permaneceram, que terminavam por se enquadrar na regra do jogo, já que todos pagavam. A corrupção era a grande lei, em um conjunto de normas informais que regulavam as relações e se sobrepunham ao arcabouço normativo estatuído formalmente.

Uma intervenção federal, após a denúncia da ex-esposa do prefeito, com a mobilização de diversos atores e da imprensa, botou fim na farra. Após inquéritos e prisões, era preciso retomar a vida na cidade e, para o papel de interventor provisório, de modo a reestruturar o município e as suas instituições, foi nomeado um servidor público sênior chamado Pedro Lobo.

Estudioso e com larga experiência em gestão, Pedro sabia que aquele seria o maior desafio de sua vida profissional e, após uma semana debruçado sobre os papéis do município, na construção de um diagnóstico e na composição de uma equipe com pessoas de fora mescladas a pessoas locais, isolou-se em um hotel fazenda nas cercanias durante o fim de semana para refletir no seu plano de ação diante de tão intrincado desafio.

Durante o sono, o cansado Pedro recebe a visita de um anjo, que diz que ele não está sozinho naquela empreitada e que lhe asseguraria o apoio intelectual e espiritual; para isso, trouxe ali, ao mundo onírico, quatro avatares de grandes pensadores contemporâneos do Planeta Terra para que pudessem aconselhá-lo melhor do que é possível fazer.

O primeiro avatar, representando Amartya Sen,[51] aconselhou Pedro a estabelecer um sistema de gestão com transparência, de modo que os cidadãos tivessem a certeza nas suas escolhas ao lidar com o governo e seus prepostos, de forma clara e sem dubiedade, como uma garantia de liberdade de atuação que incentivaria a participação e a credibilidade do processo de intervenção.

Lembrou também esse avatar que, quando a informação circula, os grandes abusos são inibidos, pois eles são coibidos em seu surgimento pela mobilização dos atores, mas, para isso, uma cultura de acesso à informação é essencial, até para que os atores tenham, em eleições livres, a melhor condição de exercer as suas escolhas e cobrar seus representantes.

Pedro agradece, e aproxima-se então o segundo avatar, que representa o pesquisador Peter Evans.[52] Esse sábio interlocutor indicou que as regras meritocráticas e abertas deveriam ser estabelecidas para a composição de um corpo funcional técnico e permanente para a condução das políticas públicas, com regras coerentes na atuação dessa burocracia, gerando previsibilidade e regulação que estimule a retomada das atividades produtivas, com coordenação e credibilidade.

Avisa a Pedro também que este deveria criar mecanismos formais de interação dessas estruturas burocráticas com a população e com as

---

[51] SEN, Amartya. *Desenvolvimento como liberdade*. São Paulo: Companhia das Letras, 2000.

[52] EVANS, Peter. O Estado como problema e solução. *Lua Nova*: Revista de Cultura e Política, [s.l.], n. 28-29, p. 107-157, abr. 1993. FapUNIFESP (SciELO). Disponível em: http://dx.doi.org/10.1590/s0102-64451993000100006.

empresas, de forma a diminuir a burocratização excessiva, aumentando as parcerias e o alinhamento, na busca de se gerar riqueza e desenvolvimento local.

O avatar que se aproxima a seguir naquele sonho revelador de Pedro diz representar o pensamento de Daron Acemoglu e James Robinson,[53] e o alerta severamente de que, se ele mantiver o mesmo desenho de relações entre os atores que atuaram de maneira extrativista, concentrando poder e sem diálogo, os problemas voltariam a ocorrer passados alguns anos.

Indica esse avatar que Pedro deveria ter uma gestão forte, presente, que não se omitisse e que por, meio de regras claras, regulasse as relações, mas assevera que ele deve dar espaço e voz aos diversos atores sem tolher a autonomia, a ponto de inibir a inovação e a competitividade, inserindo nos processos decisórios grupos e lideranças antes excluídos do poder.

Por fim, o avatar mais alto surge do canto onde observava tudo atentamente. Representa ele o pesquisador Bo Rothstein[54] e diz, com ar de preocupação, que, para fazer pequenas coisas, era melhor ir embora e abandonar a missão. Prega que a mudança deveria ser radical, pois ações pequenas e incrementais seriam absorvidas pela lógica corrupta anterior, gerando descrédito e cinismo da população em relação a essas iniciativas.

Disse que as sugestões de seus outros colegas, de instituições políticas democráticas e efetivas para eliminar o incentivo à atuação de agentes corruptos, com o fortalecimento de freios e contrapesos, profissionalização, regras claras, transparência, mercados competitivos, talvez não tivessem o potencial de reduzir a corrupção sistêmica que havia se instalado e encontrado ali um equilíbrio.

Pedro, assustado com esse último avatar, destruidor de suas esperanças, pergunta então o que lhe caberia fazer. O avatar coça a cabeça e lhe responde que esse receituário era bom, mas que padeceria do patrocínio dos próprios cidadãos, acostumados àquela relação predatória, extrativista, e que com o tempo o cenário se repetiria.

O avatar se aproxima então dele e diz que ele deveria aproveitar aquela comoção pelo desastre que se instalou para mobilizar a sociedade

---

[53] ACEMOGLU, Daron. ROBINSON, James A. *Por que as nações fracassam*: as origens do poder, da prosperidade e da pobreza. Rio de Janeiro: Elsevier, 2012.

[54] ROTHSTEIN, Bo. *Anti-Corruption-A Big Bang Theory, Paper presented at the Conference on Corruption and Democracy organized by the Centre for the Study of Democratic Institutions,* Vancouver: University of British Columbia, June 8-9, 2007.

local, nos seus diversos segmentos, de que a integridade nas relações deveria ser construída em bases de uma relação de interdependência dos atores, de ficar claro que todos ali comungavam da mesma base local e que podiam gerar riqueza e prosperidade se fizessem uma revolução nas suas relações.

Deveria surgir ali uma cultura de importância de ações transparentes, do envolvimento da comunidade nas questões coletivas, com valores de um Estado profissionalizado e eficiente, que atue com políticas públicas universalistas e impessoais, e que tenha mecanismos de avaliação, mas que, apesar de Pedro ser o indutor desse processo, ele deve surgir da base em um mesmo momento, mudando a matriz lógica na qual todos se acostumaram, de ausência de regras, de falta de confiança e, ainda, de uma expectativa de que o outro será corrupto e, logo, eu serei também.

Com essa última fala, Pedro se levanta da cama sobressaltado, um tanto desesperado com o complexo desafio que se apresentava, de induzir o ponto de inflexão necessário em uma comunidade que sofreu as agruras de estar imersa na corrupção sistêmica, em um processo que eclodiu e que demanda a reconstrução, mas com a mudança de pressupostos em um nível profundo.

Pedro pega então seu aparelho telefônico e liga para seu auxiliar direto, dizendo: "Tadeu, segunda quero você e toda a equipe cedo na prefeitura. Temos muito a fazer".

Artigo original redigido em 2020.

Box síntese:

A corrupção sistêmica se autoalimenta, é uma forma de equilíbrio, e a sua reversão não se dá apenas com mecanismos clássicos e pontuais de accountability, pois isso gerará descrença e cinismo na população. A ação de reversão necessita de uma ação coordenada e estratégica, que só se dá mediante grande comoção, oriunda de fatos gravosos.

4.22 Como falar de finanças sem controle e vice-versa?

Após chegar do trabalho, cansado, sento-me para o ritual do *zapping* em frente à televisão. Busco limpar a mente, como se isso fosse possível frente ao noticiário nacional cotidiano. Nesse mudar tresloucado de canais na busca do programa perfeito, vejo em um noticiário um servidor da carreira de finanças e controle sendo entrevistado, passando relevantes informações sobre o chamado tesouro direto. Num relance, já caio em outro telejornal com notícias sobre uma operação especial em parceria com a Polícia Federal. Eis lá, de novo, outro integrante da carreira, enfrentando uma horda de microfones sequiosos de notícias.

"Carreira eclética essa, não?", penso eu com meus botões. Nós surgimos da mesma cepa, e o mundo foi evoluindo. Com ele, as discussões da governança pública, de amadurecimento do Estado brasileiro e da sua democracia. Isso tornou as nossas tarefas mais complexas, mais especializadas, suscitando questões relevantes nesse sentido.

Seriam essas funções, de finanças e controle, hoje interdependentes? Complementam-se ou são apenas primos distantes que herdaram o mesmo DNA? Sobre essas indagações, de forma sucinta, traçarei algumas considerações neste artigo alusivo aos 30 anos da carreira de finanças e controle.

A questão das finanças públicas, no Brasil, amadurece de forma tardia se comparada com outras funções. Surge algo mais estruturado com a criação da Contadoria Geral da República (CGU), pelo Decreto nº 15.210/1921 e, posteriormente, o Código Nacional de Contabilidade (CNC), em 1922, curiosamente não fruto de um esforço de organização da administração pública, e sim pelo fato de, em 1914, o país ter encontrado dificuldades de contrair operações de créditos com os ingleses pela falta de uma contabilidade que produzisse informações consistentes.

As diversas mudanças na administração pública – das ilhas de excelência na era Vargas[55] aos impulsos empreendedores de

---

[55] Getúlio Vargas, presidente do Brasil de 1930 a 1945 e de 1951 a 1954.

JK[56] – influenciaram pouco a organização das finanças públicas, com avanços segmentados. Apenas em 1964, por meio da Lei nº 4.320/1964 e da reforma administrativa promovida em 1967 por meio de emenda à Constituição e decreto-lei, as funções contábeis da administração pública se robustecem um pouco mais, somando-se a elas funções no âmbito do controle interno administrativo com a criação das inspetorias gerais de finanças, que juntam funções de auditoria, contabilidade e finanças com representações em ministérios.

Essa mescla sofre descontinuidade com o Decreto nº 84.362/1979, que lança o controle interno para a seara do Ministério do Planejamento, apartando0do novo governo, não só agrega novas funções ao controle interno como traz questões modernas, que andam nas cabeças e nos acordos internacionais, como a transparência, o controle social, o conflito de interesses, o combate à corrupção, com protagonismo no cenário nacional e tornando mais complexa e diversa a atuação dos servidores da carreira de finanças e controle.

Uma carreira, dois cargos, dois órgãos (STN[57] e CGU), dois *ethos*. Muita dualidade – às vezes na teoria e pouco na prática – em especial nas unidades regionalizadas. O que a princípio parece distante mantém liames para além das denominações, como mecanismos de governança estratégica e de sustentabilidade das políticas públicas, visto que segregar as discussões das finanças públicas e da *accountability* empobrece ambas as vertentes, distanciando as finanças da realidade e as políticas da concretude das suas possibilidades.

Mais do que uma retórica para um texto comemorativo, essa linha tênue que liga as duas dimensões da carreira tem respaldo em um modelo reconhecido internacionalmente, o *Committee of Sponsoring Organizations of the Treadway Commission* (COSO), movimento criado em 1985 nos Estados Unidos para fortalecer a governança das organizações e que gerou conhecimento materializado em *frameworks*.[58]

No famoso cubo do COSO, na parte superior, existem os objetivos da governança da organização, a saber: i) objetivos operacionais relativos à eficácia e eficiência; ii) objetivos de divulgação relacionados a informações financeiras e não financeiras às partes interessadas; e iii) objetivos de conformidade vinculados à aderência a normas e regulamentos.

Esses três objetivos, que buscam equilibrar e integrar os rumos das organizações, abrangem a atuação da carreira, seja no Tesouro ou

---

[56] Juscelino Kubistchek, presidente do Brasil de 1956 a 1960.

[57] Secretaria do Tesouro Nacional.

[58] Estrutura.

no hoje Ministério da Transparência (CGU), dado que os objetivos operacionais se vinculam à atuação da auditoria que monitora as políticas públicas, bem como à atuação da STN no monitoramento de contas e metas financeiras.

Da mesma forma, os objetivos de divulgação permeiam a atuação da CGU pela ouvidoria, como promotores da transparência e na produção, pela STN, de balanços e demonstrativos, na prestação de contas nas suas diversas dimensões realizadas pelos dois órgãos.

Por fim, os objetivos de conformidade se ligam às auditorias, às ações de corregedoria, bem como aos aspectos do direito financeiro, concluindo pela harmonia da atuação da carreira, nos seus diversos lócus, com um modelo consagrado de equilíbrio entre dimensões. Afinal, se apenas for dada atenção a um aspecto, como nos mostra a história do país, pode haver prejuízos à sociedade no presente e no futuro.

Faz-se necessário, após 30 anos, reconhecer e valorizar essa integração por meio da institucionalização do diálogo, mas também pelo fortalecimento da auditoria financeira e pela postura de que os cortes e suplementos de receita/despesa conversem com aspectos finalísticos, ampliando a discussão da hoje denominada qualidade do gasto público, envolvendo avaliações, controle social, transparência e tantas outras questões modernas, como nos ensinam países mais amadurecidos.

Tantas tarefas, tantos saberes. Para isso, necessita-se de servidores e servidoras capacitados e com visão. Isso nós encontramos hoje na carreira, que chega aos 30 anos conduzindo tarefas de grande relevância no cenário nacional, como assim nos mostra os noticiários, as produções acadêmicas, as participações em eventos, os projetos e inovações profissionais e que são motivo de orgulho para os que seguem nessa trajetória de finanças e controle. E vice-versa.

Artigo original redigido em 2017.

Box síntese:

A discussão das finanças não pode ser apartada da discussão do controle dos recursos. São aspectos que precisam se comunicar, em que pese sejam atores separados, pois o recurso financeiro, como forma de distribuição de riqueza, é um mecanismo que precisa ser acompanhado de salvaguardas, e o controle tem de ir aonde o dinheiro está como forma de garantir uma ação mais abrangente.

4.23 Uma fábula sobre a função controle

Alexandre casou com Fabiana. E nos desafios e riscos do dia a dia, Alexandre deixava cotidianamente de cumprir com seus deveres, diria assim, contratualizados. Não ajudava em casa, saia com os amigos todos os dias, gastava dinheiro com farras. A esposa, percebendo que aquela associação matrimonial estava desequilibrada, chamou-o para uma conversa. Ele, do alto de sua empáfia, disse a mulher que ela não arrumaria coisa melhor do que ele e, se quisesse, que o dispensasse. Fabiana chorou, esperneou, conversou com as amigas e, por fim, aceitou o ultimato. Dispensou Alexandre e voltou à vida normal. Conheceu, três meses depois da sua separação, o Márcio, que parecia ser diferente de Alexandre, e de forma precipitada, por medo da solidão, quem sabe, já foi morar junto com o novo companheiro.

Passados os dias, começou a mesma romaria: futebol, mulheres, bebida, e nada de dar atenção em casa. Fabiana agora fez diferente e passou a partir para a ignorância. Esperava o "namorido" em casa e, quando ele chegava, eram brigas homéricas, que, por vezes, bordejavam situações violentas. Punições, sanções indiretas e uma brigalhada que tornou a vida dos dois um inferno e que terminou, por fim, com mais uma separação.

Essa breve e corriqueira historieta (que se repete em diversos lares) nos serve para ilustrar a visão que temos da função controle na administração pública. De um lado, aqueles com uma orientação mais liberal, da autorregulação dos mercados, que defendem que tudo se controla pelo interesse próprio e que a corrupção vem puramente da existência de normas. Essa linha de pensamento valoriza o chamado controle por resultados, em um desenho de credenciamento/descredenciamento, no qual, se uma coisa não serve, ela é descartada, buscando-se em substituição outra equivalente no mercado.

A fábula mostra que as relações de qualquer natureza, administrativas ou pessoais, não se fazem e desfazem de forma tão simples. Existem estruturas, hábitos e saberes que regem essas relações. Assim como a moça Fabiana, que, desafiada por Alexandre, busca algo melhor no "mercado", deixando para lá sonhos e investimentos, quando determinado serviço público é repassado ao privado, nas ideias de privatização ou publicização, não é tão fácil assim avaliar que ele é bom ou ruim, romper a relação com vínculos de dependência e, ainda, achar tão facilmente no mercado um parceiro equivalente. Pode se conseguir coisa pior, inclusive.

A fábula traz outro extremo na discussão do controle, no qual se tem uma visão mais diretiva, de punição de agentes como o prato principal, com um viés de lutas e brigas na busca de ocupação de espaços, o que deteriora as relações na busca idealizada.

Como na relação com Márcio, na qual a postura belicosa torna a relação insustentável, uma relação de controle focada apenas na conduta de agentes, de forma ostensiva, vira uma praça de guerra, na qual questões preventivas ou sistêmicas são trocadas pela busca de alvos, por ações persecutórias, dando margens a jogos de poder e à perseguição política, afetando a legitimidade de quem conduz as ações de controle.

O cotidiano das relações no setor público mostra que o papel do controle necessita valorizar a melhoria dos sistemas administrativos, no robustecimento dos controles internos, permeados em uma discussão de gestão de riscos, de processos mapeados e objetivos estratégicos delineados. Uma postura de fortalecimento das relações políticas e administrativas, tornando-as mais sustentáveis. Fabiana, a protagonista de nossa história, oscilou entre o trocou ou agrediu. Não que ela fosse culpada dos desatinos de seus companheiros, mas talvez ela precisasse mudar a sua estratégia ou suas escolhas.

Da mesma forma, no dia a dia da gestão pública, o controle necessita valorizar o acerto para replicá-lo e entender o erro como oportunidade de aprendizado. Maximizar a visão no erro e demonizá-lo, ofuscando os ganhos, pouco contribui com a gestão, não constrói pontes, e sim muros, enaltecendo o medo, a culpabilização, o denuncismo, fomentando um ambiente que torna o mais importante, o atingimento dos objetivos, acessório. Pensemos nisso!

Artigo original redigido em 2016.

> *Box síntese:*
>
> *As relações extremas no controle da gestão pública, entre a visão de "se não der certo a gente troca" variando para o "comigo é na ponta da fac a" precisam ser mediadas por relações mais dialógicas, que caracterizam, inclusive, o regime democrático que suporta a nossa vida social.*

4.24 A santíssima trindade do controle

I Introdução

A doutrina da Igreja Católica preconiza a figura de um Deus único, mas que se apresenta em três pessoas distintas – Pai, Filho e Espírito Santo –, no chamado mistério da Santíssima Trindade. Para os estudos da gestão pública, trata-se de uma metáfora interessante quando tratamos da função controle.

No desenho atual do Estado Democrático de Direito, calcado na Constituição Federal de 1988 e nos avanços ocorridos na participação popular, na governança pública, tem-se que o controle como função governamental se apresenta nesse paradigma aqui defendido em três facetas distintas e que, podemos dizer, se relacionam de forma dependente entre si, em um desenho que, se tiver a sua integração fortalecida, pode resultar em melhor efetividade. Separadas, sem coordenação e integração, têm seus esforços minorados.

Tomando as palavras do grande físico Albert Einstein, "(...) a ciência sem religião é aleijada, a religião sem ciência é cega", assim se faz essa relação entre as facetas do controle, percebidas em formas diferentes. Quando trabalham juntas, no entanto, proporcionam avanços inigualáveis na gestão. Estas breves linhas pretendem defender não só a existência dessas três dimensões, mas a necessidade imperiosa de sua integração, dentro de um desenho moderno de governança, em uma sociedade fundamentada na democracia.

II As facetas da trindade

Quais seriam, então, essas facetas. Simples: seriam o controle institucional, o controle primário e o controle social. Vejamos um pouco sobre cada um deles.

O controle institucional é um controle especializado, geralmente organizado em um órgão e que tem corpo técnico próprio para o desempenho de suas funções previstas na legislação. Na Constituição

Federal de 1988, ele consta dos artigos 70 a 74, entendidos de replicação compulsória nos demais entes. Divide-se em controle interno e externo, mas pode se dizer representado também pelas auditorias internas, como instâncias de controle intraentidades.

Controle primário é aquele de linha, do gestor, na busca de mitigar os riscos na sua atividade cotidiana. Chamado de controle interno administrativo, de controles internos, é uma resposta administrativa do gestor aos riscos detectados, na busca de mitigá-los. Apresenta-se como ação preventiva de excelência.

O controle social é a ação interventiva junto aos governos empreendida pelos movimentos sociais, sindicatos e outros segmentos da população. Estes, de forma agrupada nos conselhos, passeatas e congêneres ou, ainda, de forma individualizada, como nas ações via internet, pressionam e cobram os governantes. Trata-se de uma forma dinâmica de defesa dos direitos da população para além da ação pontual do voto, participando da elaboração, avaliação e execução das políticas públicas.

Esses controles, conhecidos do público, ainda que amadurecidos de forma desigual no cenário brasileiro atual, podem ser vistos como relacionados entre si, em uma verdadeira trindade, sintetizados pelo quadro a seguir:

Controle origem	Controle destino		
	Primário	Social	Institucional
Primário		Fortalece os aspectos preventivos e de transparência das ações, o que facilita o trabalho do controle social.	Facilita as ações do controle institucional à medida que este avalia os controles como referência para as suas intervenções.
Social	A interação com a população indica fragilidades que podem redundar no fortalecimento dos controles.		Pelas suas denúncias, fortalece e direciona a ação do controle institucional.
Institucional	Pela sua atuação na avaliação dos controles e nas recomendações para a melhoria, fortalece o controle primário.	Possibilita a capacitação de conselheiros. Pela sua atuação em relatórios de auditoria, fortalece as informações que auxiliam o controle social.	

III Interações entre os controles

A sinergia entre esses controles permite uma troca de informações potencializada pelas recentes ações no campo da promoção da transparência, dado que a população gera informações que fortalecem as ações institucionais dos controles, dependendo destes. Afinal, a denúncia, por si só, não tem força institucional para promover as melhorias e punir os responsáveis, o que demanda a ação dos outros controles. O controle social tem forte representatividade, tem legitimidade, mas precisa de elementos da gestão para fortalecer as medidas preventivas e de mecanismos que o ajudem na apuração e responsabilização sob pena de clamar no deserto.

Da mesma forma, apenas o órgão técnico de controle, sem uma referência das fragilidades do controle ou da percepção da corrupção, navega às escuras, sem estrutura para dar conta de tudo, de se contrapor aos riscos. O controle institucional é a profissionalização do controle, mas tem limitações de capacidade operacional que podem ser ajudadas pela capilaridade do controle social e pelo aspecto preventivo do controle primário.

O controle primário, sem uma interação externa, pode se converter em um burocratismo infindo, criando controles sobrepostos e pouco efetivos. O controle primário precisa ser fortalecido e melhorado por elementos externos e precisa dar credibilidade à gestão junto ao controle social.

A melhoria da gestão, o combate à corrupção e a resposta ao risco demandam o fortalecimento dessas dimensões, fortalecimento e integração, com uma sinergia que possibilite ação mais efetiva, seja nos aspectos corretivos ou preventivos.

IV Conclusão

Conselhos, gestores e órgãos de controle têm funções definidas e específicas, mas que guardam relações entre si, ora como parceiros, ora se controlando mutuamente, nos modelos de equilíbrio do sistema democrático previstos em Montesquieu.

O controle governamental se manifesta de várias formas. Ele, todavia, é uno na sua função de garantia do atingimento dos objetivos. Uma função que se torna mais relevante a partir do momento em que temos uma máquina governamental com funções mais complexas, com delegações em diversos níveis e com um desenho político de participação popular e de valorização da qualidade dos serviços públicos.

As interações aqui descritas ocorrem no campo prático. Necessitam, contudo, ser potencializadas no gestor que enxergue o público como cidadão e o órgão de controle como apoio especializado. Da mesma maneira, cabe ao órgão de controle ver na população um norteador de ações e, no gestor, um replicador de seu trabalho em outro nível. À população, cabe perceber que necessita de apoio institucional em suas demandas e, ainda, que não adianta apontar o erro de hoje, mas, sim, cobrar a melhoria nos controles de amanhã.

Trata-se de um amadurecimento democrático na órbita das questões afetas à governança, na qual o controle social e institucional se robusteceu nos últimos anos. O controle primário, porém, ainda caminha a duras penas. Faz-se necessário fortalecer esse tripé como pressuposto de sua integração.

Artigo original redigido em 2014.

Box síntese:

A função controle se divide, didaticamente, em uma dimensão intrainstitucional, na atuação do gestor e seus controles; uma dimensão institucional, de órgãos específicos e que tem a especialização na ação do controle; e uma dimensão do controle social, da população em suas diversas formas de interação em relação aos governos. Essas dimensões são interdependentes e precisam dialogar e se harmonizar para que o controle atinja seus propósitos plenamente.

4.25 A grande síntese

Essa tentativa de síntese pretende reunir um pouco do que colhi nesses mais de dez anos nas pesquisas e nas interações na área do controle governamental, de forma a produzir pílulas, sentenças consolidadoras de algumas questões que discuti nesse tempo. Apesar do tom personalista, não se trata de uma "teoria braguiana" do controle, e sim um elenco de ideias, algumas que repito a mancheias em palestras e aulas, que, como pesquisador, sintetizei nesse período, relacionadas estas aos artigos aqui apresentados, mas também a outros estudos, alguns também em parceria com pessoas extraordinárias.

O sumo dessa discussão de controle que fiz nesse período, que rogo seja a pedra fundamental para novos estudos, meus e de outros que se seguem, está apresentado a seguir, nos tópicos similares àqueles adotados no presente livro.

I Controle institucional e auditoria governamental

- O controle interno é uma função fronteiriça entre os atores de *accountability* externos, como os órgãos de controle e o controle social, e a gestão da organização, fazendo um papel de mediação entre esses atores.
- O controle interno só tem sentido em um ambiente democrático, em gestores que prestam contas, são cobrados e sancionados, servindo de mecanismo do governante para controlar sua estrutura governamental, fornecendo efetividade e credibilidade junto à população.
- A atuação do órgão de controle necessita considerar os impactos de suas proposições no processo de implementação e gestão das políticas públicas.
- *Accountability* é uma questão de rede, de atores que devem se coordenar no que verificam e no que recomendam.

- O controle, como função, precisa encontrar um espaço confortável para que mantenha a autonomia frente à gestão, mas também que não se insule do seu objeto de avaliação.

II Controle social e transparência

- A transparência e o controle social são inseparáveis, e um alimenta o outro.
- Transparência não é só uma questão democrática, mas também uma discussão gerencial, de efetividade das políticas públicas.
- A transparência pode ser escalonada, avaliada e aprimorada, não sendo uma grandeza absoluta.
- Os conselhos de controle social precisam ser ocupados pelos movimentos sociais, transcendendo a sua função técnico-verificadora, assumindo um aspecto político e de viabilização da participação popular.
- A promoção do acesso à informação é a grande luta democrática do século XXI.

III Controles internos e gestão de riscos

- A percepção de risco pelos atores da organização pressiona o processo de construção do apetite ao risco dessa mesma organização.
- Problemas pontuais têm as suas raízes em questões sistêmicas, que também devem ser tratadas.
- A implementação da gestão de riscos não pode ser somente uma agenda dos órgãos de controle e da alta administração, devendo dialogar com os problemas cotidianos do chamado "chão de fábrica".
- As atividades de avaliação precisam realimentar o sistema de controles internos das organizações, induzindo o alinhamento das salvaguardas com os objetivos.
- Gestão de riscos é contexto, mas isso não implica em dizer que não existam regularidades que podem ser aprendidas de uma organização para a outra, convivendo a padronização com a customização.

IV Prevenção da corrupção e promoção da integridade

- A corrupção precisa ser vista como um risco para a gestão que deve ser identificado, avaliado e tratado.

- A corrupção é medida pelos seus impactos nas políticas públicas, e não pelo seu aspecto típico, folclórico ou moralista.
- A solução para a corrupção nunca é definitiva e passa por um *mix* de ações e atores, envolvendo questões pontuais e estruturais.
- Os programas de integridade precisam ser alinhados com os riscos de corrupção e, consequentemente, com os objetivos da organização para não proporem salvaguardas inócuas, onerando a gestão.
- Na prevenção da corrupção, deve-se buscar um arranjo que se sobreponha a preconceitos e visões gerais, criando mecanismos preventivos que se adequem a qualquer agente que exerça as funções sob controle.

Essas ideias e percepções pautaram a discussão deste livro e a visão particular do autor sobre o controle governamental. Espero que seja útil, na concordância e na crítica, para fortalecer a reflexão sobre essa função essencial ao Estado Democrático.

Artigo original redigido em 2020.

CONSIDERAÇÕES FINAIS
NEM SOBRE TUDO, NEM TÃO SOB CONTROLE ASSIM

A função controle no país alçou alguns voos mais altos na década que se finda, voos que andavam sendo ensaiados desde o final do século anterior e que se espera não serem de galinha, curtos e tímidos, e que tenham a sustentabilidade de uma missão fundamentada e reconhecida. Porém, para alçar voos maiores, o controle não pode voar sozinho. Não é da sua natureza. Em conjunto se vai mais longe. É necessário olhar o bando, ainda que esse mesmo bando em alguns momentos o tenha relegado ao ostracismo. Só existe o controle por conta de existir a gestão.

Importante registrar também que muito ainda há a ser dito sobre a função controle, sendo necessário que ela compareça mais firmemente nas cadeiras universitárias, nas linhas de pesquisa, nos diversos cursos superiores, pois a inserção dessa discussão nas categorias profissionais é essencial.

Espera-se ainda que este livro inspire mais a produção sobre temas relacionados ao controle, seja no rigor da produção acadêmica, mas também na linguagem dos periódicos quem chega ao cidadão e às suas conversas cotidianas, o que se reverte em cobrança dos dirigentes e na valorização dos profissionais dessa importante labuta.

E não se iluda, estimado leitor, não temos muito controle no Brasil, mas também não temos pouco. Talvez a discussão que seja necessária seja a do bom controle, de mais interação entre os atores, de mais alinhamento aos propósitos da gestão, a sua relação com o planejamento e com seu primo-irmão, a avaliação, incorporando-se ao universo das políticas públicas.

Termino a redação deste livro em pleno período de quarentena, em meio à pandemia de COVID-19, um evento sem paralelo na história recente da humanidade e que mexe com toda a nossa forma de relação social e, em especial, com a nossa visão do papel do Estado, da coletividade e das políticas públicas.

Existe uma expectativa de que, passado este tormento, no contexto da sociedade do risco mundial,[59] que a corrupção, como o maior risco percebido no Brasil pós-Lava Jato, a causa primária de todas as mazelas, perca o seu trono para a questão da saúde, que habitualmente ocupava esse lugar de destaque nas pesquisas de opinião.

A saúde é uma política pública, e a saída prevista da corrupção do picadeiro deve servir de reflexão para a armadilha do insulamento na qual o controle se instalou, enxergando-se como algo à parte, dissociado da gestão, pois pode ser a hora dessa ressignificação, desse resgate de que, se a saúde é uma política pública, o controle é uma discussão essencial para ela, mas que não vive sem a mesma.

Nesse mundo novo do século XXI que se descortina, de mais tecnologia, de mais escassez e de uma globalização que vai se encolher, o choque de realidade trazido pela pandemia, em uma sociedade que vivia o sonho da pós-verdade, pode significar uma oportunidade para a função controle, dado que ela, originalmente, se preocupa com coisas reais, com o que realmente ocorre na prática, envolta de incerteza. Cabe a nós, profissionais desta, sabermos aproveitar esse tempo novo.

Desejo, como autor, que este livro, que olha o passado e o presente, também aponte percepções para este novo futuro para a função controle em suas dimensões nos órgãos especializados, na participação social e no nível do gestor, com a certeza de que houve um ápice recente, mas que existe ainda um largo caminho até o amadurecimento a ser construído pela geração presente.

---

[59] BECK, U. *Sociedade de Risco Mundial*: em busca da segurança perdida. Lisboa: Edições 70, 2018.

Esta obra foi composta em fonte Palatino Linotype, corpo 10
e impressa em papel Offset 75g (miolo) e Supremo 250g (capa)
pela Paulinelli Serviços Gráficos.